Walther Habersetzer

Ein Münchner Gymnasium in der der NS-Zeit

Die verdrängten Jahre des Wittelsbacher Gymnasiums.

Ein Beitrag der Geschichtswerkstatt Neuhausen e.V.
zum 90jährigen Bestehen

Verlag
Geschichtswerkstatt
Neuhausen

© Verlag Geschichtswerkstatt Neuhausen
München 1997
Alle Rechte beim Autor

Verlagsadresse:
Geschichtswerkstatt Neuhausen e.V.
Richelstr. 26
80634 München
Tel. 0 89 / 13 25 84

Satz, Repro und Gestaltung:
Satzwerkstatt GmbH
am Ostbahnhof
Elsässer Str. 30
81667 München
Tel. 0 89 / 45 87 24-0

Druck:
Robert Pfeiffer GmbH
Kleinstr. 54
81397 München

ISBN 3-931231-04-6

Inhalt

Vorwort

Die „Geschichtswerkstatt Neuhausen e.V." präsentierte in der Zeit vom 9.11. – 3.12. 1995 in den Räumen der Blutenburgstr. 45 eine Ausstellung mit dem Titel „Erziehung im Nationalsozialismus".[1] Im Rahmen dieser Veranstaltung fand auch in den Ausstellungsräumen eine dreiteilige Vortragsreihe statt. Dabei ging es u.a. am 22.11.1995 um die „Gymnasien in Neuhausen während der NS-Zeit".[2]

Unter den Teilnehmern befanden sich erfreulicherweise auch Kollegiaten des Wittelsbacher Gymnasiums. Bei dem anfänglichen Vorstellungsgespräch stellte sich sehr schnell heraus, daß den Schülern die NS-Realität an ihrem Gymnasium völlig unbekannt war; selbst Stichwörter wie „OStD Gebhard Himmler", „Wittelsbacher HJ-Privileg", „Die Vorkommnisse vom 21.3.1933" usw., sagten ihnen nichts. Ihre Schule hatte sie damit in Ruhe gelassen – oder eher die Schule sich selbst!

Natürlich standen dann Fragen im Raum wie: Warum erforscht die Schule nicht selbst ihre eigene Geschichte? Warum wird lieber verdrängt? Und wenn schon etwas angesprochen wird, warum wird sofort beschwichtigt oder harmonisiert?

Die Jugendlichen jedenfalls zeigten Interesse am Tatsachenmaterial und wünschten sich, daß der konkrete Weg der Aufklärung und Aufdeckung z.B. durch die „Geschichtswerkstatt Neuhausen" weiter fortgesetzt wird.

Die Versuche des Wittelsbacher Gymnasiums in den letzten 50 Jahren, dieses Thema selbst in die Hand zu nehmen, sind so spärlich und zaghaft, dazu inhaltlich so wirkungslos, daß dies, gemessen am tatsächlichen Sachverhalt, nicht ins Gewicht fällt. Erinnert sei hier z.B. an die Seiten 8-11 der „Festschrift zum 75jährigen Jubiläum", oder an die Diskussionsveranstaltung im März 1984 mit 12 Ehemaligen des Abiturjahrgangs 1934 und 60 Schülern des Abiturjahrganges 1985, oder das Interview in dem Schülerzeitungsartikel „WiKu"[3]

34/2 vom Juli 1986 mit der Überschrift „Vater eines Mörders".

So wichtig solche punktuellen Initiativen im allgemeinen sind, sie verpuffen wie Platzpatronen, so lange nur kosmetisch an der Oberfläche der NS-Schulzeit gekratzt wird, und die eigentlichen Zusammenhänge nicht herausgearbeitet werden.

Der „Aufruf zur aktiven Teilnahme an einer Jubiläumsveranstaltung" zum 90jährigen Bestehen durch die „Vereinigung der Freunde des Wittelsbacher-Gymnasiums e.V." zeigt symptomatisch, mit welcher Tendenz nach wie vor „auf die Zeit vor 50 Jahren" geschaut werden soll, wenn es in dem 14zeiligen Absatz zur NS-Zeit z.B. über Karl Hudezeck (OStD von 1934-1945) heißt, daß „er die inneren Veränderungen im nationalsozialistischen München mit Takt- und Feingefühl und die äußeren Umstände und Folgen der Kriegsjahre mit großem Einsatz zu mildern vermochte...".[4]

Ja, so hätte man es gerne, aber die Dokumentation wird zeigen, daß diese „Geschichtsklitterung" der falsche Weg ist!

So wurde dieser „Aufruf" ungewollt zum letzten Stachel, der mich ermutigte, das vielfältige Material meiner Recherchen zu veröffentlichen; und ich verstehe diese Dokumentation als einen konstruktiven, kritischen Beitrag zum 90jährigen Bestehen des Wittelsbacher Gymnasiums!

Zugleich möchte ich andere Münchner Gymnasien anregen, ihre vergleichsweise ähnliche NS-Geschichte konkret zu erforschen.

Da die Durchführung der ministeriellen Erlasse und Anweisungen an allen Gymnasien Münchens durchgesetzt werden mußten, steht das Wittelsbacher Gymnasium exemplarisch für andere: Deshalb der Titel „Ein Münchner Gymnasium in der NS-Zeit."

Die Gespräche mit ehemaligen Schülern des Wittelsbacher Gymnasiums zwischen 1933 und

1945 (vereinfacht hier „Zeitzeugen" genannt) machten mir folgendes bewußt – und ich bitte alle Leser dieses Buches, wenn sie sich mit den Fakten auseinandersetzen, dies nicht zu vergessen: Noch gibt es die zwei Gruppen, die Gruppe A der Zeitzeugen und die Gruppe B, welche die Zeit nicht erlebt hat.

Die Gruppe A hat naturgemäß vieles vergessen, so manches aus der Erinnerung verdrängt. Dazu kommt ein Bestand von Ereignissen, die sich die Zeitzeugen zwar immer wieder im Laufe der Zeit vergegenwärtigten, aber dabei meist unbemerkt und unbewußt das Gewesene so veränderten, daß zwischen damaliger Wirklichkeit und heutiger Erinnerung erhebliche Widersprüche entstanden.

Dieses Phänomen hat zunächst einmal überhaupt nichts mit der NS-Zeit zu tun: Denn Menschen verdrängen und verändern unangenehme Erinnerungen zu allen Zeiten. Der Mensch selbst ist ja einem Veränderungsprozeß unterworfen, er verändert sich und anderes; er denkt, fühlt und handelt anders nach 50 Jahren.

Weil dies so ist, kann er sich also nur erinnern vom heutigen Standpunkt aus! So ist es mit dem Erinnern grundsätzlich! Der Zeitzeuge ist immer beeinflußt von seinen heutigen Einstellungen, Meinungen und Urteilen.

Wenn ich bei meinen Besuchen die Zeitzeugen mit meinem nachprüfbaren Faktenmaterial, das für sie neu war, das ihrer Erinnerung widersprach, konfrontierte, stellte sich für sie die Frage: Was stimmt denn nun, meine Erinnerung oder die vorhandenen Dokumente?

Natürlich halten die meisten Menschen ihre Erinnerung für wichtiger; schließlich ist es ja „meine Erinnerung"!

Die historische und psychologische Forschung – völlig unabhängig von der NS-Zeit – hat nachgewiesen, daß in fast allen Fällen die Erinnerung trügt, nicht aber die nachprüfbaren Fakten.

Die Gruppe B der Nicht-Zeitzeugen hat den Vorteil, daß sie sich das ganze spätere Aufklärungsmaterial nutzbar machen konnte. Mit diesem Wissen wurden sie befähigt, sich mit der NS-Zeit qualitativ auseinanderzusetzen.

Das bringt aber die Schwierigkeit mit sich, daß, wenn die Gruppe B mit der Gruppe A diskutiert, letztere sich meist nicht weiter zusätzlich kundig gemacht hat, so weniger über die tatsächlichen Zustände, Zusammenhänge und Hintergründe bescheid weiß.

Das genau war meine Gesprächssituation. Durch meine Recherchen hatte ich ein ganz anderes Wissen über die tatsächlichen Zustände am Wittelsbacher Gymnasium. Den Zeitzeugen fehlte das, dafür hatten sie ihre Erinnerungen.

Der Tatbestand also, daß die Gruppe A meist weniger über die tatsächlichen Geschehnisse weiß als spätere Generationen, ist unumgänglich. Viele Dinge kamen erst nachträglich ans Licht, so daß es eben stimmt, daß man nachher schlauer ist. Zudem hat die Nachwelt den Vorteil, aufgrund des zeitlichen, sachlichen und persönlichen Abstandes einen besseren Überblick zu finden.

Die Gruppe B bedrängt nicht das Problem der veränderten Erinnerung, sondern sie ist benachteiligt, da ihr die konkrete Geschichtskonfrontation abgeht. Den Zeitumständen damals werden sie deshalb eher gerecht, wenn sie sich anhand der Bilder und Textdokumente einem Verstehensprozeß aussetzen.

Deshalb bitte ich die Zeitzeugen um Nachsicht, wenn die vorliegenden Fakten wegen der eigenen Erinnerung so gar nicht in den Kopf wollen; und die Nicht-Zeitzeugen bitte ich, da ihnen die NS-Erfahrung abgeht, nicht zu verurteilen, sondern das Geschehene zu verstehen und aus den Fakten zu lernen.

Abschließend möchte ich es nicht versäumen zu danken:
- all den Menschen, die mir ihre Zeit, ihre Erinnerung und persönliches Material zur Verfügung stellten;
- dem Kulturreferat der Stadt München (Abt. Kommunale Geschichtsarbeit, Frau Angelika Baumann);
- dem Bayerischen Staatsarchiv
- den Kollegen(innen) der Geschichtswerkstatt, allen voran Günther Baumann.

Ein besonderer Dank gilt Herrn StD Bernd Wernecke für seine hilfreichen Korrekturdienste!

München, im Juli 1997   *Walther Habersetzer*

Abb.1: Alfred Andersch, 1962 in Norwegen, Aufnahme Gisela Andersch

So unrecht hatte Alfred Andersch nicht – der „Zuchtmeister" Gebhard Himmler (OStD von 1922 – 1930)

Namhafte Schriftstellerinnen und Schriftsteller haben 1981/82 in einer 17teiligen Serie in der „Frankfurter Allgemeinen Zeitung" dargestellt, wie sie ihre Schulleiter, Lehrer, das Unterrichtssystem erlebt hatten (Schuljahrgänge 1920 – 1938). Dabei ergaben sich klare Trends. Die höheren Schulen wurden in der Mehrzahl als „verhaßte Vorhölle, Zwangs- und Disziplinaranstalt"; das Gymnasium als kleinbürgerlich in all seinen Traditionen und Aktivitäten, nach außen hin eher unpolitisch, nach innen hin deutschnational, bisweilen auch antisemitisch und ausgrenzend beschrieben.

Die Ära des OStD Gebhard Himmler wäre heute noch in den Schutzmantel des Vergessens gehüllt, wenn nicht durch die Veröffentlichung der Erzählung „Vater eines Mörders"[5] von Alfred Andersch im Jahre 1980 eine ähnliche Zuschriftenserie (hier als Leserbriefe an die SZ; teilweise veröffentlicht am 9./10. August 1980) ausgelöst worden wäre.

Die Verteidiger des G. Himmler hätten gerne zwei Fliegen auf einmal geschlagen: daß im Ausstellen eines Blanko-Schecks - z.B. er war „ein gerechter, allseits geschätzter, frommer Mann mit Stil und Würde"[6] - gleichzeitig die Schule selbst einen Freibrief erhält.

Natürlich wäre es angenehmer zu sagen: Zum Ende der Ära G. Himmler war alles in Ordnung, dann aber kam durch die Machtübernahme der Nazis, vom 30.1.1933 an, von heute auf morgen der radikale Bruch. Vorher war die humanistische Schule in ihrer ganzen Situation vorbildlich, dann aber war alles schlagartig anders.

Beides läßt sich nicht halten: der „Saubermann" G. Himmler und die „politisch unschuldige" Schule!

Dr. Otto Gritschneder, er exponierte sich in dieser Angelegenheit, macht es sich zu einfach, wenn er in Art eines „Kettenschlusses"[7] argumentiert: Solange Andersch am Wittelsbacher Gymnasium war, gab es ein solches unterrichtliches Eingreifen, wie im „Vater eines Mörders" beschrieben, nicht; er war im Jahr 1928 mein Banknachbar, ich müßte das wissen; und im übrigen: was kann der G. Himmler dafür, daß er einen solchen Sohn hatte; schließlich haben alle Mörder einen Vater; weil ich also als Zeitzeuge nichts davon weiß und nach meiner Erinnerung G. Himmler untadelig war, ist diese Unterrichtsstunde „von A bis Z eine erlogene, gehässige Novelle" in der „Gebhard Himmler als sadistischer, militärischer Schulmeister verleumdet"[8] wird.

Wer die Novelle unbefangen liest, kommt gar nicht auf die Idee, daß es sich um eine Tatsachenerzählung handeln könnte, denn der Unterrichtsbesuch ist absichtlich so extrem gestaltet, daß jeder, der ein bißchen Ahnung von solchen Überraschungsvisiten hat - ob vor oder nach dem zweiten Weltkrieg - weiß, daß hier „meisterhaft, konzentriert"[9] gestaltet wird. Das „Nachwort für die Leser", nicht die Novelle, wirft erst die Frage nach der „Authentizität" auf, und hätte Andersch dieses Wort von Anfang an in Anführungszeichen gesetzt, wäre die Diskussion von vornherein anders geführt worden. Und das ist ja die eigentliche Frage: ist die Unterrichtsstunde so gut erdacht, daß damit ein OStD G. Himmler „authentisch" charakterisiert ist, und zwar hinsichtlich seines autoritären Denkens und Handelns als Schulleiter, hinsichtlich seines Umgangs mit Kollegen und Schülern, Kraft der Machtausstattung seines Amtes?

Wenn dann ein Zeitzeuge in einem Leserbrief an die SZ schreibt, daß diese fiktive Unterrichtsstunde sogar die Realität trifft, dergestalt, daß „der alte Himmler leiblich vor mir stand"[10] und „auch ich hatte bei Himmler einmal eine Lateinstunde, zu der er unangemeldet kam und die er unserem Klassenlehrer, einem verdientem Veteranen des ersten Weltkrieges, aus der Hand nahm"[11], so ist das mehr als der Verfasser erwarten kann und bestätigt die angestrebte „Authentizität".

Abb. 2: Der „Geheime Studienrat" Gebhard Himmler (ca. 1900)

Um G. Himmlers tatsächliche Amtsführung besser charakterisieren zu können, lohnt es sich, seine handschriftlichen Jahresberichte an das Kultusministerium aus den Schuljahren 1928 - 1930 heranzuziehen. (Die Unterstreichungen hat er selbst vorgenommen!)
Jeweils unter der Rubrik

„III. Schulzucht" steht (1927/28 bzw. 1928/29) „Lehrer und Anstaltsleiter waren gewissenhaft bemüht, die Schüler <u>auf religiöser Grundlage</u> und in <u>vaterländischem Geiste</u> zu tüchtigen Menschen zu erziehen und sich den entsprechenden Einfluß auf sie zu sichern; das kam bei jeder passenden Gelegenheit, nicht zuletzt bei den Schulfeiern zum Ausdruck.
Nach wie vor hielten sie eine <u>stramme Zucht</u> für ein erstes vaterländisches Zeiterfordernis.
Trotzdem war die Zahl der benötigten strengen Strafen - <u>Beilage Direktoratsstrafen</u> - in

beiden Schujahren verhältnismäßig klein - 31 bzw. 30 gegen 53 i.J. 1926/27.
I. J. 1927/28 kam es außerdem zu 1 Entlassungsandrohung; i. J. 1928/29 zu je 1 Wegweisung und 1 Entlassung ..."[12]

Und an anderer Stelle:

„III. Schulzucht" (1929/30)
„Erziehung zu <u>sittlicher Tüchtigkeit</u> auf <u>religiöser</u> Grundlage und in <u>vaterländischem</u> Geiste blieb auch in diesem Schuljahr das bestandene Ziel der Anstalt, das nie aus dem Auge verloren wurde.
Trotz einer unnachgiebigen <u>strammen Zucht</u> war die <u>Zahl</u> der benötigten <u>schweren Strafen</u> im Verhältnis zur Schülerzahl <u>gering - 25.</u>"[13]

Neben der Bestätigung, daß es in dem von Andersch angegebenen Jahr 1928 „1 Wegweisung, 1 Entlassung" gab, spricht die markige Selbstcharakterisierung von einer unnachgiebigen strammen Zuchtausübung eine deutliche Sprache, und das „Selbstbild", das G. Himmler von sich entwirft, stimmt mit dem „Fremdbild", das Dr. O. Gritschneder gerne durchgesetzt gesehen hätte, („ein gerechter, allseits geschätzter frommer Mann mit Stil und Würde")[14], nicht überein.

Noch deutlicher wird diese Diskrepanz, wenn an fünf Beispielen offenkundig wird, wie „heimtückisch" sich der „geheime Studienrat" bisweilen z.B. gegenüber seinen Kollegen, die er turnusgemäß zu beurteilen hatte und die völlig abhängig von ihm waren, verhalten konnte.

Wahrnehmungen, die G. Himmler an seinen Kollegen nicht paßten, schrieb er nicht in den offiziellen Beurteilungsbögen nieder (z.B. weil dies in der Visitationsstunde nicht festzumachen war, oder weil er so eine Kolleginformation geschickt umgehen konnte). Er sah in den privaten handschriftlichen Jahresberichten an das Kultusministerium (neben den offiziellen, meist gedruckten Jahresberichten) eine geeignete Möglichkeit, indirekt negative Lehrerbeurteilungen loszuwerden. Es war üblich, daß die Schulleiter am

Ende des Schuljahres einen persönlichen Jahresabschlußbericht für das Kultusministerium verfaßten, quasi als dienstliche Ergänzung zum offiziellen Jahresbericht. Üblicherweise wurden hier keine negativen Lehrerqualifikationen abgegeben, sondern üblich war, absichtlich einzelne Lehrer wegen ihres besonderen schulischen Engagementes während des abgelaufenen Schuljahres hervorzuheben. Es war Usus, daß die einzelnen Referate im Kultusministerium durch farbliche Unterstreichungen mit entsprechenden Buchstabenkennzeichnungen am Rande[15] die lobend erwähnten Lehrer registrierten.

G. Himmler jedenfalls umging diese ungeschriebene Regel (OStD Wahler und OStD Hudezeck hielten sich konsequent daran), sondern er schrieb ohne Wissen seiner Kollegen auch negative Qualifikationen hinein.

Zunächst Beispiele aus dem Jahresbericht 1928/29 (das Jahr also, in dem Andersch die Schule verließ):

„Über die gänzliche Unfähigkeit des OStR Seemüller, die Disziplin seiner Klasse zu meistern, hat Berichterstatter 1928/29 im Staatsministerium eingehend und wiederholt besonders berichtet.
Bei OStR Krell hat sich die Klassendisziplin in den letzten 2 Jahren wieder gebessert.
StP Dr. Holzner greift, wie es scheint, bei ungezogenen Schülern gern zu dem gefährlichen Mittel verschärfter Notengebung. Der Anstaltsleiter wird dies im Auge behalten.[16]
StP Mondschein wird in den Kurzschriftstunden der Jugend gewisser Entwicklungsjahre nicht so Herr wie den Schülern seiner 3. Klasse.
StP Bauer steckt Dank seiner Familie bis über den Kopf in Schulden und hat trotz eines dem Anstaltsvorstand 1926 gegebenen festen Versprechens, sich wieder in heilloser Not so weit vergessen, die Mutter eines dazu noch gefährdeten Schülers um finanzielle Hilfe anzugehen und solche (60 M.) von ihr anzunehmen; die Folgen dieser unglaublichen Handlungsweise haben zu einem Nervenzusammenbruch geführt, worüber

der OStD zugleich mit der Vorlegung des Urlaubsgesuches des StP Bauer bereits am 27.3.1929 gesondert berichtet hat.“[17]

Und im Jahresbericht 1929/30:

„Der pflichteifrige und gewissenhafte OStR Krell hat leider heuer in der Zucht seiner 6. Klasse wieder Schwierigkeiten.

Auch StP Mondschein sollte in der Zucht seiner Schüler, bes. in der Kurzschriftstd. der mittleren Klassen, wesentlich strammer sein.

StR Deuringer ist in seinem Unterricht immer noch nicht bei dem Maße methodischer Konsequenz angelangt, das einen gleichmäßigen Fortschritt gewährleistet. Auch müßte er sich seinen Dienst im allgemeinen mehr angelegen sein lassen.

StP Bauer war im 1. Schuljahrdrittel aus gesundheitlichen Gründen beurlaubt, leistete dann nach Anweisung des Staatsministeriums für Unterricht und Kultus am Neuen-Realgymnasium München und darauf am humanistischen Gymnasium Pasing Dienst.

Leider hat er sich auch am Neuen-Realgymnasium wieder durch seine endlosen finanziellen Nöte verleiten lassen, einen Schülervater um Geld anzugehen; auch anderes ähnlicher Art ist vorgekommen. Hierüber ist dem St.Min. bereits gesondert berichtet worden, auch hatte das Direktorat, von der Regierung von Obbay. aufgefordert, den StP Bauer in oben genannter Sache zu vernehmen und seinerseits von Aufsichts wegen dazu Stellung zu nehmen.
Zusammenfassend muß auch hier offen gesagt werden, daß StP Bauer durch sein ganzes Gebaren mit und in diesen Geldmanipulationen das Ansehen seines Standes überaus schwer geschädigt hat, was sich von Tag zu Tag mehr zeigt.“[18]

Vor allem am Beispiel von StP Wolfgang Bauer wird sichtbar, welcher Praktiken sich G. Himmler bediente, wenn ein Lehrer in Ungnade ge

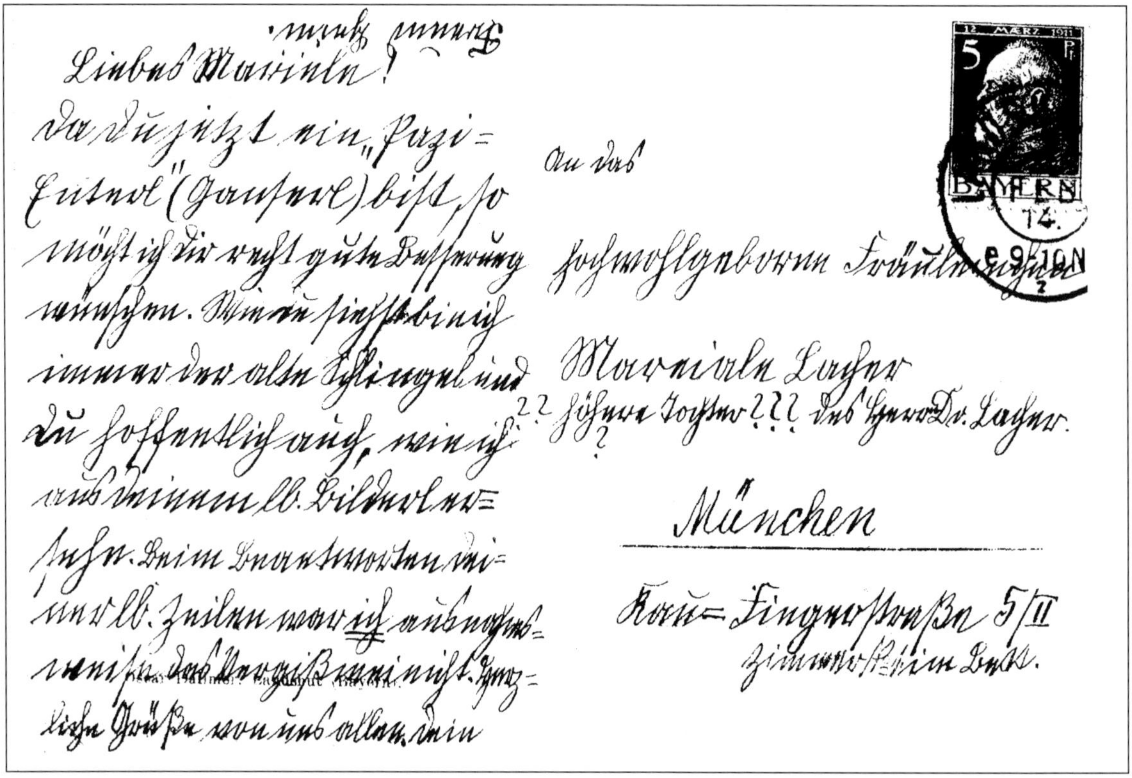

[Handwritten postcard with German script]

Abb. 3: Genesungswünsche von Heinrich Himmler an Maria Lachner

Abb. 4: Anna Himmler als Kind

An das **hochwohlgeborne** Fräuleinchen
Mareiale Lachner
höhere Tochter des Herrn Dr. Lachner
München
Rau=Fingerstr. 5/II
Zimmer Nr.1 im Bett
Liebes Mariele!
Da Du jetzt ein "Pazi=Enterl" (Ganserl) bist,
so möchte ich Dir recht gute Besserung wünschen.
Wie Du siehst bin ich immer der alte Schlingel
und Du hoffentlich auch, wie ich aus Deinem
lb. Bilderl ersehe. Beim Beantworten Deiner lb.
Zeilen war <u>ich</u> ausnahmsweise das Vergißmeinnicht.
Herzliche Grüße von uns allen Dein Freund Heini.

fallen war. Selbst den Dienstweg einer Krankmeldung nützte G. Himmler, um eine zusätzliche negative Mitteilung zu machen. Ja, er konnte Lehrer selbst dann noch verfolgen, wenn sie schon an eine andere Schule durch sein Betreiben versetzt wurden und nicht mehr in seinen Zuständigkeitsbereich fielen.

Natürlich befanden sich auch andere Lehrer in „Geldnöten"[19]. StP Bauer kam von Anfang an nicht in den Genuß der Fürsorgepflicht seines Anstaltsleiters (man hätte ihn so vor seinen späteren „Dummheiten" bewahren können), sondern statt dessen wurde zynisch geurteilt, daß er „dank seiner Familie" in diese Schwierigkeiten kam.

Auch OStR Dr. Anton Endrös z.B. kam „dank seiner Familie" in finanzielle Schwierigkeiten. Für ihn stellte G. Himmler am 30.11.1924 einen *„Antrag auf Notstandsbeihilfe wegen Erkrankung der Ehefrau + Belastung 5 Kinder"*.[20]

Dr. Endrös gab an, daß er *„wegen dieser Schwierigkeiten schon 400.- RM Schulden hatte und für seine Söhne 230.- RM Examensgebühren aufbringen müsse"*.[21]

Unterstützend formulierte G. Himmler weiter:

„Der unterzeichnete Amtsvorstand, der die ganze Not in der Familie des seit 1.6. l. J. an die Anstaltbeförderten OStR Dr. Endrös sozusagen von Tag zu Tag miterleben konnte. - Die Mutter der kinderreichen Familie war nahe am Tod, eine treue langjährige Dienerin, erkrankte an Tuberkulose, was die Lage der Familie abermals finanziell erschwerte - stellt, namentlich auch im Hinblick auf die großen Lasten, die dem Gesuchsteller, einem unermütlich pflichttreuen Beamten, die fünf Kinder verursache, den Antrag, es möge dem OStR Dr. Endrös, wenn irgend möglich, der Höchstbetrag der Notstandsbeihilfe gewährt werden."[22] *(Ein weiterer Antrag am 7.7.1925)*

Das war die andere Seite G. Himmlers. Für StP Bauer gab es von G. Himmlers Seite her keinen „Antrag auf Notstandsbeihilfe", nicht den Tatbestand der Fürsorgepflicht. Im Gegenteil, er scheute sich nicht, selbst zu bezeugen, daß bei der Unterredung wegen der Geldleihe StP Bauer einen Nervenzusammenbruch bekam. Unschwer kann man erahnen, mit welchen Androhungen und Konsequenzen G. Himmler operierte, so daß Bauer in eine sog. „dynamische Einengung" geriet, die in einem Nervenzusammenbruch endete. StP Bauer hat G. Himmler sicher nicht als einen „gerechten, allseits geschätzten, frommen Mann mit Stil und Würde" erlebt.

So viel dürfte deutlich geworden sein: Die subjektive Sicht z.B. eines Dr. O. Gritschneder, ist ein wichtiges Faktum, relativiert sich aber in ihrem radikalen Anspruch (*„von A bis Z erlogen"*), wenn andere subjektive Erfahrungen, besonders aber dokumentarisches Material entgegengesetzt werden können.

Ist es so abwegig anzunehmen, daß Andersch die „1 Wegweisung und 1 Entlassung" (1928) kannte, mit allen näheren Umständen?

Frau Margarete Traeger z.B. ist sich sicher, daß das *„Opfer...nicht Alfred Andersch, sondern sein vier Jahre älterer Bruder Rudolf [war], mit dem ich in einer Klasse saß"*.[23]

Ist die Möglichkeit auszuschließen, daß „authentisches" Material in Form einer „Personenübertragung" in die Novelle eingeflossen ist? Hatte er durch seine Kontakte mit der kommunistischen und sozialdemokratischen Jugend nicht ganz andere Schulinformationen als Schüler, die in „ND"[24] und „MC"[24] organisiert waren?

Es hängt schon sehr davon ab, ob ein Schüler G. Himmler als Lehrer und Schulleiter, oder nur als Schulleiter, oder gar nur „vom Hörensagen" kannte. Diejenigen, die Schulverweise und Schularreste bekamen oder gar der Schule verwiesen wurden, lernten G. Himmler von einer eindeutigen Seite kennen, von der vielleicht ein O. Gritschneder nichts wußte. Und die gegenseitigen Mitteilungen gescheiterter Schüler untereinander (jahrgangsübergreifend) sind sicher andere, als die, die sich gute Schüler geben! So läßt sich fragen: Wenn G. Himmler schon mit mißliebigen Lehrern „heimtückisch" umging, wie mag er erst mit Schülern umgegangen sein, die sich nicht so verhielten, wie er sich das wünschte?

Neben diesen schulischen Dokumenten sind natürlich jene Zeitzeugenberichte noch wichtig und aufschlußreich - in Bezug auf die „Authentizität" eines G. Himmler - die die privaten Familienverhältnisse sehr gut kannten und deshalb u.a. auch dokumentieren könnten, daß der Titel „Vater eines Mörders" eben aus keinem „beklagenswerten Ressentiment"[25] entstanden ist.

Abb. 5: Anna Himmler (geb. Anna Heyder), Ehefrau von Gebhard Himmler

Die Ehefrau von G. Himmler war eine geb. Anna Heyder; ihr Vater war früh verstorben; die Mutter starb 1887.

Diese Anna Heyder hatte eine Schulfreundin, die Marie Lachner; sie teilten beide die Schulzeit bei den Servitinnen im Herzogspital. Anna Heyder wurde von 1887 an von einer ehemaligen Magd, einer älteren Frau, in Obhut genommen, ging bei der Familie Lachner ein und aus und durfte sogar mit ihnen in die Sommerfrische gehen. So entwickelte sich eine feste Freundschaft, die auch nach Verheiratung von Anna Heyder mit G. Himmler weiterbestand.

Dokumentiert wurden die Erinnerungen in einer angefertigten Familienchronik von Marianne Mayer. (Marie Lachner war ihre Tante.) Hier ist zu lesen:

„Anders der Vater Heinrich Himmlers: groß, rotblond, mit Vollbart und Zwicker, ungeheuer süß und liebedienerisch, einer der Typen, die nach oben katzbuckeln und nach unten treten. Er war immer ein Streber. Als junger Mann war er Prinzenerzieher beim Prinzen Heinrich von Bayern, später Studienrat in München und schließlich Rektor, zuerst in Landshut und dann am Wittelsbacher Gymnasium in München. Bei den Schülern war er nie beliebt.

Das Ehepaar hatte drei Söhne: Gebhardt, ernst und nicht unsympatisch, Heinrich, genannt Heini, und Ernstl. Der jüngste war der süße Abguß seines Vaters. Heini schien zunächst aus der Art geschlagen. Er war als Kind ein richtig frischer und lustiger Lausbub, ein „Muxl", wie seine Muter ihn nannte, der gar nicht gern lernte und immer von Abenteuern und dem Durchbrennen zur Marine schwärmte. Er war von den 3 Buben weitaus der frischeste und natürlichste. Lindners in Tittmoning, bei denen die Familie mehrere Jahre in den großen Ferien einquartiert war, erzählten, wie die Mutter täglich hinter dem Heini herlaufen mußte um ihn zum Lernen zu kriegen. In den Entwicklungsjahren soll sich dann bei ihm der Bruch in seinem Charakter ergeben haben.

Ich kenne ihn nur aus den Kinderjahren und weiß nur, daß er später das schwarze Schaf der Familie war, nach dem man sich nicht erkundigen durfte. Da er in der Schule nicht weiterkam - für seinen ehrgeizigen Vater eine entsetzliche Angelegenheit! - wurde er, ich glaube, nach Weihenstephan auf die Landwirtschaftsschule geschickt, soll aber auch da nicht viel getaugt haben. Er war dann landwirtschaftlicher Praktikant bei der Brauerei Stadler in Fridolfing bei

Tittmoning und in Strohhof. In dieser Zeit stieß er zu Hitler. Erst als Hitler zur Macht kam und sozusagen salonfähig wurde, kam Heini zuhause plötzlich wieder in Gnaden und war nun natürlich der große Mann. Mein Bruder Max mußte in den Hungerjahren nach dem 1. Weltkrieg einmal in einem Staatsgut bei München Kartoffeln, oder was weiß ich holen und sah bei der Gelegenheit unseren Heini wieder, unsympathisch, eingebildet, von oben herab, mit Ledergamaschen, Zwicker und einer Gerte, mit der er unentwegt an seine Stiefel schlug.

[...]

Ich selber kam als Kind öfters und gern mit den Himmlerbuben zusammen, am meisten mit dem Heini. Zur Mutter Himmler sagte ich „Tante" und „Du".[26]

Natürlich darf man wegen der Person Heinrich Himmler keine falschen Rückschlüsse auf Gebhard Himmler machen, aber man darf ebensowenig ein falsches Schonprinzip aufstellen. G. Himmler war während seiner Amtsausübung kein Nationalsozialist; im Gegenteil, er duldete keine HJ-Schüler an seiner Schule, wie noch zu zeigen sein wird.

Für das Lehrerkollegium, die Eltern und die Schüler war Heinrich Himmler kein Unbekannter – sehr zum Unbehagen des Vaters. Sie wußten über dessen nationalsozialistische Tätigkeit aus Pressemitteilungen Bescheid. So tönte Heinrich Himmler laut „Völkischer Beobachter" vom 24.11.1926 lauthals als „Pg.":

„Befreiung Deutschlands, Beseitigung des heutigen Systems, Ersatz durch ein besseres, durch eine vollkommen andere Weltanschauung. Die antisemitische Bewegung der 90er Jahre ist zusammengebrochen, weil wohl ein reines Wollen ... da waren, aber keine Organisation."[27]

Abb. 6: Heinrich Himmler als Kind

Die NSDAP sorgte selbst dafür, daß jedermann wußte, wer Heinrich Himmler war:

- seit Okt. 1923 Mitglied des „Bundes der Reichskriegsflagge";
- seit 1926 als Mitglied der NSDAP Mitherausgeber der Zeitschrift „Volk und Rasse";
- zugleich Sekretär von Georg Strasser (1926-1928) und stellvertretender Propagandaleiter der NSDAP;
- seit 1929 von Hitler persönlich zum Reichsführer der SS ernannt.

In diesem Zusammenhang darf man nicht vergessen, daß Lehrer und Schüler um den kommunalpolitischen Rahmen wußten, durch Wohnsitz und gesellschaftlichen Umgang. Schule, Schüler und Lehrer standen nicht in einem luftleeren Raum.

Zu leicht werden die sehr frühen Aktivitäten der NSDAP-Ortsgruppen "Gern-Nymphenburg" und "Neuhausen" verdrängt. Gegen das Vergessen sei

DER HERR HOF-

HAARFORMER ALISI FEDERL

Doch nun bevor wir machen Schluss
Gilt noch dem Alis unser Gruss!
Wen wir da meinen, das weiss ein jeder,
es ist der Haarformer Alis Federl.

Seit Jahren hat er sich ehrlich bemüht,
dass unser Aeusseres nicht verblüht;
Er hat uns rasiert, die Haare gewellt,
Und alles, alles für wenig Geld.

Gratis und franko gewährt er sodann
eine Wärmstube im Winter für jedermann.
Umsonst kann bei ihm man Journale studieren,
Was die Jünger des Dranges tut interessieren.

Dann ist er auch noch Auskunftei
für Gern, Nymphendorf und die Borstei.
Wenn gestern der Lulu die Mumi gefreit
so weiss das der Alisi spätestens heut.

Drum wollen wir den kommenden Generationen raten,
dass auch sie tun, wie ihre "Väter" schon taten,
dass auch sie ihre Bärte und Schöpfe stutzen lassen,
Nur beim Alisi Federl in der Horemannstrassen!

T 1: „Auskunftei für Gern, Nymphendorf und Borstei"

14

deshalb hier an folgendes Umfeld erinnert.

Nach dem Hitlerputsch bildeten sich aus der Konkursmasse der NSDAP drei Bewegungen:

a) GVP, die „Großdeutsche Volksgemeinschaft" um Alfred Rosenberg, Julius Streicher und Hermann Esser.
b) Die „Nationalsozialistische Freiheitsbewegung" um General Ludendorff, von Graefe und Georg Strasser.
c) Monate später entsteht zusätzlich der „Völkische Block".

Die vormalige NSDAP-Neuhausen wird zur Sektion „GVP":

- Am 6.4.1924 erringt der „Völkische Block" einen großen Wahlerfolg.
- Schon am 26.2.1925 datieren sich die Neugründungen der NSDAP - Ortsgruppen in München.[28]
- Von all diesen Entwicklungen wissen die Lehrer des Wittelbacher Gymnasiums.

Vergessen wird auch die Entwicklung der NSDAP ab dem Jahr 1928:

- 20.5.1928: Landtagswahlen in Bayern (+ Reichstagswahl)! Die NSDAP in München erhält 10% (im Reich 2%)!
- 8.12.1929: Bei den Kommunalwahlen in München wird die NSDAP nach SPD und BVP die drittstärkste Partei!
- Januar 1930: Die Mitgliederzahlen der NSDAP in der Ortsgruppe Gern-Nymphenburg und Neuhausen sind so angewachsen, daß sich die Gruppen wieder trennen. StR Anton Straubinger und StR Poschenrieder des Wittelsbacher Gymnasiums verkehren in diesen Kreisen. Straubinger ist von 1923 bis zur Auflösung bei der NSDAP; dann wieder ab 1929 mit der Mitgliedsnummer 108623; Poschenrieder wird am 1.7.1931 Mitglied der NSDAP mit der Mitgliedsnummer 571900.

Wie weit einzelne Lehrer beeinflußt waren, signalisieren ansatzweise die Deutschthemen in dieser Zeit, gestellt jeweils in Abiturklassen:

1926/27:
„Die Rückgabe unserer Kolonien eine Nationale Forderung."

1928/29:
- „Welche Pflichten legt der Gedanke an die Volksgemeinschaft einem jungen Deutschen in unserer Zeit bei der Ausbildung seines Körpers und Geistes auf."
- „Was die Grenzverhältnisse und die räumliche Verbreitung betrifft, sind die Deutschen die Stiefkinder Europas."
- „Warum bedeutet es für die Deutschen eine heilige Pflicht, unseren Kolonialbesitz zurückzufordern?"
- „Wie begegnen wir den Ansprüchen der Franzosen, die den Rhein als 'limite naturelle' ihres Landes bezeichnen?"

1929/30:
„Nicht in der Wirtschaft, in der sittlichen Kraft liegt Deutschlands Zukunft"

1930/31:
- „Aus welchen Gründen muß das deutsche Volk der Gegenwart ein 'Volk in Not' genannt werden?"
- „Wir Deutschen sind die Erben fast aller gebildeten Völker."

1931/32:
- „Bestätigt die Geschichte den Satz:'Die geographische Lage ist Schicksal'?"
- „Wie kann die Forderung des Anschlusses Österreichs an das Reich geschichtlich und geographisch begründet werden?"[29]

Abb. 7: Fam. Himmler in der Sommerfrische; Anna Himmler in der Eingangstüre; der größere Bub ist Sohn Heinrich

Die Schüler des Wittelsbacher Gymnasiums um 1928/29 (vor allem A. Andersch konnte vergleichen, welche Lehrer die gleichen Ansichten wie sein Vater – er war Mitglied der deutschnationalen Thule-Gesellschaft und der NSDAP – im Unterricht vertraten) wußten, welcher Lehrer wie von den Vorzügen des Deutschen Volkes und des Obrigkeitsstaates, von der Staatsmacht und der Untertanenpflicht der Bürger, vom Vorrang der Macht vor dem Recht sprach.

Wer will bezweifeln, daß OStD G. Himmler deutschnational dachte und sprach, gegen Versailles und vor allem gegen Weimar war, einen starken Staat wünschte und im Grunde seiner Seele das Chaos im Liberalismus witterte. Seine Schulzuchtmitteilungen an das Kultusministerium zeigen seine Einstellung: Wenn es nicht gelingt, Unterwerfung zu erzwingen, dann entsteht Zügellosigkeit und Anarchie. Deshalb sind für ihn die wirksamsten Erziehungsmethoden Disziplin durch Tadeln, Predigen, Drohen und Strafen. Notfalls ist der Schulleiter die letzte Instanz, die das Recht und

Ab 1928 war G. Himmler klar, daß der Vater-Sohn-Konflikt (NSDAP) bald auch ein unaufhaltsamer schulischer Konflikt (HJ) werden würde.

Am Ende des Schuljahres 1927/28 bzw. 1928/29 schrieb G. Himmler an das Kultusministerium (Unterstreichungen von ihm):

> „*Politisch* ist die Anstaltsjugend *völlig ruhig und korrekt*; ihre *Beteiligung an* gestatteten Vereinen ist nicht übermäßig groß; nur in 1 Fall mußte ein *Beteiligungsverbot* ausgesprochen werden (Hitlerjugend), dem anstandslos gehorcht wurde."[30]

Für das Schuljahr 1931/32 hatte sich die Polizeidirektion München 12 Schüler des Wittelsbacher Gymnasiums als Mitglieder des NS-Schülerbundes notiert.[31]

Nach dem Abgang G. Himmlers zum Schuljahr 1930/31 sah die schulische Situation dann schon ganz anders aus, aber nicht aufgrund des Amtswechsels!

Bei aller Deutlichkeit, daß G. Himmler während seiner Direktoratszeit die HJ unter der Schülerschaft bekämpfte, so muß auch darauf hingewiesen werden, daß bildungspolitische Anknüpfungspunkte schulischerseits vorhanden waren, welche die NSDAP bald geschickt ausnützte.

Lokale Mitteilungen

Geheimrat **Gebhard Himmler**, der hochverdiente und allverehrte Jugendbildner und Vorstand des Wittelsbacher Gymnasiums, feierte am 17. Mai seinen 65. Geburtstag. Aus diesem Anlaß brachten der Referent des Staatsministeriums für Unterricht und Kultus, Ministerialrat Dr. Bauerschmidt, sowie die Lehrer und Schüler der Anstalt in dem festlich geschmückten Direktorat, das Dankbarkeit, Liebe und Verehrung in einen Blumengarten verwandelt hatten, herzliche Glückwünsche dar. Oberstudienrat Dr. Kuchtner verlieh den Gefühlen, die an diesem Tage Eltern, Lehrer und Schüler bewegten, in beredten Worten Ausdruck und schloß mit dem Gelöbnis unverbrüchlicher Treue. Die Elternschaft ließ durch den Vorsitzenden des Elternbeirats Rittmeister Ritter von Denk Glückwünsche und eine herrliche Blumenspende übermitteln. Am Vortage hatte bereits die Freie Vereinigung der Direktoren und Oberstudienräte der gymnasialen Anstalten ihren bisherigen 1. Vorsitzenden durch Blumen und durch Ueberreichung der Urkunde der Ernennung zum Ehrenvorsitzenden ausgezeichnet. Besondere Freude bereiteten dem Jubilar die Glückwünsche der Absolvia Wittelbachiana 1930, deren Vertreter sich mit einer poetischen Widmung und einer Blumenspende eingefunden hatten.

T 2: Zum 65. Geburtstag von G. Himmler

die Verpflichtung hat, schulische Erlasse zu bestimmen und Regeln zu erzwingen.

Kein nationaler Gedenktag, keine Gelegenheit für eine Heldenverehrung wurde ausgelassen, die Realität entsprach der, über die Zuckmayer und Remarque berichten.

So schrieb G. Himmler u.a. 1929/30 handschriftlich an das Kultusministerium:

„Am 28.6.1929 wurden die Schüler(innen) aller Klassen durch ihre Deutsch- und Geschichts- oder Geographielehrer an die 10. Wiederkehr des Jahrestages der Beugung Deutschlands unter den Versailler Vertrag erinnert und über Inhalt und Folgen dieses Vertrages belehrt unter Zurückweisung des Vorwurfs von Deutschlands Schuld am Weltkrieg."[32]

In dieser Angelegenheit waren sich beide Himmlers einig.

Als Heinrich Himmler sein hohes NS-Amt inne hatte, versöhnten sich die Eltern mit ihm. So heißt es in Leserbriefen an die Süddeutsche Zeitung (1980):

„Später als Heinrich der Reichsregierung angehörte, schmolz das Herz seines Vaters und er glaubte, sein Sohn habe es nun doch zu etwas Ordentlichem gebracht".[33]

Und Frau M. Mayer teilt mit:

„Erst als Hitler zur Macht kam und sozusagen salonfähig wurde, kam Heini zuhause plötzlich wieder in Gnaden und war nun natürlich der große Mann".[34]

Ob G. Himmler nach seiner Pensionierung noch der Partei beigetreten ist, läßt sich nicht ausmachen. Bitten an ihn, die den Interessen von Heinrich Himmler widersprachen, wies er zurück. Hier ein Beispiel:

„Es kam die 'Machtergreifung'. Dr. Fritz Gerlich, der Herausgeber der Münchner Neuesten Nachrichten, wurde verhaftet und

in der Ettstraße eingesperrt. Da ich mich zum Freundeskreis des Dr. Fritz Gerlich rechnen durfte, faßte ich den Plan, diesen aus der Haft zu befreien. Ich bat also den Geheimen Oberstudienrat a.D. Gebhard Himmler, der jetzt in der Glückstraße wohnte, um ein Gespräch in dieser Angelegenheit. Aber ich bekam kein Gespräch. Statt dessen schrieb mir der alte Himmler: 'Lieber Herr Schrott! Als meinen ehemaligen Schüler muß ich Sie warnen vor den Kreisen, in denen Sie zu verkehren scheinen. Heil Hitler! Ihr Gebhard Himmler'"[35]

Waren aber die Interessen Heinrich Himmlers nicht berührt, so nützte er gerne den Vorteil seiner Sohnschaft, um anderen einen Dienst zu erweisen. Er verfaßte z.B. am 16. April 1936 folgenden Brief:

„Hochverehrter Herr Staatsrat! Sie haben die große Güte gehabt, die Bitte des Herrn OStR Dr. Endrös um eine außerordentliche Verlängerung seines Dienstes über das vollendete 65. Lebensjahr hinaus nicht nur zu gewähren, sondern auch durch die beschleunigte Erledigung seines diesbezüglichen Gesuches ihm und seiner ganzen Familie eine unerwartete Osterfreude zu bereiten. Auch ich möchte Ihnen hiefür und für das geduldige Gehör, das Sie mir bei meiner Fürbitte geschenkt haben, meinen aufrichtigsten und herzlichsten Dank sagen dürfen. Mit deutschem Gruß und Heil Hitler! bin ich Herrn Staatsrats ergebenster Himmler"[36]

Die Selbstdarstellung der Söhne Himmlers bei der Beerdigung machte offenkundig, wie eingebunden der Vater Himmler in die SS-Realitäten seiner drei Söhne Gebhard, Heinrich und Ernst war. Ein Zeitzeuge schrieb:

„An der Beerdigung im Südfriedhof nahm ich als Chorsänger des Wittelsbacher Gymnasiums teil. Die bedrückende Stimmung am Grabe hat sich mir unvergeßlich eingeprägt. Himmler wurde vom katholischen

Statt besonderer Anzeige

Heute verschied nach schwerem Leiden mein herzensguter, geliebter
Mann, unser lieber, treubesorgter Vater, unser guter Großvater

Herr Gebhard Himmler

Oberstudiendirektor i. R. / Geheimer Studienrat

wohlvorbereitet im 72. Lebensjahr.

München, Berlin, den 29. Oktober 1936
Lachnerstraße 6

In tiefer Trauer:

Anna Himmler, geb. Heyder

Gebhard Himmler und Frau Hilde, geb. Wendler
Oberstudiendirektor und SS.-Untersturmführer

Heinrich Himmler und Frau Marga, geb. Boden
Reichsführer SS. und Chef der Deutschen Polizei

Ernst Himmler und Frau Paula, geb. Melters
Oberingenieur und SS.-Untersturmführer

und fünf Enkelkinder.

Beerdigung: Samstag, den 31. Oktober, um 11.30 Uhr, München, Südlicher Friedhof, neuer
Teil. Gottesdienst: Dienstag, den 3. November, um 9.15 Uhr, Herz-Jesu-Kirche, Neuhausen.

VÖLKISCHER BEOBACHTER

Die feierliche Beisetzung des Vaters des Reichsführers SS.

München, 1. November

Unter außerordentlicher Beteiligung der Partei und ihrer Gliederungen, der staatlichen und städtischen Stellen und der gesamten Münchner Bevölkerung wurde am Samstagvormittag, 11.30 Uhr, im neuen Teil des Münchner Südlichen Friedhofes der Vater des Reichsführers SS. und Chef der Deutschen Polizei, Oberstudiendirektor Geheimrat Gebhard Himmler, zu Grabe getragen.

Schon um 9 Uhr war eine Ehrenwache von sechs SS.-Führern in der Einsegnungshalle mit gezogenem Degen am Sarge des Oberstudiendirektors Geheimrat Himmler aufgezogen. Von der Straße bis zur Einsegnungshalle und zur Grabstätte bildeten SS.-Männer Spalier. Die sterblichen Reste des Geheimrats Himmler waren eingebettet in eine riesige Zahl prachtvoller Kränze. Zu Füßen des Sarges lag ein großer Kranz des Führers, rechts und links davon die Kränze des Stellvertreters des Führers, Rudolf Heß, des Reichskriegsministers Generalfeldmarschall von Blomberg, des Ministerpräsidenten Generaloberst Göring, des Reichsleiters Schwarz, von Epp, Fiehler und Darré, des Führers der Standarte Adolf Hitler, SS.-Obergruppenführer Sepp Dietrich, der SS.-Chefadjutantur, des SS.-Rasse- und Siedlungsamts, des Hauptamts SS., des SS.-Oberabschnitts Süd, des Kommandierenden Generals des VII. Armeekorps, General der Artillerie von Reichenau, des Kommandierenden Generals und Befehlshabers im Luftkreis V, Generalmajor Sperrle, des bayer. Ministerpräsidenten Siebert, der Hauptstadt der Bewegung, des Deutschen Reichsbauernrats, des Landesbauernrats und der Landesbauernschaft, sowie weiterer Parteigliederungen und Vereine.

Nach 11 Uhr rückte eine Ehrenkompanie der Schutzstaffel an, und immer mehr Trauergäste fanden sich ein. Unter diesen bemerkte man:

Reichsleiter Bormann, Reichsleiter Reichsstatthalter Ritter von Epp, Reichsleiter Oberbürgermeister Fiehler, das Führerkorps der SS., an der Spitze die Gruppenführer Heydrich und Heißmeyer, NSKK.-Obergruppenführer Kraus als Vertreter des Korpsführers Hühnlein, General Tscherning als Vertreter des Reichskriegsministers, Generalarbeitsführer Baumann, Hauptamtsleiter Dresler, die bayerische Landesregierung, vertreten durch Ministerpräsident Siebert, Staatssekretär Dauser und Staatsrat Boepple, stellv. Gauleiter Rippold, Kreistagspräsident Weber, Bürgermeister Dr. Tempel mit mehreren Ratsherren der Hauptstadt der Bewegung, der Münchener Polizeipräsident, Obergruppenführer Frhr. v. Eberstein, der Kommandeur der Schutzpolizei München Oberstleutnant von Oelhafen, Chefstabsführer des NSKK., Adolf von Dent,

SS.-Abschnittsführer Brigadeführer Diehm, zahlreiche weitere bekannte Führer der Partei und ihrer Gliederungen, der Lehrkörper und eine Schülerabordnung des Wittelsbacher Gymnasiums sowie des Landheims Endlhausen bei Sauerlach, dessen Gründung dem Verstorbenen zu verdanken ist.

Ein Choral, vom Musikzug der SS.-Standarte Deutschland gespielt, erklang, und Stadtpfarrer Riggel nahm die Aussegnung vor. Der Trauerzug setzte sich in Bewegung unter Voranritt der Kranzträger. Dem Sarge folgten die Hinterbliebenen und dann das riesige Trauergefolge.

In seiner Trauerrede gab der Geistliche ein Lebensbild des Verstorbenen, der in seinem Leben immer die Treue zum Blut, zu seiner Familie, zu seinem Beruf, zu seinem Vaterland und zu seinem Herrgott gehalten hat. Er schilderte, wie der Verstorbene in treuer Arbeit sich emporgerungen hat von Stufe zu Stufe, und wie er immer ein Freund der Arbeit gewesen sei. Ein Schülerchor vom Wittelsbacher Gymnasium, dessen Geschicke Oberstudiendirektor Himmler lange Jahre gelenkt hatte, sang zum Abschied.

Kranz auf Kranz senkte sich auf den frischen Grabhügel. Und während der Musikzug der SS. leise Choralweisen erklingen ließ, drückten Freundeshände die Hände der Angehörigen, die um den Tod des Vaters unseres Reichsführers SS. trauern.

Geistlichen der Herz-Jesu-Kirche in der Lachnerstr. beerdigt, wo die Familie eine Wohnung hatte. [...] Während der kirchl. Zeremonie standen die 3 Söhne Himmlers in SS-Uniform mit ihren Frauen, die keine Trauerkleidung trugen in gebührendem Abstand vom Grabe. Erst als sich der Geistliche entfernt hatte, nicht ohne sich vor der Familie gebührend zu verneigen, traten Himmlers Söhne mit ihren Frauen kurz ans Grab.“[37]

Diese Einbindung in die SS-Tätigkeiten seiner Kinder bestätigte Stadtpfarrer Niggl, sicher zur Zufriedenheit der Himmler-Söhne, wenn er in seiner Beerdigungsansprache sagte:

„... der in seinem Leben immer die Treue zum Blut, zu seiner Familie, zu seinem Beruf, zu seinem Vaterland und zu seinem Herrgott gehalten hat.“[38]

Berlin, den 16. November 1936.

Für die Anteilnahme, die Sie an dem Hinscheiden meines guten Vaters genommen haben, danke ich Ihnen im Auftrage meiner lieben Mutter und meiner Familie sowie im eigenen Namen.
Die Menge der Briefe und Beileidskundgebungen machen es mir leider unmöglich, sogar die vielen herzlichen handschriftlichen Briefe persönlich in der gleichen Weise zu beantworten.
Ich bitte, dies zu verstehen und unseren Dank mit diesen – leider nur gedruckten – Zeilen entgegenzunehmen.

Heil Hitler!

H. Himmler

Reichsführer SS und Chef der Deutschen Polizei
im Reichsministerium des Innern

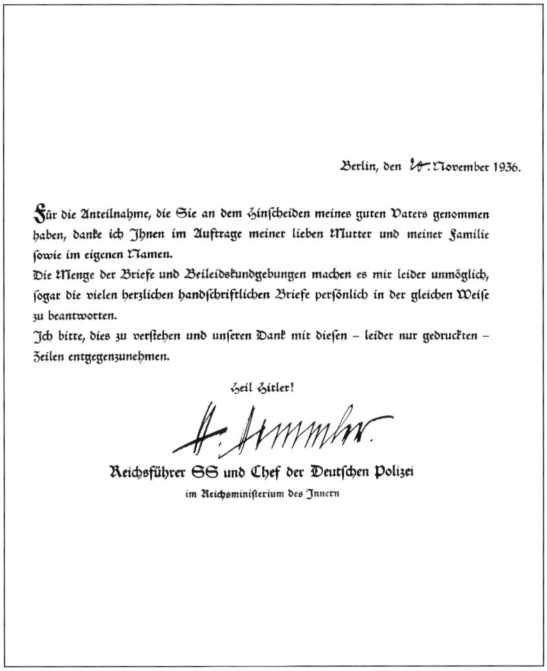

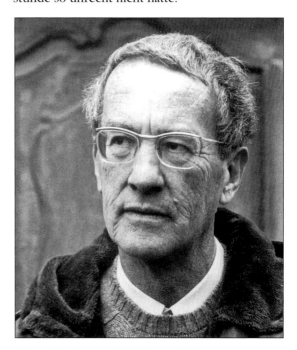

Abb. 8: Dank-Karte

Wenn Günther Baumann in seinem Artikel „Das Wittelsbacher Gymnasium und der Vater eines Mörders“ schreibt:

„Zwischen dem unfreiwilligen Rausschmiß aus der Schule und dem unfreiwilligen Einsitzen im KZ lagen zwar etwa 5 Jahre, doch wer wird bestreiten, daß die Familie Himmler, d.h. Gebhard und Heinrich den Lebensweg von Alfred Andersch entscheidend mitgeprägt haben“[39], drängt sich die Frage auf: *„Waren beide, Vater und Sohn, die Produkte eines Milieus und einer politischen Lage, oder, gerade entgegengesetzt die Opfer von Schicksal, welches bekanntlich unabwendbar ist ... ? Ich gestehe, daß ich auf solche Fragen keine Antwort weiß, und ich gehe sogar noch weiter und erkläre mit aller Bestimmtheit, daß ich diese Geschichte aus meiner Jugend niemals erzählt hätte, wüßte ich genau zu sagen, daß und wie der Unmensch und der Schulmann miteinander zusammenhängen.“*[40]

Das Wittelsbacher Gymnasium wird mit dieser Frage leben müssen – auch mit der Tatsache, daß Alfred Andersch mit seiner fiktiven Unterrichtsstunde so unrecht nicht hatte.[41]

Abb. 9: Alfred Andersch 1975 in der Eifel; Aufnahme Peterhofen

Nr. VIII 22033.   Abschrift.   München, den 2. Juni 1931.

Bayer. Staatsministerium
für Unterricht und Kultus.
München 1, Brieffach.

       An

die Direktorate

höheren Lehranstalten für Knaben

       in München.

_____

       Betreff:

Beteiligung von Schülern an
Vereinen.

               Der Studienassessor

Fritz E h r l i c h e r ist der Führer des " Deutschen Jungvolkes, Bund
deutscher Tatjugend ", eines Vereines,
der insbesondere Schüler des Wittelsbachergymnasiums und des Alten Realgymnasiums zu seinen Angehörigen zählt.
Da zu der Besorgnis Anlaß besteht, daß
Studienassessor Ehrlicher die Jugend
politisch einseitig beeinflussen werde,
ist den Schülern der Anstalt die Teilnahme an diesem Vereine zu verbieten.

       Studienassessor Ehrlicher hat
übrigens erklärt, daß er den Verein auflösen und die Löschung des Vereines im
Vereinsregister veranlassen werde.

T 5: Wittelsbacher Schüler müssen den Verein „Deutsches Jungvolk, Bund deutscher Tatjugend" verlassen

Wittelsbacher = Gymnasium in München

mit den sechs oberen Klassen eines Realgymnasiums.

Jahreszeugnis

Alfred Andersch

Sohn des *Buchdirektors Herrn Alfred Andersch*

in *München*, Bezirksamts _____,

geboren am *4. II.* 1914 zu *München*, *rk.* Bekenntnisses,

hat im Schuljahre 1927/28 die *vierte* Klasse Abt. *b* besucht.

*Sein Betragen entsprach, der Fleiß war
unzulänglich. Die Leistungen blieben
in drei Hauptfächern ungenügend, in
einem weiteren mangelhaft.*

Seine Fortschritte sind:

In der Religionslehre *entsprechend*	in der Naturkunde *entsprechend*
in der deutschen Sprache *entsprechend*	in der Geschichte *mangelhaft*
in der lateinischen Sprache *ungenügend*	in der Geographie *lobenswert*
in der griechischen Sprache *ungenügend*	im Zeichnen *lobenswert*
in der englischen Sprache ___	im Turnen *entsprechend*
in der Mathematik *ungenügend*	im Singen ___
in der Physik ___	

Die Erlaubnis zum Vorrücken in die nächsthöhere Klasse hat er *nicht erhalten*.

München, den *29. März* 1928.

Der Oberstudiendirektor:

Himmler

Der Klaßleiter:

Euringer

T 6

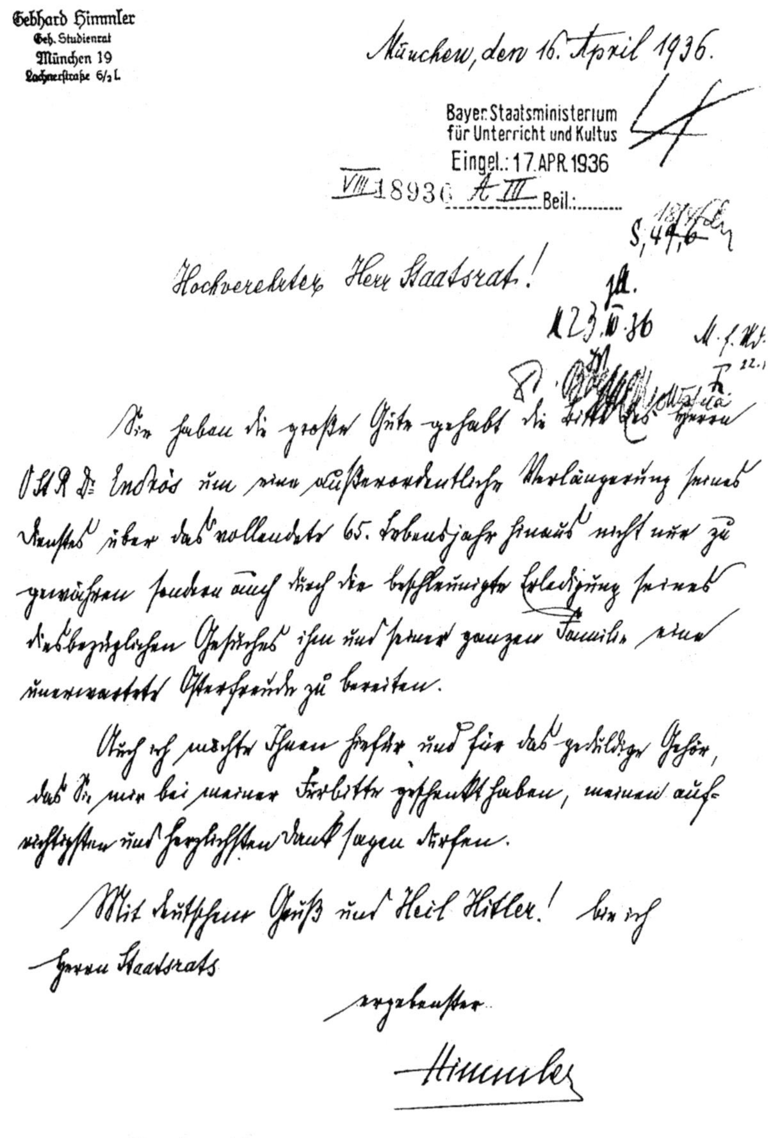

München, den 16. April 1936.

Bayer. Staatsministerium
für Unterricht und Kultus
Eingel.: 17. APR. 1936

VIII 18936 A III Beil.:

Hochverehrter Herr Staatsrat!

[handwritten letter]

Himmler

Hochverehrter Herr Staatsrat!
Sie haben die große Güte gehabt die Bitte des Herrn OStR Dr. Endrös um
eine außerordentliche Verlängerung seines Dienstes über das vollendete
65. Lebensjahr hinaus nicht nur zu gewähren sondern auch durch die beschleunigte Erledigung seines diesbezüglichen Gesuches ihm und seiner
ganzen Familie eine unerwartete Osterfreude zu bereiten.
Auch ich möchte ihnen hiefür und für das geduldige Gehör, das Sie mir
bei meiner Fürbitte geschenkt haben, meinen aufrichtigsten und herzlichsten Dank sagen dürfen.
Mit deutschem Gruß und Heil Hitler! bin ich Herrn Staatsrats
ergebenster Himmler

T 7

Wie in einer gezielten Aktion der „Völkische Beobachter" das Wittelsbacher Gymnasium am 25. März 1933 in die Knie zwang
(Hintergründe und Fakten)

Wenn über die NS-Zeit des Wittelsbacher Gymnasiums gesprochen wird, so ist vom Bekanntheitsgrad her gesehen entweder der Name „Himmler" oder der sog. „Schülerprotest"[42] im Gespräch. Letzterer ist so häufig genannt worden, daß er sich inzwischen von den Personen und dem tatsächlichen Geschehen so weit entfernt hat, daß er zu einer Art „Feigenblatt" geworden ist, das unter anderem auch benutzt wird, um die „NS-Scham" des Wittelsbacher Gymnasiums zu bedecken.

Zum besseren Verständnis sei hier kurz vorausgeschickt, worum es ging:

Das Kultusministerium erließ eine Anordnung, daß anläßlich der Eröffnung des neu gewählten Reichstages eine Schulfeier zu veranstalten sei. Diese fand am Wittelsbacher Gymnasium am 21.3.1933 vormittags im Turnsaal des Hauptgebäudes statt. Als *nach dem Verklingen des Deutschlandliedes ... ein großer Teil der Schüler das Horst-Wessel-Lied*[43] (es stand nicht auf dem gedruckten Programm) anstimmte, das StA Simon am Klavier begleitete, verließen 46 Schüler – die drei jüdischen Schüler, die sich daran beteiligten, sind ganz in Vergessenheit geraten – den Saal. Nach Aufforderung einiger Lehrer, in den Saal zurückzukehren, kam es wieder zu verbalen Protesten zwischen HJ-Jugend und „Protestjugend". Der „Völkische Beobachter"[44] veröffentlichte daraufhin einen scharfen Angriff gegen das Gymnasium.

Daß aus den Schülerprotestlern nachträglich kleine „Helden" geworden sind, haben sie eigentlich dem „Völkischen Beobachter" zu verdanken; ohne diese Initiative würde heute kaum jemand über diesen „Schülerstreich" reden oder jene Schüler besonders auf sich aufmerksam machen wollen. Fast in jedem Gymnasium gab es in der Anfangszeit zwischen 1931 und 1933 Querelen mit den sich bildenden HJ-Gruppen. (Ein ganz ähnlicher Vorfall ereignete sich am gleichen Tag z.B. am Theresiengymnasium in München. Hier verließ fast die ganze Klasse 9a, darunter Kurt Becher die Turnhalle. Es war OStR Dr. Ernst Kremmer zu verdanken, daß den Schülern nichts passierte.[45])

Allen Schülern, die sich in dieser Zeit gegen das „Ideengut" der NSDAP stellten, gilt der Respekt, speziell – was dieses Buch angeht – den 46 Schülern des Wittelsbacher Gymnasiums.

Wenn ehemalige Wittelsbacher über den Vorfall erzählen, wird meistens der Eindruck erweckt, als handle es sich bei diesem Protest um eine spontane Angelegenheit. Schon die Bezeichnung „Schülerprotest" trifft den eigentlichen Sachverhalt nicht. Vielmehr geht es um einen von mehreren Seiten her **inszenierten Eklat**. Dieser ist verstehbar, wenn man den schulpolitischen Kontext mitbedenkt. Er läßt sich in sechs Punkten darstellen:

1. Der neue Schulleiter OStD Wahler schätzte das Kräfteverhältnis in seinem Lehrerkollegium falsch ein. Um sich besser behaupten zu können, machte er OStR Hudezeck zu seiner rechten Hand. Was sich in den verschiedenen Schülerkreisen abspielte, kannte er zumeist aus zweiter Hand.

2. Die HJ-Gymnasiasten nahmen seit Schuljahr 1931/32 stetig zu; mit seinen Bestrafungsmethoden erreichte OStD Wahler genau das, was die HJ-Anhänger brauchten: Haß und Aggression.

3. Vor allem zwischen „Bund Neudeutschland", „Marianische Congretation" und HJ bestanden bereits harte schulinterne Auseinandersetzungen.

Skandalöse Vorgänge am Wittelsbacher Gymnasium während der Schulfeier am 21. März

„Nationalsozialistische Allüren werden hier nicht geduldet"

Als zum Abschluß der Schulfeier im Wittelsbacher Gymnasium das Horst-Wessel-Lied gesungen wurde, verließen ungefähr 50 Schüler der 8. und 9. Klasse demonstrativ den Saal. Später kehrten sie zurück und brachen bei dem Sieg-Heil auf den Reichskanzler in laute Pfui- und Niederrufe aus.

Verständlich werden diese empörenden Vorgänge, wenn man sich die Zusammensetzung des Lehrerkollegiums und die Erziehung der Schüler in den vergangenen Jahren etwas näher ansieht. Unter den vielleicht 20 Professoren ist nur ein einziger Nationalsozialist und ein Deutschnationaler. Sämtliche übrigen Lehrkräfte gehören der B.V.P. an oder stehen ihr nahe. Bereits in der 1. und 2. Klasse werden die Schüler für den angeblich unpolitischen Bund „Neu-Deutschland" geködert und dort ganz einseitig erzogen und beeinflußt. Da Neu-Deutschland der einzige Bund ist, dem Schüler bisher angehören durften und sie dort Gelegenheit haben zu turnen und zu wandern, treten die meisten Jungen bei, ohne eine Ahnung von der Weltanschauung zu haben, der die Leitung des Bundes huldigt. Lehrer und Schüler sind der festen Überzeugung, daß die Vorfälle am Dienstag auf Verhetzung durch außenstehende Personen, d. h. die Leitung des Bundes Neu-Deutschland, zurückzuführen sei. Was allerdings von den Professoren alles gegen den Nationalsozialismus in den letzten Jahren gesagt wurde, läßt sich schwer feststellen. Erwähnen möchten wir hier nur eine Äußerung des Rektors, die vor ungefähr einem halben Jahr fiel: „Nationalsozialistische Allüren werden hier nicht geduldet."

Nach der Darstellung, die der Rektor von dem Lausbubenstreich gibt, habe er nichts von dem Hinausgehen der jungen Leute gemerkt, da er in der ersten Reihe saß. Aus demselben Grund habe er auch die Pfui- und Niederrufe nicht hören können. Er sei also unschuldig. Die Schuldigen würden, soweit sie zu ermitteln seien, streng bestraft.

Ein Schüler der 8. Klasse berichtet, daß die Neu-Deutschen, als sie hörten, daß das Horst-Wessel-Lied gesungen werde, mit einem Standal drohten. Sie meinten, sie würden das nicht dulden. (!) Bei der Feier selbst standen die Angehörigen dieses „unpolitischen" Bundes in einer Gruppe zusammen mit einigen rötlich angehauchten Schülern. Diese Gruppe verließ bei dem Gesang des Horst-Wessel-Liedes den Saal, kehrte dann zurück und brach in die bereits erwähnten Schmähungen gegen den Reichskanzler aus. Dabei sollen sie so geschrien haben, daß sie ganz rot im Gesicht wurden. Der Rektor hat aber nichts gehört. Nur die Besonnenheit der älteren Schüler hat am Dienstag diese Opfer politischer Verhetzung vor einer tüchtigen Tracht Prügel seitens ihrer Mitschüler bewahrt. Vielleicht wären die Neu-Deutschen dadurch zur Besinnung gebracht worden.

Da der Rektor auch behauptete, den Auftrag zur musikalischen Begleitung des Horst-Wessel-Liedes gegeben zu haben, müssen wir feststellen, daß unser Parteigenosse im Lehrerkollegium den Musikprofessor bat, das Lied zu begleiten und daß der Rektor nur gnädigst die Genehmigung dazu erteilte.

Wir hoffen, daß die Schuldigen, deren Ermittlung nicht allzu schwer fallen dürfte, mit aller Strenge bestraft werden und die Zugehörigkeit zu einem Bund, der seine Mitglieder zur Beleidigung des Reichskanzlers erzieht, verboten wird. F. B.

T 8: Völkischer Beobachter vom 25./26. März 1933; Zeitungswagen um 1934

4. Die zentrale Figur ist StR Hermann Poschenrieder; seit 1.7.1931 eingeschriebenes Parteimitglied der NSDAP. Dabei steht ihm StR A. Straubinger hilfreich zur Seite, der auf Weisung des NSLB-Gauleiters Josef Streicher bereits als Kreisamtsleiter des NSLB tätig ist.

5. Der 21. März 1933 muß in einem ursächlichen Zusammenhang mit dem Vorfall vom 13. März 1933 gesehen werden.

6. Es geht um die letzten Schultage des Schuljahres 1932/33; der inszenierte Eklat und die scharfe Attacke des „Völkischen Beobachter" sollten die neuen Voraussetzungen im Schuljahr 1933/34 auch für das Wittelsbacher Gymnasium schaffen.

Nun zu den Aspekten **1 – 6** im einzelnen:

1. OStD Andreas Wahler war bis zum 31.7.1930 Oberstudiendirektor am Ludwigsgymnasium in München. In seinem Versetzungsgesuch vom 31.5.1930 an das Wittelsbacher Gymnasium verheimlichte er seine materiellen Absichten nicht. Er verwies auf seine Verdienste und sah seine Krönung mit *„Erreichung der Besoldung A 1d"*, die aber nur *„mit großen Anstalten erreicht werden kann, am Ludwigsgymnasium aber keine Aussicht auf Beförderung besteht."*[46]

Über Wahler ließe sich tatsächlich ein kleines Traktat schreiben, was seine materiellen Schwächen angeht. So z.B. kam ihm die Umzugskosten-Erstattungshilfe nach München zu langsam, so daß er die Münchner Anstaltskasse nützte, und das Kultusministerium am 13.4.1929 in einem Schreiben an ihn feststellte: *„Im übrigen wird folgendes bemerkt: Die vorschußweise Entnahme von 1000.- RM aus der Anstaltskasse durch OStD Wahler ohne ministerielle Genehmigung war unzulässig. Hie wegen wird diese Haftung vorbehalten."*[47]

Dr. Melber, Ministerialbeamter, schien so manches vorauszusehen, als er schon am 26.7.1915 über Wahler schrieb:

„Schließlich möchte ich doch meine persönliche Ansicht nicht unterdrücken, daß den Prof. Dr. Wahler nicht ideelle, sondern ausschließlich materielle Gründe veranlassen, die Stelle eines Seminardirektors anzustreben."[48]

Wahler stellte sich die Leitung des Wittelsbacher Gymnasiums zu einfach vor. Er kannte die Kräfteverhältnisse dort nicht und dachte, daß es genüge, in die autoritären Fußstapfen eines G. Himmler zu treten. So hielt er es offensichtlich nicht für nötig, für seinen neuen Wirkungsbereich ein neues Führungskonzept zu entwickeln. Kurz: Er war einfach falsch motiviert und was die politischen Verhältnisse anging mit Scheuklappen bedeckt.

Seine Führungsschwäche suchte er durch eine starke rechte Hand am Wittelsbacher Gymnasium auszugleichen. Er qualifizierte Hudezeck 1931 mit Note 1 und bemerkte: *„Ein tüchtiger Lehrer und Erzieher, ein stets hilfsbereiter Amtsgenosse, der eine baldige Beförderung vollauf verdient."*[49] Hudezeck wurde am 1.9.1932 als OStR eingewiesen. Er war seit 12 Jahren am Wittelsbacher Gymnasium und wußte im Gegensatz zu Wahler über alles Bescheid. Wahler gab ihm folgende Dienstaufgaben und meldete diese am 5.9.1932 an das Kultusministerium:

1. *12 – 14 Std. Unterricht*
2. *Vertretung des OStD bei Abwesenheit u. Verhinderung; Anwesenheitspflicht Di/Mi/Fr. vormittags*
3. *Mitwirkung bei der Handhabung der Schulzucht im Hauptgebäude*
4. *Schulgeldausschuß (Vorsitz)*
5. *Entschuldigungswesen*
6. *Vorbereitung u. Leitung der Aufnahmeprüfungen im Hauptgebäude, der Reifeprüfung sowie der Ergänzungsprüfungen aus dem Lateinischen.*
7. *Durchsicht von Schul- Hausaufgaben D/L/G/Geographie ...*
8. *Berufsberatung"*[50]

Er bedachte dabei nicht, daß er mit der Stärkung Hudezecks ungewollt seine Position weiter

Um die Vorgänge am Wittelsbacher-Gymnasium

Unser Artikel zu den Vorgängen am Wittelsbachergymnasium hat uns eine Reihe von Zuschriften der Beschönigung und der Empörung eingetragen. Wir geben zwei dieser Zuschriften wegen ihrer Ruhe und Sachlichkeit gerne Raum und warten im übrigen das Ergebnis der vom Religionslehrer des Gymnasiums. Oberstudienrat Alfred Leonpacher, der die Ortsgruppe Winthir von "Neudeutschland" seit 14 Jahren leitet, bezüglich seiner Erziehungstätigkeit beantragten Disziplinaruntersuchung ab.

Von der Leitung des Bundes "Neudeutschland" wird uns geschrieben:

Der Artikel "Skandalöse Vorgänge am Wittelsbachergymnasium während der Schulfeier am 21. März" der Ausgabe 84/85 des "Völkischen Beobachters" vom 25./26. März enthält die Vermutung, "daß die Vorfälle am Dienstag auf Verhetzung durch außenstehende Personen, d. h. durch die Leitung des Bundes "Neudeutschland", zurückzuführen sei" und spricht die Erwartung aus, daß die Zugehörigkeit zu einem Bund, der seine Mitglieder zur Beleidigung des Reichskanzlers erzieht, verboten wird".

Als derzeitiger Geistlicher Gauführer des Neudeutschen Altbayerngaues erlaube ich mir im besonderen Auftrag des Bundesleiters von "Neudeutschland", Prälat Zender, Düsseldorf, die ergebenste Mitteilung, daß Bundesleitung wie Gauleitung den Verstoß der Schüler des Wittelsbachergymnasiums, soweit sie "Neudeutschland" angehören, schärfstens mißbilligen und diese Mißbilligung den Mitgliedern der "Neudeutschland"-Gruppe München-Winthir, soweit sie daran beteiligt waren, nachdrücklich ausgesprochen haben.

Ein Rundschreiben der Bundesleitung wird in den allernächsten Tagen allen Mitgliedern des Bundes "Neudeutschland" bekanntgeben, daß der Bund die neuen Verhältnisse und die neue Regierung vertrauensvoll anerkenne. Dieses Rundschreiben wird auch die nationale Haltung des Bundes seit den Tagen der Gründung betonen, von der unter anderem auch ein Telegramm des Herrn Reichspräsidenten von Hindenburg an die Neudeutsche Bundestagung 1931 bei Cranienstein Zeugnis ablegt.

Ebenso ist die nationale Gesinnung und Haltung des Bundes im Neudeutschen Kalender 1933/34 auf Seite 158/159 wie im neuen Knappenbuch auf Seite 20/21 deutlich zum Ausdruck gebracht.

Bundesleitung und Gauleitung von "Neudeutschland" versichern, daß der Vorfall am Wittelsbacher Gymnasium auf keinen Fall auf eine Verhetzung durch die Leitung des Bundes zurückgeführt werden kann, und daß die Mitglieder der Gruppe München-Winthir mit keinem Wort zu einer Beleidigung des Herrn Reichskanzlers veranlaßt worden sind."

Weiter schreibt uns das nationalsozialistische Mitglied des Lehrerkollegiums:

"Die Feier als solche ist durchaus würdig verlaufen. Für die bedauerlichen Vorfälle im Hintergrunde des von fast 800 Schülern dicht gefüllten Saales, die in den vorderen Reihen weder vom Direktor noch von mir bemerkt wurden, trägt der Direktor keinerlei Verantwortung. Die eingehende Untersuchung ergab, daß auch die Leitung des Bundes "Neudeutschland" die ihr zugänglichen Schüler vor allen feindlichen Demonstrationen nachdrücklich warnte. Hingegen scheinen Angehörige der "Bayernwacht" beim Zustandekommen der bedauerlichen Vorfälle eine führende Rolle gespielt zu haben. Gegen die Begleitung des "Horst-Wessel-Liedes" auf dem Klavier hatte der Direktor schon am Montag keinen Widerspruch erhoben. Das etwa vierzig Mitglieder zählende Lehrerkollegium des Wittelsbachergymnasiums war schon bisher frei von rötlichen Elementen und ist voll und ganz bereit, sich in den Dienst der nationalen Erneuerung zu stellen. "Heil Hitler'"

T 9: Völkischer Beobachter vom 30.3.1933

schwächte. Daß das Horst-Wessel-Lied zum Auslöser für eine schulpolitische Machtprobe werden könnte, hätte er spätestens einen Tag vorher erkennen müssen, wie die Quellen zeigen. Aber so, wie er den nach dem Horst-Wessel-Lied fragenden Schüler nicht ernst nahm, genauso wenig ernst nahm er die Gefahr eines Tumultes zwischen den verschiedenen Schulgruppierungen. Und seine Verdrängung gipfelte in der Tatsache, daß er selbst während des Eklats am 21.3.1933 keine Störungen wahrnahm.

2. Für die Schüler war Wahler natürlich auch neu; Himmler waren sie gewohnt; im Gegensatz zu ihm gab Wahler eine schwache Figur ab, so daß u.a. die Absolvia 1933/34 reimte:

> *„Der Wahler ist der Oberste von dem Gymnasium; er schlänkert seine Beine stets beängstigend herum; durch seine Nase spricht er und bohrt drin mit Gewalt; und dafür wird er 'zahlt.“*[51]

Statt eine Vertrauensbasis gegenüber den Schülern zu schaffen, dachte er, es genüge, Autorität auszuüben allein aufgrund seines Amtes.

Mit seinem Vorgehen gegen die HJ-Schüler am Wittelsbacher Gymnasium erwies er sich einen Bärendienst, wie er selbst noch feststellen sollte. Seine Maßnahmen gegen die HJ-Schüler meldete er in seinen Mitteilungen an das Kultusministerium:

Am 2.6.1931:

> *„Teilnahme von Schülern an polit. Vereinigungen und unerlaubten Verbindungen wurden nicht beobachtet, doch wurde in einigen oberen Klassen Hinneigung zu nationalsozialistischen Bestrebungen bemerkt. Die Mitglieder des Lehrkörpers wurden in den Lehrerratssitzungen wiederholt angewiesen, auf diesen Punkt ein ganz besonderes Augenmerk zu richten und diesbezügliche Wahrnehmungen sofort dem Direktorat mitzuteilen.*
> *Die Lehrer selbst wurden öfters dringend er-*

> *mahnt, im Unterricht sich jeglicher Politisierung zu enthalten und weder für noch gegen irgendeine Partei Stellung zu nehmen. Hingegen sei die Pflege nationalen Geistes und die Erziehung der Schüler zur Staatsgesinnung selbstverständliche Pflicht.“*[52]

Am 25.5.1932:

> *„22 Schüler erhielten Direktoratsverweis (darunter 11 wegen Zugehörigkeit zu einer politischen Vereinigung), 6 Direktoratsarrest, 1 wurde mit Entlassung bestraft.“*[53]

Nachdem der „Völkische Beobachter" seine Angriffe gestartet hatte, meldeten sich jene ehemaligen Wittelsbacher Gymnasiasten, die wegen ihrer HJ-Mitgliedschaft gemaßregelt wurden zu Wort und bestätigten in Leserbriefen an das Kultusministerium oder den „Völkischen Beobachter"; daß dessen Vorwürfe genau zutreffen. (Die schnellen Leserbriefzuschriften beweisen, wie gezielt alles vorbereitet war.)

Ein früherer Absolvent schrieb am 28.3.1933 an den „Völkischen Beobachter":

> *„[...]Da ich selbst 9 Jahre an dieser Anstalt zugebracht habe, sei es mir erlaubt in der Anlage zu ihrem Artikel Stellung zu nehmen. Falls sie meine Zuschrift veröffentlichen wollen, möchte ich Sie allerdings bitten, meinen Namen unter das Redaktionsgeheimnis zu stellen und auch von einer abkürzungsweisen Andeutung des Selben abzusehen.*
> *Bei dieser Gelegenheit möchte ich ihre Aufmerksamkeit auch auf eine vor Jahren unter der Herrschaft der Bay. Volkspartei herausgekommenen Bestimmung lenken. Auf Veranlassung des einstigen preussischen Kultusministers Grimme wurde seinerzeit im Lehrplan das Französische vor das Englische gestellt. Vielleicht könnten Sie im V.B. einmal die Frage aufwerfen, ob es nötig ist, diesen Kratzfuß vor dem Erbfeind im neuen Reich durchzuführen.*
> *Mit deutschen Gruß! W.K."*[54]

Ein zweiter Leserbrief, diesmal anonym:

„1. Die im Beiblatt zu Folge 84/85 des V.B. ge-schilderten Vorgänge am Wittelsbacher Gym-nasium sind bezeichnend für den ganzen dort herrschenden Betrieb. [...] Die Art z.B., wie der Geschichtsunterricht von einzelnen Lehrern gehandhabt wurde, war oft mehr als partikularistisch.
2. [...] Es ist zwar nicht gerade vorgekom-men, daß die Mitgliedschaft zu einem dieser Bünde günstig auf die Benotung wirkte; aber die offensichtliche Benachteiligung von als nationalsozialistisch gebrandmarkten Schülern steht in mehr als einem Falle fest!
3. Eine besondere Bedeutung erlangen sol-che Zustände durch die neue Bestimmung, daß die Professoren ein Urteil über die Be-fähigung eines Schülers zum Hochschulstu-dium abgeben sollen. Mir ist z.B. ein Fall be-kannt, wo ein Schüler, der aus seinem Natio-nalsozialismus keinen Hehl machte, sich die Mißgunst verschiedener schwarzer Lehrer zugezogen hatte. Da es sich um einen Durch-schnittsschüler handelte, wäre derselbe si-cher n i c h t für befähigt erklärt worden. ... Da er jedoch auf Studienbeihilfen mehr oder weniger angewiesen ist, wäre ihm mit der neuen Bestimmung seinerzeit das Hoch-schulstudium versagt geblieben. ....
4. Alles in allem ist am Wittelsbacher Gym-nasium in den letzten Jahren ein Geist ein-gezogen, der um mit Göring zu sprechen, 'die Zeichen der Zeit noch nicht verstanden hat'. Wie, wenn sich um seine Ausrottung die höheren Beamten selbst annehmen würden? Ein früherer Absolvent"[55]

3. Seit Anfang März 1933 bis zum 21.3.1933 spitz-ten sich die Anfeindungen von HJ-Gymnasiasten und „ND"-Anhängern immer mehr zu. Mit seinen 110 „ND"-Mitgliedern und 60 Mitgliedern der „Marianischen Congregation"[56] waren diese Grup-pen das stärkste Ärgernis für die HJ-Gymnasiasten an der Schule. OStR A. Leonpacher bezeugt im Schreiben vom 26.3.1933, daß *„die ND-Schüler [...] seit längerem und insbesondere in der letz-ten Zeit von ihren anders gesinnten Kameraden in der heftigsten Weise beschimpft würden."*[57]

Und OStD Hudezeck schreibt in seinem Bericht:

„ [...] sie wurden als 'schwarze Frechlinge, schwarze Hunde' beschimpft und mußten vielfach hören, wie die Geistlichkeit ver-höhnt und die Einrichtungen der Kath. Kir-che in den Schmutz gezogen wurden. Aus-sprüche wie 'jedem Pfaffen seinen Baum' oder 'wir sind froh, daß den Pfarrern jetzt endlich einmal der Mund gestopft wird' sind nachgewiesen."[58]

Abb. 10: OStR A. Leonpacher mit Wittelsbacher Gymnasiasten im Schullandheim Endlhausen um 1930

Trotz aller Beschwichtigungsversuche von OStR Leonpacher wollten diese 2 Gruppen nicht feige dem Treiben der HJ-Aktivisten zusehen. Die einzel-nen Gruppierungen wußten sich herausgefordert; keine wollte ihr Gesicht verlieren.

4. Nach seinen eigenen Angaben im „Meldebogen an die Militärregierung"[59] war StR Hermann Poschenrieder seit 1.7.1931 unter der Mitglieds-nummer 571906 bei der NSDAP registriert. In seiner späteren Rechtfertigung am 27.11.1948 schrieb er u.a.: *„Ich hielt ihn damals für einen politischen Führer von lauteren Absichten ... ."*[60] Poschenrieder, inzwischen beim NSLB tätig, hatte seinen Parteieintritt nach Himmlers Abgang ge-wählt und aus seiner Parteizugehörigkeit seit 1931 keinen Hehl gemacht. Daß er der Draht-zieher der Vorgänge um den 21.3.1933 war[61], daß er all diese Fäden in den Händen hielt, zeigt die Tatsache, daß alle sich auf ihn bezogen: Der

„Völkische Beobachter" („Weiter schreibt uns das Nationalsozialistische Mitglied des Lehrerkollegiums"[62]), der Lehrkörper, OStD Wahler und Kultusministerium beriefen sich auf ihn, er inszenierte und schlichtete zugleich. Treffend schrieb Hudezeck am 15.4.1933:

„Der Staatskommissar im KM, Herr Hauptlehrer Kolb, ließ durch StR Poschenrieder dem Direktorat mitteilen, ... es sollen keine Märtyrer geschaffen werden."[63]

Das frühere Vorgehen OStD Wahlers gegen die HJ-Gymnasiasten, war bereits seit 1932 in der NSDAP ein „Politikum" (s. Schulzuchtmitteilungen). Poschenrieder und Straubinger konnten als „Pg.'s" dieses Vorgehen ihres Chefs nicht akzeptieren. Eine Aktion lag in der Luft und hierfür bot sich die ministeriell angeordnete Schulfeier zur Eröffnung des neu gewählten Reichstages als günstige Gelegenheit an. So eine Schulfeier mußte vorbereitet werden, jede Gruppierung (Schulleitung, HJ-Gymnasiasten, „ND"- und „MC"-Gruppen u.a.) auf ihre Weise. Alle Beteiligten hatten genug Zeit. Daß Zündstoff in der Luft lag, läßt sich brennpunktartig mit der Frage des Schülers Fritz Martin, Kl. VIII, der Mitglied der „Bayernwacht" war, zeigen, die er tags zuvor an OStD Wahler stellte: *„ob denn das Horst-Wessel-Lied jetzt gesungen werde oder nicht."*[64] Er war es unter anderem auch, der *„schon am Vortage der Feier und während der Feier selbst zum Verlassen des Saales ... aufgefordert hatte."*[65]

Es ist wieder einmal eine „Ironie des Schicksals", daß Poschenrieder in seiner Rechtfertigung vom 27.11.1948 sogar diesen Schuleklat von 1933 für sich als „Feigenblatt" benützte, wenn er feststellte: *„Ich sprach darauf im Ministerium vor und erreichte durch meine Darstellung des Sachverhaltes, daß gegen den Anstaltsleiter nichts weiter unternommen wurde."*[66]

Eine glatte Lüge, wie sich noch zeigen wird; unabhängig von der Tatsache, daß er sich mit diesem „Feigenblatt" ein Eigentor schoß. Was doch so ein „einfacher" Studienrat alles vermag?

5. Eine erste Kraftprobe sollte bereits durch die Beflaggungsanordnung zum 13.3.1933 stattfinden:

Oberst Haselmayer schrieb am 15.3.1933 an den „Beauftragten der Reichsregierung":

„Vorfall am Wittelsbacher Gymnasium, Marsplatz:
1. Das Direktorat des Wittelsbacher Gymnasiums hatte am Montag, den 13. März, Vormittag nicht geflaggt. In der Pause zwischen der 2. und 3. Stunde veranstalteten die Schüler im Hofe daraufhin Sprechchöre: 'Wo bleibt die Flagge?' und 'Wir verlangen die Flagge etc.'. Als in der 2. Pause nach der 3. Stunde noch nicht die Flagge gehißt war, wiederholten sich die Sprechchöre mit dem Erfolge, daß ein Teil der an den Sprechchören beteiligten Schüler von den aufsicht-

Abb. 11: Fahnenstangen am Wittelsbacher Gymnasium heute

führenden Lehrern aufgeschrieben wurden.
2. Am Montag, den 13.3. wurde keine Flagge gesetzt, dagegen war am Dienstag, den 14.3. die Flagge Schwarz-Weiß-Rot gesetzt.
Am Wittelsbacher Gymnasium ist auch der Generalsekretär der Bay. Volkspartei Dr. Anton Pfeifer seit dem Jahre 1928 als StR wieder angestellt, hat dort aber noch keine Stunde Dienst getan, da er als Mitglied des bay. Landtags beurlaubt ist."[67]

Die Reichsregierung leitete das Schreiben unter Nr. 00991 an das Kultusministerium weiter. Als kleine humoristische Einlage sei hier die späte Stellungnahme OStD Wahlers vom 5.5.1933 angefügt:

"Zu Punkt 1: Montag, den 13.3. wurde schon um ³/₄ 8 Uhr dem Offizianten die Weisung gegeben Weiß-Blau zu beflaggen und dann sofort die Schwarz-Weiß-Rote Fahne sowie die Hakenkreuzfahne zu besorgen. Aber alle Versuche, die teils vom Offizianten, teils vom Maschinisten der Anstalt zur Beschaffung der beiden Fahnen unternommen wurden, schlugen angesichts der gewaltigen Nachfrage fehl.
Zu Punkt 2: Dienstag, den 14.3. konnten zwischen 9 und 10 Uhr die Schwarz-Weiß-Rote und die Hakenkreuzfahne gehißt werden, da inzwischen die Feldzeugmeisterin in der Barerstraße die Hakenkreuzfahne und das Landbauamt die Schwarz-Weiß-Rote Fahne geliefert hatten."[68]

Soviel steht fest: Auch der Beauftragte der Reichsregierung hatte das Wittelsbacher Gymnasium im Visier; alles spricht für eine wohlvorbereitete Aktion.

6. Mit einem sorgfältig gewählten NS-Paukenschlag sollte das neue Schuljahr beginnen und zwar so, daß es sich von Anfang an von früheren Schuljahreseröffnungen unterschied. Vordringlichstes Ziel freilich bestand in der Gleichschaltung aller Schulen; speziell hier aller Gymnasien. Für dieses Gelingen war kein Preis zu hoch. So wur-

den die Ferien – wie an anderer Stelle noch gezeigt wird – sogar um gut eine Woche verlängert: Es *"begann nach der Verfügung des Unterrichtsministeriums erst am 2. Mai 33"*[69] (Durch die verlängerten Ferien für die Schüler hatten die Lehrer genug Zeit, um auf das neue bildungspolitische NS-Programm eingeschworen zu werden.) So wie das neue Schuljahr gezielt vorbereitet wurde, genauso gezielt wurde hier am Ende des Schuljahres ein Eklat an der Schule provoziert und die Attacken des „Völkischen Beobachters" so geschickt nachgeschoben, daß das Wittelsbacher Gymnasium – wie alle schulischen Reaktionen beweisen – in die Knie gezwungen wurde. Es gab zwei Verlierer, nämlich OStD Wahler und OStR Leonpacher; beide beantragten ein Untersuchungsverfahren gegen sich selbst; das konnte der Partei nur Recht sein. Und es gab zwei Gewinner: StR Poschenrieder und OStR Hudezeck. OStD Wahler argumentierte hilflos, etwa in der Weise: Ich habe nichts gemerkt, also bin ich unschuldig. Er überließ OStR Hudezeck seine Verteidigung. OStR Leonpacher, der bisher eindeutig in seiner außerschulischen Arbeit Stellung gegen Hitler bezogen hatte, versuchte jetzt, da er zum einen durch den druckfertigen Hirtenbrief der deutschen Bischöfe vom 28.3.1933 im Stich gelassen wurde, zum anderen durch die Angriffe des „Völkischen Beobachters" herausgefordert wurde, mit Hilfe von „sprachlichen Verrenkungen" für sich und seine ND-Schüler etwas zu erreichen, z.B., wenn er konzedierte:

„.... ND erzieht seine Mitglieder nicht zur Beleidigung des Reichskanzlers, wohl aber ... wie schon der Name andeutet zu 'aufrichtiger Vaterlandsliebe und treudeutscher Gesinnung'."[70]

Beide kalkulierten falsch: Da Hudezeck Wahlers Äußerung, *"Nationalsozialistische Allüren werden hier nicht geduldet"*[71] (gefallen anläßlich der Goethe-Haydn-Feier am 13.5.1932), in seinem Bericht bestätigt hatte, blieb dieses Ärgernis an ihm haften. Auch Leonpacher mußte einsehen, daß er trotz seiner Erklärung seinen schulischen ND-Einfluß nicht mehr halten konnte.

Dagegen hatten die Gewinner richtig kalkuliert: Poschenrieder hat sich über seine Parteizugehörigkeit und sein Verhandlungsgeschick als Retter des Wittelsbacher Gymnasiums und Bewahrer vor größeren Schäden in Szene gesetzt; Hudezeck, der beauftragt wurde, die Untersuchung zu leiten und zugleich das Verhalten OStD Wahlers zu rechtfertigen, wurde in seiner Machtposition erheblich gestärkt. Hudezeck und Poschenrieder arbeiteten seit dem 25.3.1933 eng zusammen und bildeten ab jetzt das eigentliche Machtzentrum am Wittelsbacher Gymnasium.

Mit den anschließenden Meldungen konnten das Kultusministerium und der „Völkische Beobachter" zufrieden sein:

1. Hudezeck teilte am 15.4.1933 dem Kultusministerium mit: *„... daß alle [Lehrer] auch jetzt freudig bereit sind, an der nationalen Erneuerung Deutschlands mitzuarbeiten."*[72] Das war übrigens genau die aktuelle NS-Parole für das neue Schuljahr!

2. OStD Wahler beeilte sich, nationaldeutsche Gesinnung durch Ansprache, Chor und Orchester unter Beweis zu stellen und veranstaltete am 6.4.1933 in Gegenwart der Eltern, eine Schlußfeier, *„bei der ebenfalls das Horst-Wessel-Lied gesungen wurde, [und die] ohne die geringste Störung verlaufen"*[73] ist.

3. Als letzter im Bunde meldete sich der Elternbeiratsvorsitzende Heinrich Wiedenmann: *„Ich kann versichern, daß die Nachprüfung der Vorfälle von Seiten der Anstaltsleitung eingehendst vorgenommen worden ist.*

Das Ergebnis dieser Nachprüfung zeigt deutlich die vorangegangene Verhetzung unserer Jugend von außen, die an diesem Tage sicherlich zum letzten Male zum Ausbruch kam."[74]

Anhang: Die angefügten Dokumente geben dem Leser die Möglichkeit, sich auch atmosphärisch in die damalige Zeit hineinzuversetzen.

<u>Erste schulische Reaktion auf die Vorwürfe des Völkischen Beobachters</u>

Abschrift

"Bericht über ein Vorkommnis während der Schulfeier anläßlich des
Zusammentritts des neuen Reichstages am 21.3.1933.

Schon vor der Feier war der Lehrer für Musik, StA Simon, an mich mit der
Frage herangetreten, ob er das Horst-Wessel-Lied, falls es gesungen würde, auf dem Klavier begleiten solle. Ich erwiderte ihm, das Lied stehe
nicht auf dem Programm, falls es aber, wie zu erwarten sei, gesungen
werde, möge er es auf dem Klavier begleiten; es sollte meiner Meinung
nach ein ungeordneter Gesang, der möglicherweise zu störenden Gegenkund-
gebungen (Anstimmen eines anderen Gesanges u.ä.) führen würde, vermieden
werden.
Während der Feier selbst übernahm ich zusammen mit dem Herrn Turnlehrer
die Aufsicht im Saal. Die Feier verlief zunächst ruhig und ernst, die
Ansprache des Anstaltsvorstandes machte sichtlich tiefen Eindruck auf
alle Schüler. Die Rede schloß mit dem Deutschland-Lied, das die Lehrer
und Schüler begeistert mitsangen; unmittelbar nach dem Verklingen des
Liedes stimmte dann ein großer Teil der Schüler das Horst-Wessel-Lied
an. Während die Lehrerschaft vorne auch dieses Lied stehend anhörte,
begann ein Teil der Schüler im rückwärtigen Teil des Saales, diesen zu
verlassen.
Da ich in der Mitte des Saales Stellung genommen hatte, konnte ich diesen Austritt nicht verhindern, wohl aber gelang es mir durch rasches
dazwischentreten, den Schüler der Oberklasse Gritschneder, der mit an
den Mund gelegten Händen etwas in den Saal rufen wollte, daran zu verhindern und ihn aus dem Saal zu drängen; desgleichen trieb ich einige
andere Schüler, die noch unter der Türe Kundgebungen versuchten, aus
dem Saal, schloß die Türe und blieb während der ganzen Dauer des Gesanges bei den Schülern - es waren etwa 40 - auf dem Vorplatz des Turn-
saales, um jede Störung durch Lärm und dgl. unmöglich zu machen. Nach
der Beendigung des Liedes kehrten alle Schüler wieder in den Saal zurück.

T 10

Nach der Feier beschwerte sich StA Simon bei mir, daß bei dem im Programm folgenden Chor "Deutschland" acht Schüler nicht mitwirkten, wodurch die Aufführung beinahe unmöglich wurde; es waren dies sämtliche Schüler, die bei dem Horst-Wessel-Lied den Saal verlassen hatten und Assessor Simon faßte das als einen Racheakt dafür auf, daß er das Lied auf dem Klavier begleitet hatte.

Auf diese Beschwerde hin eröffnete ich am nächsten Tage, an dem der Anstaltsvorstand durch einen Auftrag des Ministeriums an der Wahrnehmung der Amtsgeschäfte im Gymnasium verhindert war, in seinem Auftrag die Untersuchung zunächst gegen die des Sabotageaktes verdächtigen Schüler.

Es waren dies die Schüler der 8. Klasse: Berthold, Feldbaum, Lorenzet, Mayinger, Stippel; der 9. Kl.: Deller und der VIII. Kl. Martin und Zimmermann. Die Schüler gaben an zur Marianischen Kongregation, bzw. zu Neudeutschland oder zur Bayernwacht zu gehören. Sie entschuldigten sich mit ihrer großen Erregung über die Beschimpfung durch nationalsozialistische Schüler (wie 'schwarze Hunde' u.a.), hätten aber nicht die Absicht gehabt den Chor des Herrn Assessor Simon zu sabotieren. Der Schüler Martin behauptete am Tage vor der Feier den H. OStD Wahler gefragt zu haben, ob bei der Feier das genannte Lied gesungen werde, H. OStD habe ihm versprochen, daß dieses Lied nicht gesungen werde; letztere Behauptung entspricht aber, wie durch Zeugen erwiesen werden kann, in keiner Weise den Tatsachen; der Anstaltsvorstand hat diese Erklärung nicht abgegeben und konnte sie auch nicht abgeben, er hat lediglich versichert, das Horst-Wessel-Lied stehe nicht in dem Programm. Im weiteren Verlauf des Verhörs stellte sich heraus, daß auch Evange-

lische den Saal verlassen hatten, die das Absingen eines nicht im Programm stehenden Liedes als Auflehnung gegen die Autorität der Schule ansahen, an der sie nicht teilnehmen wollten. Ferner waren unter den Schülern auch Israeliten und auch ein Schüler der Oberklasse, der bei seinen Kameraden als ein Anhänger des Kommunismus gilt. Ich habe ihn von Anfang an scharf im Auge behalten, doch konnte ich nichts Auffälliges an ihm bemerken. Ob er mit einem weiteren, von StR v. Drechsler rasch unterdrückten Störungsruf (Pfui gegen Heil Hitler) nach der Rückkehr in den Saal in Zusammenhang zu bringen ist, entzieht sich meiner Kenntnis, da ich diesen Augenblick im Saal nicht zugegen war.

Ich darf noch ergänzend bemerken, daß von dem ganzen Vorfall weder die vor den Schülerreihen stehenden Lehrer noch der größte Teil der Schüler etwas bemerkte, da durch das dazwischentreten des Unterzeichneten die Kundgebung unterdrückt wurde bzw. lautlos verlief.

München, den 23.3.1933   Hudezeck
                                          Oberstudienrat"

T 10

Abschrift

"Direktorat des Wittelsbacher Gymnasiums   München, den 15.4.1933
  in München
Nr. 863

An Staatsministerium für Unterricht und Kultus

Betreff: Schulfeier am 21.3.1933
         Zur Min.Entschl. Nr. VIII 12227
         vom 5.April 1933

Beilagen: I. Zwei Drucksachen
          2. Sämtliche der Min.-Entschl., vom 5. April beigegebenen
             Schriftstücke und Zeitungsausschnitte

Das Direktorat hat die in den Berichten vom 23.u.26.3.d.J. geschilderten
Vorgänge, die in Nr.84/85 des Völkischen Beobachters vom 25./26.3.1933
sowie in Nr.89 des gleichen Blattes vom 30.3.1933 besprochen wurden, in
der Zeit vom 22.3.bis 31.3. untersucht und berichtet über das Ergebnis
folgendermaßen:
Nach der Feststellung des Anstaltsvorstandes, des Oberstudiendirektors
Wahler, gingen während der Schulfeier am 21.3., als von einer Gruppe von
Schülern nach dem Absingen des Deutschlandliedes das Horst-Wessellied an-
gestimmt wurde, insgesamt 46 Schüler aus dem Saal. Zu einer lauten Kundgebung konnte es in diesem Augenblick infolge des sofortigen Eingreifens des
Oberstudienrates Hudezeck nicht kommen.
Die den Saal verlassenden Schüler verteilten sich auf folgende Klassen:
a, Humanistische Abteilung
    5. Klasse: 1 Schüler
    6.   ''   9   ''
    7.   ''   3   ''
    8.   ''   10   ''
    9.   ''   12   ''

b, Realgymnasiale Abteilung
   VII   ''   6   ''
   VIII ''   4   ''
   IX   ''   I   ''

Von diesen übrigens meist hoch anständigen Schülern gehörten 13 dem Kath.
Jugendbund "Neudeutschland" an, 8 der "Marianischen Kongregation", I der
Bayernwacht. Die übrigen sind nicht Mitglieder irgend einer Organisation,
sie sind teils katholisch, teils evangelisch, 3 Schüler sind Israeliten.

Nach dem Absingen des Horst-Wessel-Liedes kehrten alle Schüler in den Saal
zurück; in diesem Augenblick riefen die im Saal zurückgebliebenen Schüler
"Sieg Heil", ein Teil der Zurückkehrenden faßten das als eine Herausforderung
auf und beantworteten diesen Ruf mit "Pfui" - (nicht "Nieder-") rufen. Wie
festgestellt ist, waren insgesamt 10 Schüler an diesen Rufen beteiligt, von
denen 2 dem Bunde "Neudeutschland" angehören, 5 der "Marianischen Kongregation", während 2 nicht organisiert sind.
Übereinstimmend sagen alle beteiligten Schüler aus, die Pfui-Rufe hätten nur
dem herausforderndem Verhalten der Mitschüler gegolten und nicht etwa
Adolf Hitler, dem höchsten Beamten des deutschen Reiches; es wurde auch
festgestellt, daß in keinem Falle "Pfui-Hitler" gerufen wurde.

Die Gründe für das ordnungswidrige Verhalten der Schüler sind nach den
Ergebnissen der Untersuchung folgende:
1. Ein Teil der Schüler glaubte, nach dem Deutschlandlied sei die Feier
   zu Ende und verließen deshalb den Saal; die Schüler konnten zu dieser
   Annahme gelangen, weil es bei der Kürze der Zeit nicht möglich war, den
   Schülern eine Vortragsfolge in die Hand zu geben.
2. Andere glaubten durch das Verlassen des Saales die vermeintlich eigen-
   mächtige Durchbrechung des Programms einer Schulfeier durch parteipolitische Gebräuche ablehnen zu sollen. Daß das Horst-Wessel-Lied eine über

T 11

das Wesen eines Parteiliedes hinausgehende Bedeutung einer Nationalhymne
gewonnen hat, war manchen Schülern in diesem Zeitpunkt noch nicht zum
Bewußtsein gelangt, doch wurde das gelegentlich der Untersuchung den betroffenen Schülern eindringlich dargelegt.

3. Die bedauerlichen Pfuirufe lassen sich erklären, aber nicht entschuldigen aus der gewaltigen Erregung, die auf beiden Seiten, ganz besonders
aber auf der Seite der den Katholischen Bünden angehörenden Schüler,
schon einige Zeit vor der Feier geherrscht haben muß. Schon seit Wochen
wurde letzteren von ihren Mitschülern eine nicht nationale Gesinnung vor-
geworfen, sie wurden als "schwarze Frechlinge", "schwarze Hunde" beschimpft und mußten vielfach hören, wie die Geistlichkeit verhöhnt und
die Einrichtungen der Kath. Kirche in den Schmutz gezogen wurden. Aus-
sprüche wie "Jedem Pfaffen sein Baum" oder "Wir sind froh, daß den
Pfarrern jetzt endlich einmal der Mund gestopft wird", sind nachgewiesen.

In Hinblick auf diese seelischen Voraussetzungen des ordnungswidrigen Verhaltens der Schüler und in Anbetracht der Tatsache, daß auch eine gewisse
Verhetzung durch Außenstehende, in erster Linie durch die Familie, nicht
aber durch die Leitung des Bundes "Neudeutschland" stattgefunden haben
muß, glaubte das Direktorat von einer allzustrengen Bestrafung dieses un-
besonnenen Schülerstreiches absehen zu müssen, zumal der Staatskommissar
im Kultusministerium, Herr Hauptlehrer Kolb durch StR Poschenrieder dem
Direktorat hatte mitteilen lassen, es solle gegen die Schuldigen milde vorgehen und keine Märtyrer schaffen. Es wurden deshalb folgende Strafen ver-
hängt:

1. Alle Schüler, die lediglich den Saal verlassen hatten, wird   im Jahres-
zeugnis die Betragensnote um einen Grad herabgesetzt.
2. Diejenigen Schüler, die "Pfui" gerufen hatten, erhielten Direktoratsverweis mit entsprechender Herabsetzung der Betragensnote.
3. Der Schüler Martin (VIII Kl.), der als Mitglied der "Bayernwacht" nach-
gewiesenermaßen schon am Vortage der Feier und während der Feier selbst
zum Verlassen des Saales beim Absingen des Horst-Wessel-Liedes aufgefordert hatte, erhielt Direktoratsarrest mit entsprechender Herabsetzung
der Betragensnote.
Martin hatte außerdem unter den Mitschülern die unwahre Behauptung ver-
breitet, der Anstaltsvorstand habe ihm am Tage vor der Feier gelegentlich einer diesbezüglichen Anfrage versprochen, das Lied werde nicht gesungen.
4. Mit Direktoratsarrest und Herabsetzung der Betragensnote wurde ferner
bestraft der der Hitlerjugend angehörende Schüler NN (4.Kl.), der nach-
gewiesenermaßen die oben erwähnten, das Gefühl der Kath. Mitschüler ver-
letzenden Äußerungen gebraucht hatte.
Seine Strafe wurde am 4.4. vom Anstaltsleiter in einen Direktoratsverweis
ohne Arrest, aber mit Herabsetzung der Betragensnote umgewandelt.
5. Die in dem Bericht des OStR Hudezeck vom 23.3.1933 erwähnte weitere Ver-
fehlung von 8 demonstrierenden Schülern, die nach Rückkehr in den Saal
bei dem auf das Deutschlandlied und Horst-Wessl-Lied folgenden Chor
"Deutschland" nicht mehr mitwirkten, wurden nicht besonders bestraft,
da sie nach den Ergebnissen der Untersuchung auf das Zusammenwirken von
Erregung und Mißverständnisse zurückgeführt werden muß.
Mit dieser Ahndung der Verfehlungen war die Ruhe und auch der Friede
unter den Schülern wiederhergestellt und nachdem der Anstaltsvorstand
am 24.3.- noch vor dem Erscheinen des Artikels im Völkischen Beobachter -
in einem Aufruf an die Schüler zur Einigkeit und zur treuen Mitarbeit
an der nationalen Erneuerung Deutschlands aufgefordert hatte, konnte
die am 6.4. in Gegenwart der Eltern veranstaltete Schlußfeier, bei
der ebenfalls das Horst-Wessel-Lied gesungen wurde, ohne die geringste
Störung verlaufen.

Im einzelnen sei zu den entstellenden und übertreibenden Behauptungen in
Nr. 84/85 des Völkischen Beobachters folgendes bemerkt:
1. Es wird zugegeben, daß der Ausdruck "Nationalsozialistische Allüren
werden hier nicht geduldet" vom Anstaltsvorstand am 13.5.1932 anläß-

T 11

lich der Goethe-Haydn-Feier den Schülern gegenüber gebraucht wurde, weil
OStD Wahler irrtümlich annahm, das taktmäßige Beifallklatschen der Schüler entspreche Parteigepflogenheiten bei einer politischen Versammlung.
Eine Verfolgung der HJ hat aber am Wittelsbacher Gymnasium nie stattgefunden und es war unrichtig aus der oben angeführten Bemerkung eine solche Vermutung ableiten zu wollen.

2. Über die parteipolitische Zusammensetzung des Lehrerkollegiums ist die
Anstaltsleitung nicht in der Lage sich zu äußern, da nie darnach ge-
forscht wurde; nur das eine kann und muß gesagt werden, daß alle Lehrer
ohne Ausnahme stets bemüht waren die Jugend im vaterländischem Geiste
zu erziehen und daß alle auch jetzt freudig bereit sind, an der nationalen Erneuerung Deutschlands mitzuarbeiten.

3. Über die Stellung des Kath. Jugendbundes "Neudeutschland" am Wittelsbacher Gymnasium gibt der zweite Teil des Berichtes Auskunft, der zu
den Angaben von OStR Leonpacher Stellung nimmt.

4. Es ist einwandfrei festgestellt und auch aus dem Bericht des nationalsozialistischen Mitglieds des Lehrerkollegiums in Nr. 89 des Völkischen Beobachters deutlich ersichtlich, daß der Anstaltsvorstand und
mit ihm der größte Teil der Lehrer und der ungefähr 800 Schüler die
Vorgänge im Saal nicht bemerkten und nicht bemerken konnten.
Der dem Anstaltsvorstand in Nr. 85/86 des Völkischen Beobachters ge-
machte Vorwurf, er habe die Vorgänge nicht bemerken und die "Pfui"-
rufe nicht hören wollen, entbehrt mithin jeglicher Begründung. Unzutreffend ist auch die Behauptung, einige Schüler hätten so geschrien,
daß sie ganz rot im Gesicht wurden. Die Bezeichnung der Vorgänge als
"skandalös" ist in jedem Fall ungerechtfertigt.

5. Die Begleitung des Horst-Wessel-Liedes durch einen Musiklehrer der Anstalt wurde am Tage vor der Feier von dem Anstaltsleiter angeordnet,
nicht "gnädigst genehmigt".

Zu den Angaben des OStR Leonpacher, des Leiters des Kath.
Jugendbundes "Neudeutschland", nimmt die Anstaltsleitung folgendermaßen
Stellung:

1. Dem Bund "Neudeutschland", dem am Wittelsbacher Gymnasium in diesem
Schuljahr 110 Schüler angehören, ist ein unpolitischer Verein, wie
aus den Leitsätzen des Bundes (Anlage 1) hervorgeht. Sein Ziel ist
die neue Lebensgestaltung in Christus, sein Weg der Sinn und Wille
zu gesunder Jugendbewegung und der ernste Wille zu innerlich echtem
Katholischsein.

2. Die Schüler der 1. und 2. Klasse werden von ihrem Religionslehrer
nicht "geködert", sondern es wird an die kath. Eltern ein Werbeblatt
hinausgegeben (Anlage 2). Dieser Werbung leisten jedoch nur etwa
25 % der Eltern Folge.
Es muß das zweifellos große Verdienst des OStR Leonpacher anerkannt
werden, einen Teil der kath. Jugend in dem Bund "Neudeutschland" gesammelt und dadurch dem Einfluß des Marxismus und der Straße entzogen zu haben. Daß er dabei persönlich die größten Opfer an Geduld,
Mühe und Zeit gebracht hat, steht ebenso fest wie die Tatsache, daß
über seine nationale Einstellung nicht der geringste Zweifel bestehen
kann, wie seine zahlreichen Predigten und Ansprachen beweisen.
Auch kann seinem Bunde nicht gut Einseitigkeit der Erziehung vorge-
worfen werden: Der gedruckte Jahresbericht des Wittelsbacher Gymnasiums weist seit 1926 stehts darauf hin, daß die Mitglieder des Bundes
"Neudeutschland" sich an dessen religiösen Feiern und bildenden Heim-
abenden, an Musik- und Theaterdarbietungen sowie an Geländespielen,
Sport, heimatlichen Osterfahrten und sommerlichen Wanderungen beteiligten.

3. Durchaus unzutreffend ist die Behauptung des Völkischen Beobachters,
daß "Neudeutschland" der einzige Bund ist, dem die Schüler des Wittelsbacher Gymnasiums bisher angehören durften. Aus der alljährlich
im Auftrag des Staatsministeriums vorgenommenen Erhebung über die

T 11

Vereinszugehörigkeit der Schüler geht hervor, daß die Schüler zahlreichen Vereinen angehören; ich nenne außer den Sportvereinen von den religiös eingestellten Verbänden die Marianische Studentenkongregation, den evangelischen Bibelkreis und die evangelische Jungstreitergruppe Neuhausen des christdeutschen Bundes, ferner Jungbayern, Marienjugend Vaterland, Pfadfinder u.ä.

4. Die Vorfälle am 21.3. sind nicht auf Verhetzung durch die Leitung des Bundes "Neudeutschland" zurückzuführen; es steht vielmehr einwandfrei fest, daß OStR Leonpacher noch an den der Feier vorausgehenden Tagen die Bundesmitglieder vor jeder Kundgebung warnte und zur Ruhe und Besonnenheit aufforderte. Tatsächlich hat dann auch nur ein kleiner Bruchteil der Mitglieder des Bundes den Saal verlassen und nur zwei Mitglieder waren an den "Pfui"-rufen beteiligt.
Es ist übrigens auch an anderen Schulen von den Mitgliedern des Bundes "Neudeutschland" nicht Ungehöriges unternommen worden, da dort nicht die Verhältnisse und Mißverständnisse so unglücklich zusammenwirkten wie im Wittelsbacher Gymnasium.

Nach den vorstehenden Ausführungen muß ein Verschulden der Anstaltsleitung, des Lehrkörpers und insbesondere des Leiters des Bundes "Neudeutschland" unbedingt in Abrede gestellt werden.

I.V.

Hudezeck
Oberstudienrat"

T 11

Stellungnahme des Elternbeiratsvorsitzenden
===

Abschrift

"Heinrich Wiedenmann   München, den 22.5.33
Vorsitzender des Elternbeirates
des Wittelsbacher Gymnasiums

An das Staatsministerium
für Unterricht und Kultus

München
———————

Betreff: Die Vorfälle am Wittelsbacher Gymnasium am 21.3.33

        Am 21.3.33 anläßlich der Schulfeier am Wittelsbacher Gymnasium zum Siege der nationalen Revolution, unterliefen bedauerliche Vorfälle, die in der Ausgabe Nr. 85/86 vom 25.3. des Völkischen Beobachters eine sehr herbe Kritik erfahren haben. Es wurde die weitere Verfolgung des Vorfalles in Aussicht gestellt.
Ich kann versichern, daß die Nachprüfung der Vorfälle von Seiten der Anstaltsleitung eingehendst vorgenommen worden ist. Das Ergebnis dieser Nachprüfung zeigte deutlich die vorangegangene Verhetzung unserer Jugend von außen, die an diesem Tage sicherlich zum letzten Male zum Ausbruch kam.
Das Verbot aller marxistischen Vereine und Verbände, der inzwischen vom Staatsministerium veröffentlichte Erlaß wegen Tragens von Abzeichen und Uniformen im Unterricht und nicht zuletzt die nationale Einstellung des Direktorates des Gymnasiums geben die Garantie zur Vermeidung etwaiger weiterer Zwischenfälle.
Im Namen der Anstalt und in meiner Eigenschaft als Vorsitzender des Elternbeirates des Wittelsbacher Gymnasiums bitte ich gehorsamst unter Berücksichtigung des vorher Gesagten von einer weiteren Verfolgung dieser Angelegenheit Abstand nehmen zu wollen.

                    Heil Hitler!

                    Wiedenmann"

T 12

<u>Beschwerde-Brief eines HJ-Schülers, der am Schülerprotest teilnahm!</u>

Abschrift

"Brief von NN, an Hauptlehrer (Staatskommissar) Kolb

München,d.4.IV.33

Sehr verehrter Herr Hauptlehrer!

Zufolge unserer mündlichen Unterredung vom 4.IV.33 gebe ich Ihnen folgenden Bericht von dem bewußten Vorfall.

Schon Wochen vor der Schulfeier am 21.3. wurde an unserer Anstalt (Wittelsbacher Gymnasium) über politische Fragen heftig gestritten, wobei auf beiden Seiten verletzende Worte fielen.
Bei der Schulfeier am 21.3. kam es zu den bekannten bedauerlichen Vorfällen. Die Schüler, die beim Absingen des Horst-Wesselliedes den Turnsaal verließen, wurden durch Herabsetzen der Betragensnote um einen Grad bestraft. Die Schüler, die bei dem Sieg-Heil auf unseren Reichskanzler in Pfui-Rufe ausbrachen, wurden mit Direktoratsverweis und Herabsetzen der Betragensnote um einen Grad bestraft.

Der Schüler Stippel der 8. Klasse, der ebenfalls den Saal verlassen hatte, wurde von Herrn OStD Wahler befragt, ob er auf Veranlassen eines anderen Schülers oder persönlicher Anfeindungen den Saal verlassen habe. Er gab das letztere an und zwar wegen einer Äußerung, die ich in der Hitze eines Wortgefechtes gegen ihn gebraucht habe; diese Bemerkung ist aber erst nach der Schulfeier vom 21.3.33 von mir gebraucht worden.

Ich erhielt deswegen einen Direktorratsarrest, was eine Herabsetzung der Betragensnote zufolge hat

Nach meiner Ansicht ist diese Strafe, in Anbetracht der verhältnismäßig milden Strafen, die die Schüler erhielten, die den Reichskanzler durch Pfui-Rufe schmähten, viel zu hoch.

Ich bitte Sie daher, verehrter Herr Hauptlehrer, dafür zu wirken, daß die Strafe auf ein gerechtes Ausmaß beschränkt wird und eine diesbezügliche Untersuchung eingeleitet wird.

Heil Hitler!

gez. NN (Wittelsbacher Gymnasium, 4. Klasse, Wohnung :.....)"

T 13

Abschrift

München, 26.3.33

"An das Staatsministerium für Unterricht und Kultus

Betreff: Disciplinar-Untersuchung über die Erziehungstätigkeit
des OStR A. Leonpacher am Wittelsbacher Gymnasium

Der völkische Beobachter vom 25.3.33 enthält den Artikel "Skandalöse Vorgänge am Wittelsbacher Gymnasium während der Schulfeier am 21.März."
Der Artikel enthält schwere Anklagen gegen meine außerschulische Tätigkeit im kath. Studentenbund ND dessen Ortsgruppe München Winthir ich seit I4 Jahren leite. Der Artikel tut seine Wirkung in den Händen der Eltern und Schüler.
<u>Ich beantrage deshalb eine Disciplinaruntersuchung über meine Erziehungstätigkeit.</u>
Ich bin bereit Folgendes unter Beweis zu stellen:
1. ND ist nicht ein angeblich unpolitischer Verein,sondern ein wirklich unpolitischer Verein.
2. Ich habe Schüler der I. und 2. Klasse nicht mißbräuchlich geködert und einseitig erzogen und beeinflußt; vielmehr habe ich den Eltern und Schülern ein Aufklärungsblatt zu gehen lassen, welches die Ziele des Bundes darlegte; der Bund hat nicht ein einseitiges, sondern ein außerordentlich vielseitiges Erziehungsprogramm.
3. ND ist nicht der einzige Bund, dem Schüler der Anstalt beitreten dürfen. Die Schüler der Anstalt gehören einer großen Zahl verschiedener Bünde an.
4. Die meisten Jungen haben recht genaue Ahnung von der Weltanschauung der die Leitung des ND huldigt, weil diese Weltanschauung alljährlich, in wiederholten Ansprachen und im neudeutschen Schrifttum besprochen wird.
5. Die Vorfälle am Dienstag sind nicht auf Verhetzung der Leitung des ND zurückzuführen. Ich habe die vielfach angegriffenen Mitglieder vorher zweimal eindringlich vor Demonstrationen gewarnt; weder der geistliche Gauführer des Altbayerngaues, noch der Leiter des ganzen ND-Bundes, noch irgend ein Rundbrief haben die Mitglieder verhetzt. Dieselben hatten am Vorabend der Feier noch keinerlei Absichten einer Demonstration.
6. Die ND-Schüler haben nicht mit rötlich angehauchten Schülern konspiriert.
7. Die ND-Schüler, welche seit längerem und insbesondere in der letzten Zeit von ihren andersgesinnten Kameraden in der heftigsten Weise beschimpft wurden, haben den unbesonnen Plan, sich der Anhörung eines nicht programmäßigen Parteiliedes zu entziehen, erst direkt vor Beginn der Feier unter fremdem Einfluß gefaßt; sie wirkten am offiziellen Programm der Feier eifrig mit; sie faßten das Singen des Liedes als einen Verstoß gegen das vorgeschriebene Programm und als eine Schulstreitsache auf.
8. Nicht alle in den Saal zurückkehrenden Schüler riefen Pfui; der größte Teil der Schüler kam schweigend zurück. Ich weiß nicht, ob die Untersuchung ergab, daß an dem Ruf "Pfui Hitler", der in der Erregung von einem nicht ND-Schüler bedauerlicher Weise ausgestoßen wurde, sich ein ND er beteiligt hat.
9. Der Bund ND erzieht seine Mitglieder nicht zur Beleidigung des Reichskanzlers, wohl aber sucht ND, wie schon der Name andeutet und eine I4-jährige Geschichte beweist, seine Mitglieder mit aufrichtiger Vaterlandsliebe und treu deutscher Gesinnung zu erfüllen.

Alfred Leonpacher,
Religionslehrer am Wittelsbacher Gymnasium"

T 14

Was will Neudeutschland?

ND will die studierende Jugend der Großstadt zu Gemeinschaftsgruppen gleichgesinnter Kameraden sammeln.

ND will ein reines, sittlich hochstrebendes und religiöses Jugendleben schützen und pflegen.

ND will der Großstadtjugend zu einem freudvollen Jugendleben in Ernst und Spiel, in Wanderung und Rasenspiel, in Musik und Lied, in idealem Bühnenspiel und wertvoller Lektüre verhelfen.

ND will Rückkehr zur Natur, zu Wald und Berg und Fluß und See, zur Heimatliebe und sozialen Gesinnung, zum schlichten Volksleben und zu den innigen Gesängen und Mysterien unserer Vorfahren.

ND will Abkehr der Jugend von verderblicher Entartung des Großstadtlebens, von Genußsucht und Genußgift, von Verschwendung, Geckentum und Poussieren, von rohen Sportformen und von wertlosen Filmen, von Schund und Schmutz in Bild und Wort.

ND will Wahrheit und Treue, Einfachheit und Natürlichkeit, Frohsinn und Kameradschaft, Zucht und Gefolgschaft.

ND will christliche Lebensgestaltung, Verwirklichung des Königtums Christi und ein praktisches Christentum der Tat und des offenen Bekenntnisses.

ND ist vom Papst und von den deutschen Bischöfen der studierenden Jugend dringend empfohlen worden.

ND hat 20000 katholische Studenten in 500 deutschen Städten unter seine Wimpel gesammelt und betreut die Jüngeren durch geschulte und verlässige Führer unter Beratung und Leitung eines geistlichen Führers.

ND hat 800 Studenten an den verschiedenen Münchener höheren Lehranstalten in 11 Gruppen und Heimen, die über die ganze Stadt verteilt sind, gesammelt und leitet sie an zu jugendlicher Betätigung in wöchentlichen Versammlungen, Wanderungen und Sportübungen sowie in öffentlichen Aufführungen und Festen und gibt Gelegenheit zu kleineren und größeren Ferienwanderungen unter guter Führung.

ND ist am Wittelsbacher Gymnasium vertreten durch die Gruppe „Winthir" und deren Junggruppen. Der geistliche Führer der Gruppen ist O. St. R. Leonpacher, Linprunstr. 74/II.

Sehr verehrte Eltern!

Wenn Ihnen angesichts der Gefahren der Großstadt unsere Ziele entsprechen, dann schicken Sie, bitte, Ihren Sohn in unsere Gemeinschaft.

Neudeutschlandgruppe München Winthir
A. Leonpacher, Oberstudienrat.

T 15

Unsere Bundesordnung:

1. Der Bund setzt sich zusammen aus Marken, Gauen, Gruppen. Jeder Gau muß einer Mark, jede Gruppe einem Gau, jeder Neudeutsche einer Gruppe angehören.

2. Die Führung des Bundes obliegt dem Bundesthing, der Bundesleitung, dem Bundesleiter und in dessen Vertretung dem Bundeskanzler. Die Geschäftsführung untersteht dem Bundesamt.

a) Bundesthing: Stimmberechtigt sind dabei die Bundesleitung und die Gauleitungen. Ihm steht die Entscheidung in grundlegenden Fragen zu. Änderungen der Leitsätze und der Bundesordnung bleiben ihm ausschließlich vorbehalten. Es tritt jährlich wenigstens einmal zusammen. Einfache Stimmenmehrheit entscheidet.

b) Bundesleitung: Ihr gehören stimmberechtigt an: Bundesleiter, Bundeskanzler, Markleitungen. engere Bundesleitung des Älterenbundes und mit beratender Stimme die Schriftleiter der Bundeszeitschriften.

c) Bundesleiter und Bundeskanzler: Sie werden vom jeweiligen Erzbischof von Köln im Namen des Deutschen Episkopates auf Vorschlag des Bundesthings ernannt. Kraft der für alle Jugendbünde geltenden Verordnung des Deutschen Episkopates von 1926 steht dem Bundesleiter als dem Vertreter des Episkopates das Einspruchsrecht zu auch gegen Beschlüsse des Bundesthings, wobei diesem das Recht der Berufung an den Erzbischof von Köln bleibt.

3. Mark: Die Markleitung besteht aus dem Geistlichen Markführer und dem Markleiter. Sie wird von der bisherigen Markleitung und den Gauleitungen gewählt. Ihre Wahl sowie die Ordnung, die jede Mark sich geben kann, bedürfen der Bestätigung der Bundesleitung.

4. Gau: Die Gauleitung besteht aus dem Geistlichen Gauführer und dem Gauleiter. Sie wird von der bisherigen Gauleitung und den Gruppenleitungen gewählt. Ihre Wahl sowie die Ordnung, die jeder Gau sich geben kann, bedürfen der Bestätigung der Markleitung. Der zum Geistlichen Gauführer gewählte Priester wird vom Geistlichen Markführer dem zuständigen Bischof zur endgültigen Ernennung vorgeschlagen.

5. Gruppe: Die Gruppenleitung besteht aus einem Priester und einem Jungen als Gruppenführern. Ersterer erhält vom Bischof seine Sendung entsprechend der Bestimmung der einzelnen Diözesen. Der Gruppenführer wird von den Jungen der Obergruppe gewählt. Seine Wahl sowie die Ordnung, die jede Gruppe sich geben kann, bedürfen der Bestätigung der Gauleitung.

6. Zur Eigenart unseres Bundes gehört ein inneres Verstehen und treues Zusammenarbeiten zwischen Priester und Jungen in Mark-, Gau- und Gruppenleitung. Abgesehen von Fragen, die dem Priester als Vertreter der Kirche allein unterstehen, sind Beschlüsse der Mark-, Gau- und Gruppenleitung nur bindend, wenn Priester und Junge dafür einstehen. Bei allen wesentlichen Beschlüssen sind die Wünsche der Obergruppe zu berücksichtigen. In der gesamten Mark-, Gau- und Gruppenarbeit verlangt die notwendige Gemeinschaft des Bundes, daß die Jungen die Wünsche der Priester, und die Priester die Wünsche der Jungen beachten.

7. Träger der Neudeutschen Bewegung im Jüngerenbund ist die Obergruppe. Sie ist eine Erziehungs- und Lebensgemeinschaft, die in Einheit mit dem Priester und in brüderlicher Hilfsbereitschaft Neudeutsche Lebensart lebendig werden läßt. Der Erziehungsweg zu ihr führt über Junggruppe und Mittelgruppe. Diese haben den Priester als verantwortlichen Leiter, der zur praktischen Arbeit Jungen aus der Obergruppe auf deren Vorschlag als Jungführer heranzieht.

8. Gemeinschaftsgeist und Opfergesinnung verpflichten jeden Neudeutschen, die vom Bund festgesetzten Beiträge zu entrichten. Zu Anfang jedes Jahres hat jede Gruppe der Gauleitung, jeder Gau der Markleitung, jede Mark der Bundesleitung, die Bundesleitung dem Bundesthing über Einnahmen und Ausgaben schriftlich Rechenschaft abzulegen und die Unterlagen zur Nachprüfung zur Verfügung zu stellen. Größere Unternehmungen der Gruppen, Gaue und Marken, die mit größeren Ausgaben verbunden sind, unterliegen der Genehmigung der nächsthöheren Stelle.

9. Das Christusmonogramm als Bundeszeichen soll erst nach entsprechender Probezeit verliehen und als Bekenntnis möglichst immer getragen werden.

Anschrift: Neudeutschland Bundesamt, Köln, Gabelsbergerstraße 19

T 16

Der „Abiturskandal" 1934 –
ein beachtenswerter Abiturjahrgang

Einen Tag nach Schuljahresende – auch hier zeigt sich wieder die perfide Planung – erklang der erste schulpolitische NS-Paukenschlag für das neue Schuljahr: Am 7.4.1933 wurde das „Gesetz zur Wiederherstellung des Berufsbeamtentums" (GzWdB) veröffentlicht und damit die „Säuberung der Schulen" für das Schuljahr 1933/34 eingeleitet.

Dieses Gesetz diente als Hauptinstrument zur Ausschaltung und Disziplinierung mißliebiger und oppositioneller Lehrer. OStD Wahler wird damit noch seine Erfahrungen machen.

Der zweite NS-Paukenschlag waren die „schulpolitischen Sofortmaßnahmen" für das neue Schuljahr, unter dem Motto: „Der Aufbruch der Nation". Sie betrafen vor allem die Lehrpläne des Geschichts- und Deutschunterrichts. „Der Aufbruch der Nation"[75] wurde zum außerplanmäßigen Unterrichtsprinzip erklärt und die Behandlung von Vererbungslehre und Rassenkunde verfügt.

StR H. Poschenrieder konnte mit Schuljahr 1933/34 von Anfang an ins Rampenlicht der Schule treten. *„Von der Oberbannführung der HJ wurde er zum Vertrauensmann der HJ", kurz darauf zum „Jugendvertrauensmann (JVM) ernannt."*[76] Als Mitarbeiter des NSLB war er miteingebunden in die schulpolitischen Sofortmaßnahmen. StR A. Straubinger arbeitete im Außenbereich als Kreisleiter des NSLB.

Poschenrieder baute die HJ so erfolgreich auf, daß er im Januar 1934 stolz 431 HJ-Schüler melden konnte, **„= 52% aller Schüler ... diese Zahl liegt über dem Durchschnitt der Münchner höheren Lehranstalten."**[77]

Mit Hilfe der HJ organisierte er den für jede Klasse verpflichtenden Sechswochenkurs *„zur nationalen und vaterländischen Erneuerung". („Den Abschluß bildete jeweils eine Feier im festlich geschmückten Klassenzimmer mit patriotischen Ansprachen von Lehrern und Schülern,* *Musik und Gesang.")* Er organisierte die „Schlageter-Gedenkfeier" und *„würdigte am 10. November 33 [persönlich] (in der Turnhalle des Hauptgebäudes) in der Gedenkfeier für die Novembergefallenen des Jahres 1923 die Tragweite der damaligen Ereignisse für die Entwicklung der nationalen Revolution."* Anschließend, *„nach einer Pause lauschten die Schüler aller Klassen ... der Rundfunkübertragung der Rede des Reichsministers Dr. Goebbels und des Reichskanzlers Adolf Hitlers zum Volksentscheid am 12.11."*[78]

Mit Poschenrieder wurde der Hitlergruß eingeführt, und er sorgte dafür, daß jede Klasse ein „Nagel-Haken-Kreuz" anfertigte[79] usw. (s. Artikel zur Person). Die starken Männer innerhalb der Schulorganisation waren Poschenrieder und Hudezeck. Mit ihrer Hilfe hoffte Wahler, einen weiteren Schulskandal zu vermeiden.

Was den Abiturskandal angeht, ist ihm das auch in Bezug auf die Öffentlichkeit weitgehend gelungen, doch schulintern blieben die Vorgänge nicht verborgen.

Wieder schätzte OStD Wahler die Realität falsch ein: Er dachte, mit der persönlichen Mitteilung der „skandalösen Absolviafeier" und seinem Einschreiten könne er seine Fähigkeit als Schulleiter unter Beweis stellen. Doch in den Augen des Kultusministeriums war nicht die erfolgreiche Niederschlagung gefragt – zu solchen Vorkommnissen läßt man es erst gar nicht kommen! –, sondern gefragt war eine Abiturfeier als Jugendbekenntnis zum NS-Staat und seinen Zielen.

Doch dazu ließ sich der Abiturjahrgang 1934 – es gab nur wenige fanatische HJ-Anhänger darunter (siehe unter „Denunziation - Hofmann") – in seiner Gesamtheit nicht mißbrauchen; der Schüler Karl Keller schon gar nicht!

Nun zu den Vorgängen im einzelnen. Zunächst die Mitteilung OStD Wahlers an das Kultusministerium am 12.5.1934

ABSZEITUNG
DER
ABSOLVIA WITTELSBACHIANA
1934.

„MIR HAM'S!"

T 17: Deckblatt Abiturzeitung 1934

„Die Absolviafeier verlief leider in sehr unwürdiger, ja skandalöser Weise. Einige Absolventen von 9 (hum. Abteilung) vertrieben eine Kneipzeitung, die in schmachvoller Weise die Lehrer der Anstalt und insbesondere den Anstaltsvorstand beschimpften.
Die ganz widerliche Affäre stellte sich als ein gemeiner Racheakt für die direktoratliche Bestrafung des Karl Keller dar. Keller hatte eine sog. Operette verfaßt und komponiert, die zu seinem größten Ärger vom OStD abgefaßt und beschlagnahmt wurde. Da in dem greulichen Machwerk einige Professoren auf billige, geistlose Weise verspottet und der tote OStR Dr. Kuchtner direkt beschimpft wurden, wurde Keller mit zwei Stunden Direkt.arrest bestraft. Von einigen Absolventen wurde rückhaltlos zugegeben, daß die Kneipzeitung eine Ausgeburt der Rache war. Es ist mit guten Gründen anzunehmen, daß Keller wie bei der Operette, so auch bei der Kneipzeitung Anstifter und Rädelsführer war. Es ist das bei ihm nicht weiter verwunderlich, da er von dünkelhaftem Stolze erfüllt ist auf seine vermeintliche Dirigenten- und Komponistenqualitäten und, wie der Vertrauensmann der HJ Poschenrieder gelegentlich d. Charakterisierung der einzelnen Absolventen zum Zwecke der Sonderprüfung sich ausgedrückt hat, 'destruktiven Tendenzen' huldigt."[80]

Das Dokument offenbart, wie kleinkariert und humorlos OStD Wahler den sog. „Operetten- bzw. Abiturzeitungsskandal" anpackte, wie er mit Verdächtigungen und Unterstellungen operierte (Die „Kneipzeitung" war nicht das Machwerk Kellers!), wie sehr er sich auf Poschenrieder berief; zudem wurde Poschenrieders Stellung im sog. „Politischen Abitur" eindeutig belegt!

Karl Keller war nicht irgendein Schüler! Heute würde sich jede Schule über eine solche Schülerbegabung freuen, mögliche Jugendprovokationen kritisch begleitend in Kauf nehmen, den Schüler fördern, in dem Wissen, daß das nicht nur ihm, sondern letztlich auch dem Ansehen der Schule zugute kommt.

Doch Wahler ging es nicht um das Fördern von auffälligen Schülerbegabungen! Erstrangig standen für ihn im Vordergrund Hausordnung, Disziplin, Gehorsam und: Nur ja kein weiterer Schulskandal! – Nicht zu vergessen: Das Besoldungsziel „A 1d".

Doch da ist ein begabter Klarinettist und Vollblutmusiker und – wie doch manchmal alles zusammentrifft – der Vater ist auch noch Lehrer am Wittelsbacher Gymnasium, seit dem 10.5.1922 (2 Jahre vor StR. Poschenrieder) für die Fächer Mathematik und Physik.

Der Schüler Keller zeigte mutige und anpackende Charaktereigenschaften, der, wen wundert es bei einem Musiker, schon einmal hitzig reagieren konnte.

StR Poschenrieder hatte sich seit dem Vorfall vom 21.3.1933 den Schüler Karl Keller gründlich vorgemerkt, denn, als er dem Musiklehrer StA Simon das Zeichen zum „Horst-Wessel-Lied" gab, blies Keller protestierend einige Klarinettentöne dazwischen, nahm sein Instrument unter den Arm und verließ demonstrativ das Schulorchester und den Turnsaal.

Poschenrieder quittierte es ihm beim sog. „Politschen Abitur", das 1934 für 1 Jahr eingeführt wurde. Die Schüler mußten sich nach dem Abitur einer gesonderten politischen Prüfung unterziehen. In einem Zertifikat wurde dann die politische Zuverlässigkeit bestätigt oder nicht. Bei „politisch nicht zuverlässig" wurde einem trotz bestandenem Abitur die Studienerlaubnis an einer Universität entzogen.

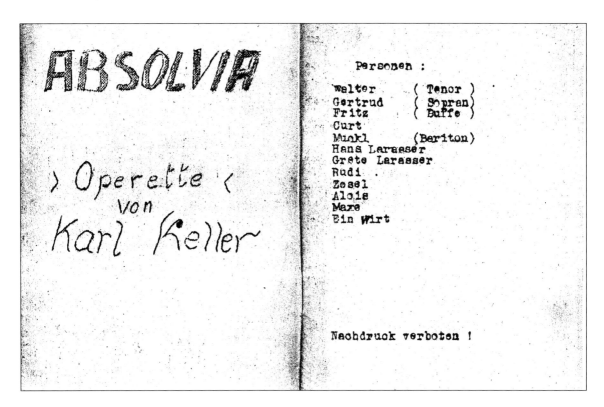

Als K. Keller zur Prüfung ins politische Abitur mit „Grüß Gott!" hereinkam, warf ihn Poschenrieder vor dem fast vollständig versammelten Lehrerkollegium (einschließlich Kellers Vater) „abkanzelnd" hinaus: Können Sie nicht grüßen, wie es sich für einen Deutschen gehört! Also gehen Sie noch einmal hinaus! Klopfen Sie an! Grüßen Sie mit dem Deutschen Gruß!

Keller befolgte dies alles, grüßte mit „Heil Hitler". Anschließend wurde er über einen Artikel aus „Mein Kampf" befragt. Keller antwortete kurz und bündig: „Mein Kampf" habe ich nicht gelesen! Daraufhin wurde er von Poschenrieder hinausgeworfen; das politische Abitur hatte er nicht bestanden. (Einige ehemalige Schüler, darunter auch ein bekannter Rechtsanwalt, bestätigten Poschenrieder hilfreich nach 1945 in sog. „Persilscheinen" gerne anderes.)

An dieser Stelle lohnt sich ein Einschub, um auf folgendes hinzuweisen: Dieses „Kainsmal" „politisch unzuverlässig" war aktenkundig auch für den Militärdienst und hatte so für K. Keller bis 1945 schwere Konsequenzen, er wurde deshalb als der „letzte Dreck" behandelt und büßte seine Haltung gegen den Nationalsozialismus u.a. mit dem militärischen Befehl, als Infanterist in den Polen-Feldzug zu ziehen, wobei er sich schwerste Kriegsverletzungen am Kopfe zuzog.

Für die Schulöffentlichkeit fiel Keller schon als 8-Klässler auf, als er für die Absolvia 1932/33 ein Stück komponiert hatte mit dem Titel „Parodie Antigone". Die Aufführung wurde ein voller Erfolg.

Über die Grenzen der Schule hinaus - die Presse war voll des Lobes - wurde er als „Schüler-Dirigent" bekannt. Die „Absolvia Wittelsbachiana 1933/34" veranstaltete ein „Populäres Konzert", das 46 Musiker bestritten, mit einem beachtlichem Programm. Das Konzert wurde im November 1933 zweimal aufgeführt; der Erlös kam dem Schullandheim in Endlhausen zugute! Der „Völkische Beobachter" schrieb *Die Darbietungen standen weit über dem, was man im allgemei-*

nen von Schulorchestern erwarten kann. In erster Linie ist das Karl Keller zu verdanken ... er hatte sein Orchester von Beginn bis Schluß der Veranstaltung völlig in der Hand.“[81]

Und der „Würmtalbote“ unter „Kunstnachrichten:

Zu einem gewaltigen Erfolg für den in Pasing wohnhaften Abiturienten Karl F. Keller gestaltete sich das von ihm am Samstag und Sonntag dirigierte Konzert, das in der Aula des Wittelsbacher Gymnasiums stattfand. [...] Wirklich Hervorragendes bot Karl F. Keller mit seinem 46-Mann-Orchester, das er von Beginn bis Schluß vollkommen in der Hand hatte. Dieser Erfolg ist besonders beachtenswert, da der Dirigent erst 18 Jahre alt ist.“[82]

Auszug: Abiturzeitung 1934

Karl Keller, Operettenkomponist,
der komponiert nur, was verboten ist,
und weil die Spiess er gar zu sehr derbleckt,
drum hat man ihn in den Arrest gesteckt.

Das Gymnasium, an der Spitze mit OStD Wahler, hätte allen Grund gehabt - auch was das Landheim anging - stolz und dankbar auf diesen Schüler zu sein. Doch für Poschenrieder und Wahler gab es ein solches „Bonus-Denken“ nicht!

Nachdem Keller schon für die Absolvia 1933 aktiv war, lag es auf der Hand, daß er das erst recht für seinen eigenen Abiturjahrgang sein würde.

Von der Situation her war die Sache so: Das schriftliche und mündliche Abitur hatten die Schüler hinter sich;

T 19

trotzdem mußten die Abiturienten noch eine gewisse Schulpflicht erfüllen. Während des Unterrichts bei OStD Wahler lernte die Abiturientin Annelies Resch unter der Schulbank ihre Operetten-Rolle ein. Karl Keller hatte diese Operette für die Abiturfeier verfaßt und komponiert. Wahler erwischte die Abiturientin zufällig beim Memorieren der Rolle im Unterricht und nahm ihr das Textheft ab, verbot die „Operette" und bestrafte Keller mit 2 Stunden Direktoratsarrest.

Wer die „Operette" unvoreingenommen liest, wird die Überreaktion Wahlers nicht verstehen.

Die Operette hatte 48 DIN A 6 Seiten, war in 3 Akte und insgesamt 12 abwechlungsreiche Szenen gegliedert.

Inhaltlich schilderte die „Operette" den Frust der Schüler mit den „ungeliebten" Lehrern, schilderte das studentische Leben in den Kneipen und erzählte von Schülerliebschaften und Schülerstreichen.

Im wesenlichen geht es darum, daß die Schüler überlegten, was zu tun sei, daß alle das Abitur erreichen. So wird beschlossen, Einfluß auf die „Tochter" des Hausmeisters Larasser zu nehmen, ein „Bruder" als Mitabiturient wird ebenfalls hinzukonstruiert, um unerlaubterweise an die Abituraufgaben zu kommen. Leider mißlingt der Plan, so daß ein Abiturient das Ziel nicht erreicht, aber dennoch genügend Trost im Kreis seiner Kameraden findet.

Der HJ-Beauftragte Poschenrieder sah die für ihn legitimen Ziele des Nationalsozialismus in dem Operettentextheft in Frage gestellt und erblickte in der Verächtlichmachung von Maßnahmen wie „Arbeitsdienst", „Gleichschaltung", Spott über das Deutsch- Abiturthema und „Bücherverbrennung" staatsfeindliches Verhalten.

Hier einige Textauszüge, die zeigen sollen, wie „operettenhaft-mutig" NS-Gedankengut parodiert wurde:

- „... daß wir alle ohne Mannschaftsverlust dieses Schlachtfest hinter uns bringen, auf daß wir in Corona zum Dreckschaufeln beim Arbeitsdienst antreten können." (S.3)

- „Gestatten die Herrschaften, daß wir uns vorstellen: Erstes Klappenquartett des Gesangsvereins Keuchhusten, gleichgeschaltet am 1.4.33!" Es folgt hiermit unser verheerendes Auftreten". (S.15).

- „Zosel: Was für ein Thema hast denn du im Deutschen genommen?

Alois: Nichts in der Welt können wir mit gleicher Liebe umfassen, wie unsere Heimat! (Gelächter).

Zosel: Das hat nämlich bis jetzt jeder gewählt. – Der Walter wird wahrscheinlich als einziger ein anderes Thema genommen haben – oder aber er hat einen Gegenbeweis geliefert. (Gelächter).

Rudi: Der hat vielleicht als freies Thema genommen: Nichts in der Welt kann ich mit gleicher Liebe umfassen, wie meine Gertrud. (Gelächter, als Walter kommt).

Fritz: Und welches Thema hast du gewählt?

Walter: Nichts in der Welt können wir mit gleicher Liebe umfassen, wie unsere Heimat! (Starkes Gelächter).

Zosel: So hast du also über ein unwahre Behauptung geschrieben?

Walter: Wieso? (Gelächter) – Ach so! Ich verstehe."

- „Nie darf man im Leben
dem Ausdruck geben
was im innersten Herzen man denkt
man muß sich fügen
man muß sich biegen
des Lehrers Macht den Schüler lenkt!"

- „Brenne Feuer, lodre Flamme nun zum Himmelszelt empor

friß die Bücher, friß die Hefte
schlag dem Teufel sie ums Ohr.
Lange haben sie des Schülers
Leben zu 'ner Qual gemacht
Rache aber ist nun Blutwurst,
heute wir dem Tand gelacht.
Friß die eklen Paragraphen...
tilg die ganze Schmach nun aus."

Wahler dagegen störte vor allem die Nr.17; es waren Trunklieder auf die Lehrer, z.B.:

„In sieben Jahren hatten wir
als Lehrer gar ein gschertes Tier
das war der Dr. Baer, der gab viel
Fünfer her." (S.16).

Oder der Chorgesang (Man bedenke, „Zwetschgerl" war der Spitzname von Hudezeck!) auf S.38:

„Freut euch Brüder! Freut euch
Brüder!
denn die Knechtschaft hat ein
End'.
Niemals wieder, niemals wieder,
in's Gymnasium man rennt!
Raubein, Zwetschgerl,
Poschenrieder,
Nuber, Gorch und auch der
Ruider,
keiner geht uns mehr was an,
frei ist uns des Lebens Bahn".[83]

Die ganze „Operette" ist in Commers - Atmosphäre geschrieben und gehalten; hier erwartet man auch manchen Spott und manches grobe Wort. Insgesamt kann die „Operette" als ein gelungenes Stück bezeichnet werden, humorvoll und witzig, vor allem abwechslungsreich, wenn man an die Ouvertüre, die Arien, die Duette, die Chorgesänge, Zwischenmusik, Studenten- und Trunklieder denkt.

Natürlich hätte OStD Wahler auch einen Kompromiß aushandeln können, z.B. das Entschärfen mancher Passage. Nein, er wollte die Abiturfeier zerstören und wunderte sich dann, daß die Abiturienten nicht tatenlos zusehen konnten und woll-

ten. Die „Abrechnung" mußte kommen!

So entstand die Abiturzeitung, von OStD Wahler „Kneipzeitung" genannt, die die Abiturienten Konrad Legat und Rudolf Wiesent inszenierten. Gedruckt wurde sie beim Abiturientenvater des Schülers Paul Burkert in Dachau.

Als die Abiturzeitung erschien, fanden sie Wahler, Hudezeck und Poschenrieder nicht akzeptabel. Als Sündenbock stand für sie Karl Keller fest.

Wahler, der wußte daß er auf der Abschußliste des NSLB stand und deshalb um sein Überleben als OStD kämpfte, wählte sich einen Rechtsanwalt und ging so gegen den Abiturienten Karl Keller und den Friseurmeister Alois Federl (in seinem Friseurgeschäft lagen die Abiturzeitungen aus) mit der Gemeinschaftskanzlei Dr.Warmuth vor.

OStR Hudezeck, der offensichtlich das „Gesetz zur Wiederherstellung des Berufsbeamtentums" bereits internalisiert hatte, forderte den Vater von Karl Keller, also seinen Kollegen auf, aufgrund des Verhaltens seines Sohnes „Antrag auf vorzeitigen Ruhestand zu stellen!" Somit ist auch leicht zu erklären, daß bis Ende 1945 Hudezeck die längst fällige Beförderung des StP Kellers zum OStR, verhinderte. Deshalb wählte er in seinen Qualifikationsberichten unter der Rubrik:

„6. Geeignet zur Beförderung" stets die Formulierung: „noch nicht an der Reihe".[84]

Die berufliche Anerkennung erhielt StP Hans Keller verspätet an der Luitpold-Oberrealschule. OStD Huther qualifizierte ihn mit der Gesamtnote I. Er wurde schließlich Stellvertreter des Schulleiters und mit der Ernennung am 30.5.1952 als Ministerialbeauftragter für die Reifeprüfung im Juni 1952 am Landerziehungsheim Neubeuern (Realgymnasium) besonders geehrt.

Was die Rechtsanwaltsauseinandersetzungen[85] anging, so hielten die Abiturienten jedenfalls zusammen. Sie wurden zu einer öffentlichen Entschuldigung in der Presse genötigt:

„Die Absolvia Wittelsbachiana nimmt hiermit die, in der Abs-Zeitung gegen die Herren Professoren gemachten Aeußerungen und

unwahren Uebertreibungen in aller Form zurück und bittet, diese entschuldigen zu wollen."

Damit war eine weitere Rechtsverfolgung wenigstens abgewendet (s. Dokumente am Ende des Kapitels). Der Sündenbock blieb freilich – wie die Mitteilungen an das Kultusministerium zeigen – weiterhin Karl Keller.

Am Abiturjahrgang 1934 läßt sich über die Ge-

schichtsthese nachdenken, die besagt, 1933/34 hätte man das Ruder noch herumreißen können, wenn die Repräsentanten der Regierungen, der Verwaltung, der Justiz, des Militärs und der Polizei, sowie der Kirchen, usw., wenn bishin zum Lehrerkollegium am Wittelsbacher Gymnasium jedermann Zivilcourage gezeigt hätten, so wie es zum Beispiel ein Großteil der Abiturienten 1934 im kleinen versuchte.

**Absolvia Wittelsbachiana
1933/34**

München, Marsplatz 8

Euer Hochwohlgeboren!

Die Absolvia Wittelsbachiana veranstaltet am 26. November um 19 Uhr in der Aula des Wittelsbacher Gymnasiums zugunsten des Ferienlandheims der Anstalt ein

Populäres Konzert.

Das auf 45 Mann verstärkte Gymnasiumsorchester wird unter Leitung des Abiturienten Karl F. Keller (9) und unter Mitwirkung von Frl. Gertrud Simbeck (Sopran) und Herrn Dr. Hans Brunner (Baß) Werke von Strauß, Schubert, Mascagni, Jensen, Meyerbeer u. a. zum Vortrag bringen.

Fördern auch Sie durch Ihren Besuch die gute Sache und bestellen Sie schon jetzt Karten zum Preise von *RM* 0,80 (nur Vorverkauf!) entweder durch eine Postkarte an die Absolvia Wittelsbachiana München, Marsplatz 8 oder durch telefonischen Anruf unter 64632 oder durch Benachrichtigung eines Ihnen bekannten Schülers des Wittelsbacher Gymnasiums, worauf Ihnen die Karten zugestellt werden, oder benützen Sie die Vorverkaufsstelle: Buchhandlung Mayinger, Schellingstraße 56.

Ihrem geschätzten Besuch sieht entgegen die **Absolvia Wittelsbachiana**

J. A. gez. P. Burkert (9)   H. Zimmermann (IX)

T 20

49

ABRECHNUNG.

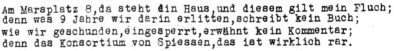

Am Marsplatz 8,da steht ein Haus,und diesem gilt mein Fluch;
denn was 9 Jahre wir darin erlitten,schreibt kein Buch;
wie wir geschunden,eingesperrt,erwähnt kein Kommentar;
denn das Konsortium von Spiessen,das ist wirklich rar.

Der wahler ist der Oeberste von dem Gymnasium;
er schlänkert seine Beine stets beängstigend herum;
durch seine Nase spricht er und er bohrt drin mit Gewalt;
und dafür wird er 'zahlt.

Auch ist an unserem Pennal ein Oberstudienrat,
der an dem Kinn,schön anzusehn,'ne Warze chronisch hat,
die er von Tag zu Tag mit Fleiss und Jodtinktur bemalt,
und dafür wird er 'zahlt.

Der Gorch,der kam von Preussen her,ein Meister der Physik,
sein Hirn ist klein,sein Mundwerk gross,und ach,sein Bauch
ist dick;
und Fünfer haut er einem 'rauf,dass es gerade schnallt,
und dafür wird er 'zahlt.

Klein ist der Hofmann,aber gross dafür sein Redefluss,
und eine falsche Verbumform bereit't ihm viel Verdruss;
auch trägt er fünf Pullower stets,weil es ihm sonst zu kalt;
und dafür wird er zahlt.

Mit einem Zwicker auf der Nase kommt jetzt,least not last,
der Erep,der Grammatik büffeln jeden eifrig lasst,
der uns besoff'ne Lackel nennt ohn' ethischen Gehalt;
und dafür wird er 'zahlt.

Doch auch am Sport ist unsre Schule mächtig intressiert;
der Nurmi jeden Tag darin Langstreckenlauf trainiert;
er geht von einem Eck zum andern ohne Aufenthalt,
und dafür wird er zahlt.

Die Tante Frieda,lang und dürr,mit sanftem Stimmorgan,
die schliesst den Raum hermetisch ab:weil die Luft ihr schaden kann;
gar leicht verwechselt bald Französisch sie und Englich bald;
und dafür wird sie 'zahlt

Der Gschwendner,der bekommt vom Fotographen gern Kredit;
warum? ganz klar:"Ne Mordstrumm Platte bringt er selber mit;
auch prüft er von Zeit zu Zeit,ob seine Hose halt;
und dafür wird er zahlt.

Auch haben wir an unsrer Schule einen grossen Zoo:
Ein Rabe,Lama,Moschus und ein Baer,klein,doch oho!
Das krächzt und schreit,das brummt und schimpft,dass laut
es widerhallt;
und dafür werden sie zahlt!

T 21

50

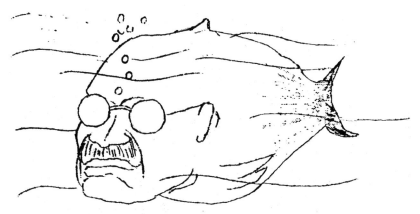

DER WAHLER.

Die Langweil, die in seinen Stunden
herrschet, totzuschlagen,
hat Wahler mannigfache Arten,
die zu sagen,
der Dichter sich zur Aufgabe gemacht -
beileibe nicht, damit hier alles lacht,
nur um zu zeigen die verschiedenen Gewalten,
die alle alten, klassischen Gestalten
auf Wahler machen, wenn er sich vertieft,
in ihre Werke, deren Mund von Weisheit trieft.

Spricht er von Jungfraun, Mädchen und so weiter
dann stampft er auf den Boden wie ein Heiter
beschreibt dabei gar seltsame Figuren
mit seinen Haxen, während seine Augen luren
zur Decke, voll Entzücken fest verkniffen,
wobei die nächste Bank wird wohllüstig ergriffen.

Spricht er von Göttern, Herrschern, Fürsten,
beginnt er seinen Bauch zu bürsten.
Ist dann die Red' von Pflanzen, Bäumen,
so sieht man ihn die Zähne räumen,
wobei er fördert tonnenweis zu Tage
der Speisereste eklig läst'ge Plage.

Spricht man von Toten, wird das linke Bein gezuckt,
indem er prompt ins Zentrum seines Rotztuchs spuckt.
Wenn er dran denkt, daß die Antike schon das Gute
geschätzt, dann zieht er eine Schnute,
rümpft seine Nase folgsam noch dazu
und hält für zweieinhalb Minuten Ruh.

Beim deutschen Gruß wird das Gesäss nach rechts geschoben
weil er von jeher der Regierung war gewogen,
denn national war er schon immer
wenn auch zu Hause nur in seinem Zimmer.

T 22

RECHTSANWÄLTE
JR. DR. WARMUTH
R. SIMON
DR. HAUS

FERNSPRECHER 92417 u. 92447 / POSTSCHECK-KONTO: 6800
BANK-KTO: DEUTSCHE BANK U. DISCONTO-GESELLSCHAFT
FILIALE MÜNCHEN / SPRECHZEIT 3—4 UHR NACHMITTAGS

MÜNCHEN 2 NW, 11. April 1934.
BRIENNERSTR. 8 (CAFÉ LUITPOLD) III. AUFGANG

Herrn

Karl K e l l e r , Abiturient ,

P a s i n g .

Rembrandtstr. 21

    Jch vertrete Herrn Oberstudiendirektor A. Wahler - München anwaltschaftlich .

    Jn der Anlage übersende ich Jhnen eine Abschrift meines Briefes vom 11.4.34 an Herrn Alois Federl , Friseurgeschäft in München , Horemannstr. 3o .

    Jch bin überzeugt , dass die Abs - Zeitung mit Jhrem Wissen und Willen in dem Geschäft des Herrn Federl aufliegt

    Jch f o r d e r e deshalb auch Sie auf , dafür zu sorgen , dass die Abs - Zeitung aus dem Geschäft des Herrn Federl sofort entfernt wird .

    Jch gebe Jhnen Gelegenheit , die groben Entgleisungen , die die Abs - Zeitung enthält , innerhalb Wochenfrist in angemessener Form zu korrigieren .

    Wenn Sie diese Frist ungenützt verstreichen lassen , werde ich sofort die Massnahmen veranlassen , die ich im Jnteresse der Ehre des Herrn Oberstudiendirektors Wahler und der übrigen Mitglieder des Professoren - Kollegiums für erforderlich erachte .

        Mit deutschem Gruss !

T 23

Abschrift

11. April 1934.

Herrn

Alois F e d e r l , Friseurgeschäft ,
M ü n c h e n .

Horemannstr. 30

Ich vertrete Herrn Oberstudiendirektor A. W a h l e r ,
München, Marsplatz 8, anwaltschaftlich.
Herr Oberstudiendirektor Wahler ist Leiter des Wittels-
bacher Gymnasiums.
Herr Oberstudiendirektor Wahler hat die Mitteilung er-
halten, daß die Abs-Zeitung der Absolvia Wittelsbachiana 1934
in Ihrem Geschäft aufliegt. Diese Abs-Zeitung enthält grobe
Schmähungen und Beschimpfungen eines Teils der Professoren
des Wittelsbacher Gymnasiums und insbesondere auch des Herrn
Oberstudiendirektors Wahler.
Ich f o r d e r e Sie auf, diese Abs-Zeitung aus
Ihrem Geschäft sofort zu entfernen und mir zu bestätigen, daß
die Abs-Zeitung in Ihrem Geschäft nicht mehr aufliegt.
Sollten Sie meiner Aufforderung nicht nachkommen, werde
ich sofort die gerichtlichen Maßnahmen veranlassen, die ich
im Interesse des Herrn Oberstudiendirektors Wahler für notwendig
erachte.

Mit deutschem Gruß!

T 24: Dr. Warmuth schreibt an A. Federl

Hermann Poschenrieder, die Zentralfigur der NS-Bewegung am Wittelsbacher Gymnasium bis 1937

Bis heute hält sich die Legende, daß OStD Andreas Wahler auf eigenes Ersuchen in den vorzeitigen Ruhestand getreten ist (siehe Artikel zu seiner Person!) .

Ebenso wird die Beförderung OStR Karl Hudezecks zum OStD als eine ganz normale Nachfolgeentwicklung geschildert. Auch dies ist nicht haltbar.

Doch erst wenn man die Vorgänge um die Absetzung OStD Wahlers und die Ernennungsprozedur von K. Hudezeck zum OStD als ein Geschehen begreift, wenn man die konsequente Chronologie der Zeitabläufe zusammenstellt, wird klar, daß die Zentralfigur des ganzen Geschehens Hermann Poschenrieder heißt.

In der Darstellung der Ereignisse um den 21. März 1933 wurde bereits aufgezeigt, welchen Einfluß Hermann Poschenrieder, Parteimitglied seit 1.7.1931, als Jugendvertrauensmann der HJ am Wittelsbacher Gymnasium hatte, welche bildungspolitische Rolle ihm als Mittelsmann zur NSDAP über den NSLB zugebilligt wurde.

Welche **Machtposition** Hermann Poschenrieder bereits im Schuljahr 1934/35 in der Leitung des **NSLB** inne hatte, verraten die Vorgänge um die Ernennung K. Hudezecks zum Schulleiter und lassen unschwer Rückschlüsse auf die Absetzung des OStD Wahler zu.

Am 2. Sept.1934 richtete Dr. Bauerschmidt an Josef Streicher, den Gauleiter des NSLB, ein Schreiben wegen der Neubesetzung der Schulleiterstelle am Wittelsbacher Gymnasium und ließ anfragen, welche *„menschliche und politische Zuverlässigkeit"* bei Karl Hudezeck, der „in die engere Wahl"[86] gezogen worden sei, zu erwarten sei.

Das *„Gutachten über Oberstudienrat Karl Hudezeck am Wittelsbacher Gymnasium in München"* erstellte, sage und schreibe, *„Hermann Poschenrieder, Studienrat, Vertrauensmann des NSLB"*[87] am 15.9.1934.

Für die Belange der humanistischen Gymnasien war inzwischen H. Poschenrieder zuständig; konsequenterweise überließ Josef Streicher Poschenrieder die Beantwortung des kultusministeriellen Ersuchens.

Hudezeck wußte um dieses Gutachten, wußte, daß er Poschenrieder seine Ernennung verdankte. Ein Studienrat in der Rolle des „OStD-Machers" und „OStD-Töters".

Wäre Poschenrieder damals im Rang eines OStR gewesen, so wäre er sicher im Jahr 1934 noch zum kommissarischen Schulleiter und ein Jahr später zum OStD ernannt worden (man vergleiche z.B. die Laufbahn von Dr. Lankes am Rupprechtgymnasium); aber dazu war der damals 44jährige noch zu jung! Zudem wird er, wie noch zu sehen ist, diese Rolle am Ludwigsgymnasium übernehmen!

So wie Heinrich Himmler aus einer gymnasialen Lehrersfamilie hervorging, so auch Hermann Poschenrieder. Sein Vater, Franz Poschenrieder, war Gymnasialprofessor in Regensburg; er prägte seine Kindheit. Der frühe Tod des Vaters (20.2.1899) war bedeutsam für seine Entwicklung. Die Mutter, Margarete Poschenrieder, setzte alles daran, daß die zwei Söhne Hermann und Franz in die Fußstapfen ihres Vaters traten. (Der Bruder, Franz Poschenrieder, war StP an der Berufsschule an der Deroystraße.) Hermann Poschenrieder absolvierte am 14.7.1909 in Regensburg, machte seine Lehramtsprüfungen am 26.10.1912 und am 8.10.1913, verrichtete 1913/14 sein Seminarjahr und wurde während des 1. Weltkrieges, seit Januar 1915, zur Unterrichtsaushilfe in Regensburg und München verwendet. Seit 1.5.1922 wirkte er als StR am humanistischen Gymnasium in Burghausen, am 1.11.1923 wechselte er an das Wilhelmsgymnasium in München und am 1.5.1924 an das Wittelsbacher Gymnasium. Er verheiratete sich am

10.3.1925 mit Gertraud Lautenschlager; aus der Ehe ging eine Tochter hervor.

Der Partei trat er am 1.7.1931 bei und erhielt die Mitgliedsnummer 571900. Dazu schrieb er aus der Sicht vom 27.11.1948:

„Ich bin am 1.7.1931 der NSDAP beigetreten. Die Partei war von der damaligen bayer. Regierung nicht verboten und den Beamten der Beitritt zu ihr nicht untersagt. Ich habe mich der Partei seinerzeit trotz mancher Bedenken gegen einzelne Punkte ihres Programms und gegen Charakter und Methoden ihrer Führer angeschlossen, weil ich in ihr einen Weg zur Einigung des ganzen Volkes über alle bisherigen Schranken von Herkunft, Besitz, Bildung und Konfession hinweg in einem Sozialismus ohne Klassenkampf zu finden hoffte. ... Außerdem hatte mich die Persönlichkeit Hitlers frappiert, der so eine Bewegung aus kleinen Anfängen in die Höhe gebracht hatte".[88]

Jetzt hatte er sich mit Hilfe dieser Partei selbst in die Höhe gebracht und fand seine Machtposition im NSLB.

Hudezeck, kaum zum OStD ernannt, belohnte StR Poschenrieder als seinen „Steigbügelhalter" mit einer sehr guten Beurteilung, die auch ganz im Sinne des NSLB war, zum StP; die Beförderung erfolgte am 1.9.1935.

Wissend, daß hier ein ursächlicher Zusammenhang besteht, wird H. Poschenrieder später feststellen: *„Meine Beförderung zum StP im Sept. 1935 war die automatische Vorrückung nach 18 Dienstjahren und erfolgte keinen Augenblick früher als die der Gleichqualifizierten".*[89]

StP H. Keller registrierte für sich, wie unüblich bei manchen Kollegen die Beförderungen seit 1934 verliefen, und brachte dies auch nach 1945 zur Sprache.

Poschenrieder jedenfalls sorgte dafür, daß das Wittelsbacher Gymnasium ab 1933, was die NS- und Kultusministeriums-Entschließungen anging, zur „Musterschule" wurde. Anton Straubinger war ihm dabei behilflich (s.Artikel zur Person).

Zur Verdeutlichung seines Einflusses hier ein übersichtlicher Zeitplan über die NS-Aktivitäten am Wittelsbacher Gymnasium, nach Schuljahren gegliedert (1933-1937).[90]

Abb. 12: Klaßleiter StR H. Poschenrieder 1924 mit der Klasse 1 B; stehend der sechste von links: Alfred Andersch; am Boden sitzend der zweite von links: Otto Gritschneder

Schuljahr 1933/34 (2.5.1933 – 2.3.1934)

Der jüdische Anfangsgottesdienst wurde abgeschafft; der letzte fand am 9.4.1932 in der jüdischen Hauptsynagoge um 16 Uhr statt.

Das Motto des Schuljahres: „Nationale und vaterländische Erneuerung!"

7. Mai 1933:   „Tag der Deutschen Jugend"

Mai/Juni: 6-Wochen-Kurs in allen Klassen (Deutsch-, Geschichts- und Geographieunterricht) über „.... *die nationalsozialistische Revolution und die Neugestaltung der Verhältnisse unter Adolf Hitlers Führung". „Den Abschluß bildete jeweils eine Feier in festlich geschmück-tem Klassenzimmer mit patriotischen Ansprachen von Lehrern und Schülern, Musik und Gesang".*

26. Mai: Schlageter-Gedenkfeier in allen Klassen

29. Mai: Gemeinsamer Besuch des Films „Blutendes Deutschland"

28. Juni: Nationale Gedenkfeier in der Turnhalle zum „Versailler Vertrag": „.... *die unheilvollen Wir-kungen dieses Diktates".*

10. Sept.:   „Tag der deutschen Schule" im Dante-Stadion; Einführung des deutschen Grußes an der Schule; Poschenrieder trägt öffentlich sein Par-teiabzeichen

30. Sept.:   Teilnahme am Fackelzug vor Minister Wagner

15. Okt.:   „Tag der deutschen Kunst"

28. Okt.:   Gemeinsamer Filmbesuch „Hitler-Junge Quex"

29. Okt.:   „*...sprach der Schriftsteller Erich Petzold über den polnischen Korridor".*

3. Nov.:   „*Aufstellung eines Opferaltars mit je einer Opferurne im Stiegenhaus des Hauptgebäu-des und in der Zweigstelle".* (Spende für Notleidende; die HJ bildete Ehrenwache!)

10. Nov.:   In der Turnhalle wird „mithin wohl das modernste Gerät" einer Rundfunkeinrichtung in-stalliert; „*der Apparat... wurde zum erstenmal bei der Übertragung der großen Rede des Reichskanzlers ... in Betrieb genommen".*

17. Nov.:   „*.... ein Vertreter des deutschen Luftschutzes gab den versammelten Schülern in länge-rem Vortrag einen Einblick in die Gefahren des Gaskrieges und zeigte an praktischen Demonstrationen im Schulhof die Bekämpfung der Wirkung von Brandbomben".*

21. Nov.:   „*in allen Klassen vorgenommene Nagelung eines Hakenkreuzes"*

Abb. 13: Deutsches Heldentum - oben: v. Richthofen; Göring. Boeleket; unten: A. L. Schlageter, Horst Wessel
Biologiebuch V. Klasse

18. Jan. 1934: Schulfeier zur „Begründung des Deutschen Reiches"

20. Jan.:   **Erste Erfolgsmeldung** von H. Poschenrieder über die Hitler-Jugend:
              „Als Vertrauensmann der HJ, später als Jugendvertrauensmann (JVM) für sämtliche Jugendorganisationen war von der Oberbannführung StR Poschenrieder bestellt...
              52% aller Schüler bei HJ *(von 100 auf 431 angestiegen;* **diese Zahl liegt über dem Durchschnitt der Münchner höheren Lehranstalten.)**
              der SA gehören 41,
              der SS 5 Schüler an
              1 Schüler war als Gefolgschaftsführer, mehrere andere als Schar- bzw. Unterführer tätig.
              Die beiden Gruppenführer, Walter Jobst (7) für die humanistische und Markwart v. Perfall (VII) für die realgymnasiale Abteilung, haben den Schulgruppenleiter tatkräftig unterstützt".

7. März: Gemeinsamer Filmbesuch „Der Sieg des Glaubens"

Schuljahr 1934/35 (12.4.1934 – 5.4.1935)

Einführung der monatlichen Schulfunkfeierstunde vom Reichssender München

24.4.1934:   *„50jährige Gedenkfeier des Beginnes der deutschen Kolonialpolitik"*

1. Mai: *„Große Jugendkundgebung auf dem Königsplatz... bei der die Rede des Reichspropagandaministers Dr. Goebbels übertragen wurde"*

12. Mai: Schulfeier: „Zu Ehren der deutschen Mutter"

17. Juni: „Fest der deutschen Schule"; Rede des Kultusministers Schemm

8. Sept.:   Einführung des Staatsjugendtages; dieser *„erhielt durch eine Übertragung vom Reichsparteitag in Nürnberg ein besonders festliches Gepräge"*
              Dazu schrieb Hudezeck: *„Mit der Einführung des Staatsjugendtages ... erfolgte gleichzeitig die Einrichtung eines besonderen, der Erziehung zum deutschen Menschen dienenden Unterrichts für die der Staatsjugend noch nicht beigetretenen Schüler der vier unteren Klassen. In diesem Unterricht, der nach einem genau festgelegten Plane regelmäßig am Samstage durchgeführt wurde, wurden die Schüler in einer der jeweiligen Klassenstufe angepaßten Weise in die mit der Geschichte, dem Wesen und den Zielen der nationalsozialistischen Bewegung in engem Zusammenhang stehenden wichtigsten Fragen eingeführt. Auch im Unterricht aller übrigen Klassen fand die Pflege des deutschen Gedankens, der Volksgemeinschaft und der sozialen Opferbereitschaft besondere Betonung"*

12. Okt.:   Vortrag des saardeutschen Mangold über „Durch Knechtschaft zur Freiheit an der Saar."

10.Jan.1935: Sämtliche Lehrer und Schüler hören in der Turnhalle die Schulfunksendung „Ruf von der Grenze" (Saarentscheidung)

Halte Dein Blut rein.
Es ist nicht nur Dein.
Es kommt weit her.
Es fließt weit hin.
Es ist von tausend Ahnen schwer
und alle Zukunft strömt darin.
Halte rein das Kleid
Deiner Unsterblichkeit.

(Will Vesper)

Abb. 14: Biologiebuch V. Klasse

15. Jan.:	Bekanntgabe der Saarabstimmung; *„eine festliche Ansprache und das gemeinsam gesungene Saarlied gaben der freudig erregten Stimmung beredten Ausdruck"*
18. Jan.:	*„... fand die von musikalischen Darbietungen umrahmte Reichsgründungsfeier mit Ansprache statt"*
24. Jan.:	Vortrag des Oberleutnant Stolzmann über „Untergang der Frauenlob in der Skagerrakschlacht"
30. Jan.:	*„ ... der zweite Jahrestag der Machtübernahme durch den Führer, vereinigte sämtliche Lehrer und Schüler zu einer eindrucksvollen Gedenkfeier, deren Mittelpunkt die Festrede des Anstaltsvorstandes bildete."*
24. Febr.:	Franz Hlawna sprach über „Grenzkampf und BDA"
1. März:	Endgültige Wiedervereinigung des Saarlandes; eine *„besondere Schulfeier mit Musik, gesanglichen Darbietungen und Ansprache."*

Zweite Erfolgsmeldung des H. Poschenrieder über die HJ:
> *„67,2% aller Schüler (=549 von 813 Schülern)*
> *davon 285 HJ; 262 Jungvolk*
> *2 Schülerinnen beim BDM*
> *54 Schüler bekleideten Führerstellen in der HJ (3 Gefolgschaftsführer, 16 Scharführer und 35 Kameradschaftsführer), 45 im Jungvolk (6 Fähnleinsführer, 12 Zugführer und 27 Jungenschaftsführer)*
> *1 Schülerin war Unter-Gaureferentin im BDM*
> *Mehrere Schüler der oberen Klassen waren während des Reichsparteitages 1934 bei der Lagerpolizei für das Hitlerjugend-Lager tätig.*
> *Der SA und der SS gehörten 20 Schüler an.*

Schuljahr 1935/36 (24.4.1935 – 2.4.1936)

24.4.1935:	Das Schuljahr wurde mit *„anschließender Flaggenehrung im Schulhof in feierlicher Weise eingeleitet."*
9.5.:	Zu einem Erlebnis besonderer Art wurde die Vorführung des Reichsparteitagfilmes „Triumph des Willens" im Ufa-Palast.
11.5.:	„Zu Ehren der deutschen Mutter"; eine Schulfeier, *„bei der auch den Trägern der bayerischen Tapferkeitsmedaille ... besonders gedacht wurde."*
28.5.:	Schulinspektor Sacher hielt einen Vortrag über „Deutschtumsarbeit im Südosten"
29.6.:	*„ ... sämtliche Schüler der Anstalt – die Angehörigen der Hitlerjugend in ihren Verbänden – beteiligten sich an der Sonnwendfeier auf der Theresienwiese."*

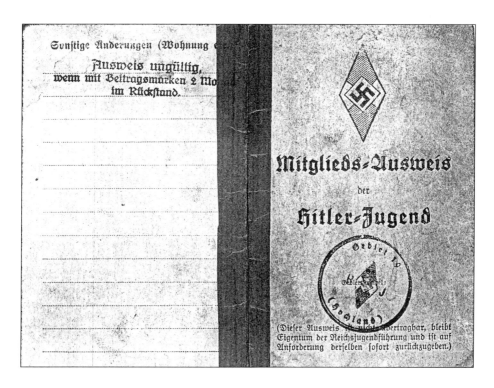

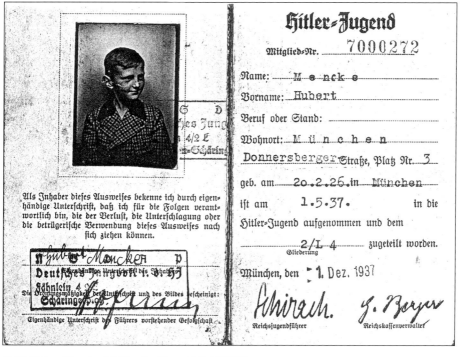

T 25: Hubert Mencke, Schüler der Klasse 2 C, 1937/38

| 14.9.: | Alle Schüler hörten in der Turnhalle *„die Übertragung der Rede des Führers an die HJ auf dem Reichsparteitag."* |

| 23.9.: | *„ ... in einer besonderen Feierstunde wurde mit musikalischer Umrahmung des Tages des deutschen Volkstums gedacht."* |

| 25.9.: | Dr. Zimmer, München, spricht über „Die Aufgaben und Ziele der HJ" |

| 4.10.: | *„Anläßlich der Überführung des Sarges des verewigten Reichspräsidenten und General-feldmarschalls Paul von Hindenburg in die im Tannenberg-Nationaldenkmal neuge-schaffene Gruft am 4.10., fand eine eindrucksvolle Gedenkfeier mit anschließender Übertragung der Feierlichkeiten am Tannenbergdenkmal statt."* |

| 9.10.: | *„Die Übertragung der Rede des Führers ... zur Eröffnung des Winterhilfswerkes 1935/36 wurde von sämtlichen Lehrer und Schülern in der Turnhalle gehört."* |

| 31.10.: | *„.... der Münchner Dichter Hans Brandenburg hielt im Rahmen der ‚Woche des deut-schen Buches' eine Vorlesung aus seinen Werken."* |

| 8.11.: | Gemeinsamer Filmbesuch: „Der alte und der junge König" |

| 22.11.: | „Tag der deutschen Hausmusik" |

| 30.1.1936: | *„Die Reichsgründungsfeier ... , dem dritten Jahrestag der Machtübernahme durch den Führer, gestaltete sich zu einer eindrucksvolle Kundgebung. Im Mittelpunkt dieser durch Instumental- und Gesangsvorträgen verschönten Feier stand eine festliche An-sprache, in der auch des Gründungstages des zweiten Reiches gedacht wurde. Den Ab-schluß bildete die Übertragung der Rede des Reichsministers Dr. Joseph Goebbels an die Schüler einer Berliner Volksschule."* |

Hitler Jugend
Gefolgschaft 91/2
München 19
Renatastraße 17b/o
—

München, den 1.11.1940

B e u r l a u b u n g.

Der H.J. Hubert M e n k e geb. am 20.2.1926 wird ab heute
bis zum 1.4.1941 vom H.J. Dienst beurlaubt. Diese Beurlaubung
kann jederzeit wiederrufen werden.

Der Hauptscharführer

Kameradschaftsführer.

Der Führer der Gefolgschaft 7/8

Scharführer.

T 26: Dienstbeurlaubung von der HJ

1.3.:   **Dritte Erfolgsmeldung** des StP Poschenrieder über die HJ:
„90,9 % aller Schüler bei HJ (= 744 von 845 Schülern)
343 HJ, 381 Jungvolk
1 Schülerin BDM
20 Schüler bei den übrig genannten Verbänden (= der SA, SS, NSRR und Fliegerstaffel)
45 Schüler bekleiden Führerstellen in der HJ
(1 Gefolgschaftsführer, 9 Scharführer und 35 Kameradschaftsführer)
70 bekleideten Führerstellen im Jungvolk
(3 Fähnleinsführer, 15 Jungzugführer und 52 Jungenschaftsführer)
Eine größere Zahl der Schüler nahm im Juli und August an dem Hochlandlager der HJ
bei Lenggries teil.“

Schuljahr 1936/37 (21.4.1936 – 34.3.1937):

21.4.1936:   *„Zu Beginn des Schuljahres wurde der Anstalt von der Obergebietsführung der Hitler-*
jugend des Gebietes 19 Hochland das Recht zur Hissung der HJ- Flagge verliehen, nach-
dem schon am Ende des abgelaufenen Schuljahres mehr als 91 v.H. sämtlicher Schüler
den Eintritt in die Hitlerjugend vollzogen hatten. Die feierliche Hissung der Flagge er-
folgte am 16. Juli 1936.“ **(= sog. HJ-Privileg)**

Am Staatsjugendtag waren in der Klasse 1 – 3 je drei Unterrichtsstunden „der Erziehung in Sinne der nationalsozialistischen Weltanschauung gewidmet“.

In Ergänzung hiezu wurden im Sommer und Frühherbst für die Klassen 2c, 5, 7, 8, VA
u. VC unter Leitung der Klassleiter nationalpolitische Lehrgänge von je 1 Woche Dauer
im Landheim Endlhausen („Gebhard Himmler-Heim“) durchgeführt.

Dem gleichen Zwecke diente auch der Besuch der Filmvorführungen „Auf großer Fahrt“, „Jugend der Welt“ und der „Verräter“ im Gloriapalast.

4.9.:   *„... hielt Herr Marschall einen Vortrag über 'Geschichte des Deutschtums in Rußland*
und Lebensführung der russischen Jugend'.“

7.-11.10.:   NSDAP-Kreistagung in München; während dieser Zeit *„erfolgte in sämtlichen Klassen*
eine der Altersstufe entsprechende eingehende Aufklärung über den Bolschewismus
und die der Welt durch diesen drohende Gefahr.“

10.10.:   *„... hörten die Schüler der 8. (VIII) und 9. (IX) Klassen zugleich mit Schülern anderer*
Münchner Lehranstalten einen Vortrag des Leiters des rassepolitischen Amtes Uniprof.
Dr. Kürten, im Studentenhaus über 'Rasse und Vererbung'.“

21.11. bzw.   *„... wurde die antibolschewistische Ausstellung im Bibliotheksbau des Deutschen*
3./4.12.:   *Museums von allen Klassen besucht.“*

Schulfeiern und sonstige Veranstaltungen.

11. 5. 36. Feier zu Ehren der deutschen Mutter.
16. 7. 36. Feierliche Hissung der H.J.-Flagge mit Ansprache des Anstaltsleiters.
12. 9. 36. Rundfunkübertragung der Rede des Führers bei der Kundgebung der Hitlerjugend während des Reichsparteitages 1936.
21. 9. 36. Feierstunde anläßlich des Tages des Deutschen Volkstums im Ausland.
 6.10. 36. Gedächtnisfeier zu Ehren des verewigten Ministers Hans Schemm mit Übertragung der Gedenkfeier im Hause der deutschen Erziehung in Bayreuth.
 7.10. 36. Feierliche Flaggenhissung mit Ansprache des Anstaltsleiters aus Anlaß der Eröffnung der NSDAP-Kreistagung in München.
10.10. 36. Schulfeier mit Ansprache über die Weltgefahr des Bolschewismus.
17.12. 36. Musikalische Feierstunde (Hausmusikstunde), vormittags vor den Schülern, abends vor den Angehörigen der Schüler und zahlreichen Gästen und Ehrengästen.
30. 1. 37. Reichsgründungsfeier mit anschließender Übertragung der Rede des Reichsministers Dr. Joseph Goebbels.
13. 2. 37. Feierliche Entlassung der Reifeschüler der 9. (IX.) Klasse.
24. 3. 37. Schulschlußfeier und Entlassung der Reifeschüler der 8. (VIII.) Klasse.

T 27: siehe Jahresbericht 1936/37

Vierte und letzte Erfolgsmeldung von StP Poschenrieder vor seinem Wechsel an das Ludwigsgymnasium als OStR über die HJ:

„91 % der Schüler bei HJ
39 Schüler bekleiden Führerstellen in der Hitlerjugend
(2 Gefolgschaftsführer, 13 Scharführer und 24 Kameradschaftsführer)
115 Schüler bekleiden Führerstellen im Jungvolk
(5 Fähnleinsführer, 29 Jungzugführer und 81 Jungenschaftsführer)
2 Schüler beteiligten sich an der Italienfahrt der Hitlerjugend vom 5. bis 28. Sept.
Eine große Zahl von Schülern nahm im Juli/August an dem Hochlandlager der Hitlerjugend bei Königsdorf teil.“

Zwei Jahre nach Ernennung zum StP wurde Poschenrieder für seine HJ-Tätigkeit mit der Beförderung zum OStR belohnt.

Im Juni 1942 wurde er Leiter des Ludwigsgymnasiums; im September 1944 verlegte man die Gymnasiasten nach Bad Reichenhall. Poschenrieder erhielt die Funktion eines Hauptlagerleiters im Rahmen der Kinderlandverschickung (KLV). Da er in dieser Tätigkeit dem zuständigen Bannführer der HJ unterstellt war, mußte es – wie auch in vielen anderen vergleichbaren Fällen – zu Interressenkonflikten kommen. Der einstmals große Förderer der HJ legte sich jetzt als Schulleiter im Interesse der schulischen Förderung mit dem HJ-Bannführer an. In seinem späteren Entnazifizierungsverfahren versuchte er diese Auseinandersetzungen für sich nutzbar zu machen:

„Dabei ergaben sich ständige Reibungen. Im März 1945 wurde ich von dieser Seite als untragbar bezeichnet, da ich nicht mit der HJ zusammenarbeitete und über Anordnungen des Gauleiters mich hinweggesetzt hatte. Die Austragung dieser Angelegenheit erfolgte in Folge des Zusammenbruchs nicht mehr.“[91]

Es dürfte überzeugend deutlich geworden sein, wie sehr durch den großen persönlichen Einsatz des StP Poschenrieder die nationalsozialistische Bildungs- und Jugendpolitik sich am Wittelsbacher Gymmnasium rasant verwirklichte. Nationalsozialistisch gesinnte Lehrer, die nach 1937 an das Wittelsbacher Gymnasium wechselten, sollten noch einen zusätzlichen Beitrag leisten, z.B. A. Dittmar, J. Löffler.

Die vier ehemaligen Schüler des Wittelsbacher Gymnasiums, die OStR Poschenrieder nach 1945 „Persilscheine“ ausstellten, sollten sich diese Erfolgsliste von 1933 – 1937 genau durchlesen und dabei überlegen, wie sie heute ihre „Persilscheine“ für Poschenrieder rechtfertigen!

Als „Kostprobe“ hier zwei Auszüge:

„Von einer absichtlichen Infizierung und Verseuchung von uns damaligen jungen Gymnasiasten durch Hermann Poschenrieder kann nicht die Rede sein.“[92]

T 28:
HJ-Schaffner-Schein

Oder „Persilschein" vom 4.7.1949:

„Auch Schüler, deren antinazistische Haltung bekannt war, konnten sich nicht über die geringste Benachteiligung beklagen ... Besonders deutlich wurde diese gerechte Behandlung, als die Absolventen des Jahrganges 1934 und folgende eine sog. 'nationale Prüfung' über sich ergehen lassen mußten."[93]

Der Fall Karl Keller (s. „Abiturskandal") widerlegt diese Behauptung eindeutig!

Mit dem Wechsel OStR Poschenrieders zum Ludwigsgymnasium sah OStD Hudezeck die Möglichkeit endlich die „Gewaltenteilung", die zwischen ihm und Poschenrieder bestand, was Führung der Schule und Einfluß der HJ am Wittelsbacher Gymnasium anging, in seinen Händen zu

konzentrieren. Hudezeck trat deshalb ab 1937 in die Ortsgruppe der HJ als aktiver Mitarbeiter ein, ohne noch Pg zu werden. Als Nachfolger für Poschenrieder setzte er StR Ritter von Drechsler als „Vertrauensmann der HJ" ein. Als Fachlehrer für Turnen (ohne Zweitfach) von Hudezeck wie ein normaler Gymnasiallehrer befördert, war er ihm ein besonders loyaler Untergebener. Mit dieser Funktion wurde er am 21.11.1938 zum StP ernannt, sehr zum Unmut des Kollegiums.

Nach dem Sieg über Frankreich trat Hudezeck 1940 der NSDAP bei; wie sehr ihn das bewegt hatte, beschrieb er in überschwänglichen Worten im letzten gedruckten Jahresbericht 1940/41:

„.... dies alles wird in den Schülern die Erinnerung an die Größe und Bewegtheit der Zeit unauslöschlich festhalten."

Abb. 15: Klasse 3C; 1938/39

OStD Andreas Wahler wird gestürzt -
OStR Karl Hudezeck von StR H. Poschenrieder
in den Sattel gehoben

Im Schuljahr 1932/33 konnte OStD A. Wahler den Höhepunkt seines beruflichen Erfolges mit zwei Festfeiern erleben und genießen. Es ist einmal die Schulfeier zu seinem 60. Geburtstag *„bei der OStR Kuchtner den Empfindungen der Lehrer- und Schülerschaft beredten Ausdruck verlieh. In seiner Dankansprache betonte OStD Wahler besonders seine in mehr als 20 Jahren immer inniger gewordene Verbundenheit mit der Anstalt, die seiner Leitung untersteht. Die Veranstaltung wurde durch einige Gesangs- und Musikstücke verschönert."*[94]

Zum anderen die Jubiläumsfeier zum 25jährigen Bestehen des Wittelsbacher Gymnasiums, die am 18. September 1932 glanzvoll begangen wurde. Der Festakt fand in der *„reich geschmückten Turnhalle"* statt, Schulorchester und Schulchor traten auf, ein Festspiel wurde aufgeführt, das Dr. Kuchtner und Dr. Renner eigens verfaßt hatten, und Wahler stellte in seiner langen Festrede u.a. *„die idealen Aufgaben des Gymnasiums dar, die sich auf den Fundamenten „Altertum und Gegenwart, Christentum und Deutschtum"*[95] aufbauen.

So wie die Tage von Kultusminister Dr. Goldenberger gezählt waren, so auch die von OStD Wahler!

Wie ahnungslos und naiv Wahler den politischen Veränderungen gegenüberstand, ist in dem Umstand zu sehen, wie er seinen 60. Geburtstag zum Anlaß nahm, seine materiellen Wunschvorstellungen nach Besoldung A 1d – sie waren ja das eigentliche Motiv, vom Ludwigsgymnasium an das Wittelsbacher Gymnasium zu wechseln – in Erinnerung zu bringen, und er schrieb von sich an das Kultusministerium wie folgt: *„Er steht im 60. Lebensjahr und würde von der Beförderung, wenn sie sich noch weiter verzögert, fast keinen Gewinn mehr haben."*[96]

Wie geplant und zügig sich der Sturz des OStD Wahler vollzog, veranschaulicht am besten eine Chronik der Ereignisse:

13.3.1933:	Beschwerde an das Kultusministerium wegen unzureichender Beflaggung
25.3.:	Völkischer Beobachter greift OStD Wahlers Äußerung, *„Nationalsozialistische Allüren werden hier nicht geduldet."*[97], öffentlich an.
26.3.:	OStD Wahler beantragt wegen des sog. Schülerprotestes vom 21.3. und der Vorwürfe des Völkischen Beobachters *„eine amtliche Untersuchung der Vorgänge durch das Staatsministerium."*[98]
6.4.:	Schuljahresende: Auf Anordnung Wahlers wird jetzt das Horst-Wessel-Lied ohne Störung gesungen.
7.4.:	„Gesetz zur Wiederherstellung des Berufsbeamtentums"
2.5.:	Beginn des neuen Schuljahres 1933/34; unter Wahlers Federführung werden die NS-Verfügungen durchgeführt und abgezeichnet. (s. Artikel Poschenrieder)
19.2.– 23.2.34:	Schriftliche Reifeprüfung; Abiturskandal bei der Absolvia-Feier; mit Beistand eines Rechtsanwaltes verlangt Wahler eine öffentliche Entschuldigung
22.3.:	Ende des Schuljahres: Wahler teilt dem Kultusministerium die Vorfälle mit.
12.4.:	Beginn des neuen Schuljahres 1934/35: Zwischen dem 22.3. und dem 12.4. muß Wahler erfahren haben, daß er im Sinne des Gesetzes zur Wiederherstellung des Berufsbe-

Einladung

zur Feier des

25jähr. Bestehens des Wittelsbacher-Gymnasiums

Samstag, den 26. November 1932, vormittags 10 Uhr
im Festsaale der Anstalt.

Vortragsfolge:

*1. Allegro vivace aus der Jupiter-Symphonie . . . . Mozart

2. Festspiel, gedichtet von Dr. Kuchtner † und Dr. Renner

*3. Die Ehre Gottes aus der Natur, gedichtet von Gellert . . . . Beethoven

4. Ansprache des Anstaltsvorstandes

5. Herr, unser Herrscher, Fuge für Chor und Orchester
aus dem „Elias" . . . . Mendelssohn-Bartholdy

*6. Adagio molto und Allegro con brio aus der ersten
Symphonie . . . . Beethoven

Die mit * versehenen Nummern wurden bei der Eröffnungsfeier der Anstalt am
11. Mai 1908 vorgetragen

Leiter der Orchesterstücke: Studienprofessor Ludwig Schanze
Leiter der Chöre: Studienassessor Hans Simon

Nach der Feier findet eine schlichte

Heldenehrung

an der Gedenktafel für die gefallenen Lehrer und Schüler statt.

Texte umstehend!

T 29: Programm zum 25jährigen Jubiläum

amtentums „politisch untragbar" ist; er zieht von sich aus keine Konsequenzen.

28.4.: OStD Wahler wird die Dienstwohnung gekündigt

9.5.: Wahler beantragt die Räumung bis zum 1. Juli 1934

23.5.: Dieser Räumungstermin wird genehmigt.

12.7.: Wahler meldet seinen Ferienurlaub an: „Vom 16. Juli bis 27. August"

23.8.: Kultusminister Schemm zwingt OStD Wahler zum Rücktritt in den Ruhestand unter Vorlage eines amtsärztlichen Zeugnisses; droht andernfalls mit Enthebung.

29.8.: Der Bezirksarzt der Landeshauptstadt München stellt ein ärztliches Zeugnis aus.

30.8.: Wahler beantragt mit dem ärztlichen Zeugnis die Versetzung in den dauernden Ruhestand. Er bittet um Beurlaubung bis zur Erledigung der Angelegenheit.

1.9.: OStR Hudezeck wird „mit der Führung der Geschäfte des Amtsvorstandes"[99] durch das Kultusministerium betraut.

2.9.: Dr. Bauerschmidt läßt bei Josef Streicher anfragen, ob OStR Hudezeck „menschlich und politisch"[100] zuverlässig ist.

7.9.: Dr. Bauerschmidt genehmigt die Beurlaubung Wahlers.

8.9.: OStR Hudezeck bewirbt sich um die Schulleiterstelle am Wittelsbacher Gymnasium.

15.9.: StR H. Poschenrieder erstellt das „Gau-Gutachten" für OStR Hudezeck.

20.9.: Hudezeck vereidigt „die Lehrer und Beamten der Anstalt auf den Führer des deutschen Reiches und Volkes, Adolf Hitler"

25.9.: Kultusminister Schemm versetzt OStD Wahler mit Wirkung vom 1. Oktober 1934 in den Ruhestand.

1.10.: OStR Hudezeck wird zum Schulleiter ernannt.

1.1.1935: Hudezeck wird zum Oberstudiendirektor ernannt und kommt in die – von Wahler so begehrte – Besoldungsstufe A 1d.

Daß OStD Wahlers Absetzung bereits seit 1933 betrieben wurde, läßt sich aus einer Anmerkung zur Abfassung eines Kondolenzbriefes durch das Kultusministerium (1948) an die Witwe Wahler ersehen: *„Von der nationalsozialistischen Regierung wurde er 1933 als politisch untragbar in den Ruhestand gedrängt."*[101]

Bei OStD Andreas Wahler stellt sich wirklich die Frage, warum er am Ende des Schuljahres 1933 nicht freiwillig in den Ruhestand getreten ist. Wäre das 25jährige Jubiläum nicht ein vortrefflicher Zeitpunkt für einen wirkungsvollen Abgang gewesen?

Als der Völkische Beobachter ihm 16 Tage vor Schulschluß seine Bemerkung, *„Nationalsozialistische Allüren werden hier nicht geduldet.",* vorwarf, hätte er diese Haltung mit seinem Rücktritt zum Schuljahresende nicht unter Beweis stellen können?

Die Frage von Alfred Andersch, *„Schützt Humanismus denn vor gar nichts?",* hätte Wahler, der noch zum 25jährigen die Ideale des humanistischen Gymnasiums mit *„Altertum und Gegenwart – Christentum und Deutschtum"* beschwor, klar mit einem Pensionsgesuch beantworten können.

Doch da er seine Position und die politischen Verhältnisse falsch einschätzte, glaubte er tatsächlich, den Vorwurf, „politisch untragbar zu sein", mit seinem politischen Verhalten im neuen Schuljahr entkräften zu können.

Mit Schuljahresbeginn 1933/34 präsentierte er sich als gehorsamer Beamter, der bereit war, all die geforderten Veränderungen mustergültig durchzuführen. Seine Worte hörten sich acht Monate später schon ganz anders an: *„Das innere und äußere Leben der Schule stand ... unter dem Zeichen der nationalen und vaterländischen Erneuerung. Ähnlich wie in den Jahren des Weltkrieges*

Texte zu den Gesängen

Die Ehre Gottes aus der Natur
(Christian Fürchtegott Gellert)

Die Himmel rühmen des Ewigen Ehre,
Ihr Schall pflanzt seinen Namen fort.
Ihn rühmt der Erdkreis, ihn preisen die Meere,
Vernimm, o Mensch, ihr göttlich Wort!
Wer trägt der Himmel unzählbare Sterne,
Wer führt die Sonn' aus ihrem Zelt?
Sie kommt und leuchtet und strahlt uns von ferne
Und läuft den Weg gleich als ein Held.

Vernimms und siehe die Wunder der Werke,
Die Gott so herrlich aufgestellt!
Verkündigt Weisheit und Ordnung und Stärke
Dir nicht den Herrn, den Herrn der Welt?
Er ist dein Schöpfer, ist Weisheit und Güte,
Ein Gott der Ordnung und dein Heil,
Er ist's; ihn liebe von ganzem Gemüte
Und nimm an seiner Gnade teil!

Herr, unser Herrscher!

Herr, unser Herrscher, wie herrlich ist dein Name
in allen Landen, da man dir dankt im Himmel! Amen!

Heldenmal
(Walter Flex)

Wir sanken hin für Deutschlands Glanz.
Blüh, Deutschland, uns als Totenkranz!
Der Bruder, der den Acker pflügt,
Ist mir ein Denkmal wohlgefügt.
Die Mutter, die ihr Kindlein hegt,
Ein Blümlein überm Grab mir pflegt.
Die Büblein schlank, die Dirnlein rank
Blühn mir als Totengärtlein Dank.
Blüh, Deutschland, überm Grabe mein
Jung, stark und schön als Heldenhain!

T 30: Programm zum 25jährigen Jubiläum

bildete die Pflege des deutschen Gedankens und der sozialen Opferbereitschaft den Mittelpunkt des Unterrichts."[102]

Hier formuliert Wahler selbst, daß es die sog. „Bruch-These" (Bis 1932 war alles in Ordnung, dann aber kam durch die Machtübernahme der Nazis von heute auf morgen der radikale Bruch.) in ihm persönlich nicht gab; nein, er selbst konnte beides in sich wie eine Brücke verbinden, die deutschnationale Prägung im Stichwort „Weltkrieg" mit den bildungspolitischen Absichten des Nationalsozialismus! Auch in Wahler gab es eine Vorgeschichte, die sich als Anknüpfungspunkt für die nationalsozialistische Bildungspolitik ausnützen ließ.

Was mag in OStD Wahler vorgegangen sein, nachdem er als Schulleiter ein Jahr lang alle NS-Entschließungen getreulich federführend verantwortete; die HJ, der Hitlergruß, die NS-Opferaltäre usw. eingeführt waren – und trotzdem wurde ihm wieder mitgeteilt, „politisch untragbar" zu sein?

Nach diesem Schuljahr zog er wieder keine persönlichen Konsequenzen; er ließ alles auf sich zukommen, wie die vorangestellte Zeitenabfolge zeigt.

Es ist wirklich eine „Ironie des Schicksals", daß diejenigen, die seinen Sturz betrieben, ihn nach 1945 als eingesetzten Entnazifizierungsbeamten für die humanistischen Gymnasien fürchten mußten (s. Artikel dazu).

```
                     Abschrift
                     ----------

                              München, den 8. September 1934
                  Sofort

     An
     Gauamtsleiter des NSLB
     München-Oberbayern
     Oberlehrer Josef Streicher
     in München
     ----------------------------
     Luisenstr. 29

     Betreff:
     Oberstudienrat Karl Hudezeck des         Der (ins.) ist für die
     Wittelsbacher-Gymnasiums München     Besetzung einer Vorstandsstelle einer
                                          höheren Lehranstalt in die engere
                                          Wahl gezogen worden.
                                          Sie werden ersucht, sich über
                                          die menschliche und politische Zuver-
                                          lässigkeit des Genannten zu äußern.
                                          Nötigenfalls wolle mit der zustän-
                                          digen Kreisleitung der NSDAP in Ver-
                                          bindung getreten werden. Um vertrau-
                                          liche Behandlung der Angelegenheit
                                          wird ersucht.
                                          Falls innerhalb 3 Wochen keine
                                          Antwort erfolgt ist, wird Einverständ-
                                          nis mit der Person des Genannten an-
                                          genommen.
                                                   J.A.
                                              Dr. Bauerschmidt
```

T 31: Gauamtsleiter Josef Streicher erkundigt sich nach der politischen Zuverlässigkeit von OStR K. Hudezeck

Abschrift
———————

G u t a c h t e n
über Oberstudienrat Karl H u d e z e c k am Wittelsbacher-
gymnasium in München

Oberstudienrat H u d e z e c k ist nicht Nationalsozialist, d.h.
er steht nicht in allen Punkten auf der Grundlage nationalsozialistischer
Anschauungen. Im übrigen möchte ich gegen seine menschliche und nationale
Zuverlässigkeit keine Einwende erheben.

                         Heil Hitler!
München, den 15.9.34   Hermann Poschenrieder,
                         Studienrat, Vertrauensmann
                         des NSLB

T 32: StR H. Poschenrieder bestätigt die politische Zuverlässigkeit

München, den 23. Mai 1934

Bayer. Staatsministerium
für Unterricht und Kultus
   München I, Brieffach

              An
das Direktorat
Wittelsbacher - Gymnasium

      M ü n c h e n
      _____

      _____

      Betreff:
Dienstwohnung im Gebäude des
Wittelsbacher-Gymnasiums in
München

Zum Berichte vom 9.5.1934

          Im Einverständnis mit
dem Staatsministerium der Finan-
zen wird genehmigt, daß der Oberstudiendirektor des Wittelsbacher-
Gymnasiums in München Andreas
W a h l e r seine Dienstwohnung
im Gebäude dieser Anstalt schon
am 1. Juli 1934 räumt. Im übrigen wird auf die Min.-Entschl.
vom 28.4.1934 Nr. VIII 20360
hingewiesen.
Die beteiligten Stellen
haben Abdruck dieser Entschließung erhalten.
               I.A.
          gez. Dr. Friedrich

T 33: OStD A. Wahlers Dienstwohnung wurde gekündigt.

Bayer. Staatsministerium   München, den 23.August 1934
für Unterricht und Kultus
 München I, Brieffach

An
Herrn Oberstudiendirektor
Andreas W a h l e r
  M ü n c h e n
Wittelsbacher-Gymnasium

  Betreff:
Ausscheiden aus dem Dienst   Die neue Zeit stellt an
die Vorstände höherer Lehranstalten
Anforderungen besonderer Art. Diesen
erhöhten Aufgaben können nur Anstaltsleiter gewachsen sein, die sich im Voll-
besitz ihrer Kräfte befinden. Leiter,
bei denen diese Voraussetzung nicht
mehr ganz erfüllt ist, müssen mit Rücksicht auf die Schule wie auf ihre eigene
Person die entsprechenden Folgerungen
ziehen.

  Meine Beobachtungen veranlassen mich Ihnen die Erwägung anheim-
zugeben, ob Sie nicht unter Vorlage eines
amtsärztlichen Zeugnisses um Ihre Versetzung in den dauernden Ruhestand nach-
suchen wollen. Wenn Sie hievon keinen

T 34a: OStD A. Wahler wird zum Rücktritt gezwungen.

Gebrauch machen, stünde ich vor der Notwendigkeit auf Grund §5
Abs.1 des Gesetzes zur Wiederherstellung des Berufsbeamtentums
dem Herrn Reichsstatthalter Ihre Enthebung von Ihrer derzeitigen
Stellung und Ihre Versetzung auf eine Oberstudienratsstelle vorzuschlagen. Auf die Bestimmung in § 5 Abs.2 des genannten Gesetzes
Möglichkeit innerhalb eines Monats die Versetzung in den Ruhestand
zu verlangen - weise ich mit dem Beifügen hin, daß diese Monats-
frist mit der Zustellung gegenwärtiger Entschließung beginnt.

Ihrer baldigen Entscheidung sehe ich entgegen.

gez. S c h e m m .

T 34a

T 34 b: OStD A. Wahler reicht seine Versetzung in den Ruhestand ein

<u>Abschrift</u>

<u>U r k u n d e</u>

Im Namen des Reichs

Der Herr Reichsstatthalter in Bayern hat auf Vorschlag
der Bayerischen Landesregierung mit Wirkung vom 1. Oktober 1934
den Oberstudiendirektor des Wittelsbacher-Gymnasiums München
Andreas W a h l e r auf sein Ansuchen wegen nachgewiesener
Dienstunfähigkeit mit dem Ausdruck des Dankes für seine treuen
Dienste in den dauernden Ruhestand versetzt.
München, den 25. September 1934
Staatsministerium für Unterricht und Kultus
gez. Schemm

T 35: Ruhestandsurkunde für OStD A. Wahler

Wittelsbacher Gymnasiasten als Flakhelfer

Am 18.4.1995 erschien in der Süddeutschen Zeitung ein Artikel „Vom Klassenzimmer im Wittelsbacher Gymnasium zur Flak am Oberwiesenfeld."

Achim Zeilmann interviewte „gut 30 Wittelsbacher" die zum Ehemaligentreffen in den Augustiner-Keller gekommen waren. Er schrieb: *„Ganz vorne im Saal an den Ehrentischen sitzen sie zusammen und lassen, wie der Bauingenieur Richard Kiechle die Erinnerungen Revue passieren: Eine Schulzeit in Laufgräben und Geschützstellungen, eine Jugend zwischen Bomben und Granaten."* Ein Teil wird *„abgestellt aufs Oberwiesenfeld. Der Großteil der 3 Wittelsbacher-Klassen wird noch in eine andere Flugabwehrstellung beim Flugmotorenwerk am Ludwigsfeld versetzt. Dann werden sie 1944 zur Wehrmacht eingezogen und in alle Winde verstreut."*

Die „Geschichtswerkstatt Neuhausen e.V." war lange auf der Suche, um an Originaldokumente zu kommen, denn gerade Jugendliche fragen immer wieder: Wie hat das für einen 16/17jährigen ausgesehen, wie lief das konkret ab?

Die Geschichtswerkstatt ist dem ehemaligen Wittelsbacher Dr. Hubert Mencke sehr dankbar, daß er ihr seine persönlichen Flakunterlagen zur Verfügung stellte. Dadurch ist die Möglichkeit gegeben, an einem Einzelfall dokumentarisch darüber zu berichten.

Der Schüler Mencke befand sich in der VII. Klasse des Realgymnasialen Zweiges des Wittelsbacher Gymnasiums, als er am 15.2.1943 den Heranziehungsbescheid *„zum Kriegshilfseinsatz der deutschen Jugend in der Luftwaffe"* erhielt.
„Der Dienst als Luftwaffenhelfer gilt als Erfüllung der Jugenddienstpflicht.
Die Betreuung der Luftwaffenhelfer durch die HJ erfolgt nach besonderen Bestimmungen, die von der Reichsjugendführung im Benehmen mit

dem Reichsluftfahrtsministerium erlassen werden."[103] In Wirklichkeit ersetzten die Flakhelfer Soldaten, die anderweitig gebraucht wurden.

Damit sich kein Jugendlicher der Notdienstverordnung entziehen konnte, mußten sich die Schüler am 15.2.1943 am Wittelsbacher Gymnasium um 8 Uhr einfinden und melden. Wer „bettlägerig" war (*„mancher versuchte ... sich noch schnell irgendeine Gelbsucht einzufangen"*[104]), mußte eine ärztliche Bescheinigung vorlegen.

Die Schüler wurden geschlossen der jeweiligen Einsatzstelle – für Mencke ist es der Hauptbahnhof München – zugeführt.

T 36: Begleitlektüre für Flackhelfer

Mencke mußte zunächst einen Ausbildungskurs im Hochhaus an der Blumenstraße absolvieren. Es war eine Art Grundausbildung, der sich jeder unterziehen mußte. Dies bedeutete Drill, Exerzieren, Strammstehen, Robben; Ausbildung am Karabiner und Maschinengewehr, an Kanonen und Feuerleitergeräten. Wichtig war der Unterricht im Flugzeugerkennungswesen, im ballistischen Problembereich, in Erster-Hilfe-Tätigkeit. Natürlich fehlte nicht die ideologische Beeinflussung: Die „hohen deutschen Kriegsziele" und das Einschwören auf den Führer. Diese Grundausbildung sollte die Schüler befähigen, feindliche Flugzeuge abzuschießen und so die eigenen Kriegsschäden und Verluste in Grenzen zu halten.

In dieser Zeit waren die Flakhelfer vom Unterrichtsbesuch befreit.

Nach diesem Ausbildungskurs bezog Mencke seinen Flakstützpunkt am Hauptbahnhof. Der Schüler Hubert Mencke und seine Eltern sahen ganz realistisch die möglichen Konsequenzen und Gefahren, denn der ältere Bruder war schon 1941 im Osten gefallen.

Spätestens nach dem britischen Großangriff in der Nacht zum 26.2.1943 wußte jeder Flakhelfer, was ihn erwartete. Den schweren britischen Nachtangriff am 25.4.1943 mußte Mencke auf dem Dach des Hauptbahnhofes durchstehen; die Stadt lag danach in einem Flammenmeer und die Flakhelfer mußten erkennen, wie wenig mit diesem Dienst und mit dieser Ausrüstung zu verhindern war. Nach dem Juli-Angriff war München nicht mehr wiederzuerkennen.

Da Mencke der VII. Klasse zugehörte, blieb ihm die Möglichkeit, zugleich das Notabitur anzustreben mit dem sog. „Reifevermerk". In der Dienstverfügung liest sich das so: *„Die Luftwaffenhelfer, die eine höhere Schule besuchen, erhalten etwa 4 Wochen nach Dienstantritt im Rahmen ihres Dienstes bei der Luftwaffe Schulunterricht, der mindestens 18 Stunden in der Woche beträgt und durch die bisherigen Lehrer erteilt wird. ...*

Abb. 16: Klasse 3 C; 1938/39

Der Unterricht wird bis zu der Zeit durchgeführt, in der die Schüler die Reifeprüfung ablegen. Für die Ablegung der Reifeprüfung werden besondere Bestimmungen erlassen. "[105]

Konkret sah das für den Schüler Mencke so aus, daß er vormittags im Wittelsbacher Gymnasium drei bis vier Stunden Unterricht hatte; anschließend mußte er zurück zur Flakdienststelle am Hauptbahnhof. Die Luftabwehrkanonen waren auf den Dächern des Hauptbahnhofes installiert. Je nach Alarm, ob bei Tag oder Nacht, hatte er sich für den Flugabwehrdienst zur Verfügung zu stellen.

Bedingt durch die verschiedenen Einsätze gab es Tage, wo absolut keine Möglichkeit für Hausaufgaben oder Stoffwiederholungen z.B. für das Notabitur vorhanden war, oder wo durch Nachteinsätze keine Zeit zum Schlafen blieb, so daß die Aufnahmebereitschaft am nächsten Tag in der Schule sehr gering war. Es gab Lehrer, die sich erkundigten und verständnisvoll reagierten. OStD Hudezeck und OStR Karl Feldl zum Beispiel nahmen darauf keinerlei Rücksicht; entsprechend fielen dann auch die Noten für die mündlichen und schriftlichen Haus- und Schulaufgaben an diesem Tage aus!

Der gesamte Flakdienst dauerte für Mencke ein Jahr; der Dienst am Hauptbahnhof sechs Monate.

Im Februar 1944 konnte er am vorgezogenen schriftlichen Abitur teilnehmen. Er erhielt den „Reifevermerk", so daß er sich, noch bevor er eingezogen wurde, für das Sommersemester 1944 als Medizinstudent einschreiben konnte.

Dann freilich kamen die bitteren Jahre ab Herbst 1944, der Kriegsdienst und anschließend französische Gefangenschaft bis 1948 (wobei der Jesuitenpater Gerhard Kroll für die Kriegsgefangenen eine wichtige Rolle spielte).

An dieser Stelle sei Hermann Mencke (geb. 24.4.1914), dem älteren Bruder von Hubert Mencke, ebenfalls Absolvent des Wittelsbacher Gymnasiums (1933), gedacht. Er wurde am 26.6.1938 zum Priester geweiht, feierte seine Primiz in der Herz-Jesu-Kirche in Neuhausen. Vor seiner Einberufung als Sanitäter der Wehrmacht im Juni 1941 wirkte er in St. Benno in München als Kaplan. Mit *„bewunderungswürdiger Furchtlosigkeit und Entschlossenheit"*[106] setzte er sich für Verwundete ein, die keinen Deckungsschutz hatten, und starb bei dieser Hilfeleistung schon nach vier Monaten am 29.9.1941 in den Kämpfen nordwestlich von Melitopol (Ukraine). Schon nach dreimonatigem Sanitätsdienst stand sein Name auf der Vorschlagsliste für die Auszeichnung „Eisernes Kreuz II. Klasse".

Ebenfalls sei hier des Onkels von Hubert Mencke gedacht, des Herrn Pfarrer Hermann Mencke (geb. 23.9.1882): Als Pfarrer von Garmisch-Partenkirchen – St. Martin wurde er seit 1936 von der Kreisleitung in Garmisch als Standortpfarrer bekämpft. Die Gestapo verhaftete ihn am 6.1.1940, brachte ihn Mitte März in das Gefängnis München-Neudeck. Der Volksgerichtshof verurteilte ihn am 27.7.1940 zu 15 Monaten Zuchthaus. Die Strafe verbüßte er in München-Stadelheim und im Zuchthaus Amberg. Nach der Entlassung übernahm er die Pfarrei (Maria)-Dorfen am 15.11.1941. Die Gestapo erteilte ihm dauerndes Unterrichtsverbot und Aufenthaltsverbot für den Landkreis Garmisch.

Beiden Geistlichen sei für ihr tapferes Engagement ein ehrenvolles Gedächtnis bewahrt; ebenso allen Schülern des Wittelsbacher Gymnasiums, die durch Flak- oder Kriegsdienst ums Leben kamen.

Zutiefst erschüttert, erhielten wir die traurige Nachricht, daß unser einziger, unser innigstgeliebter Sohn, Neffe, Enkel und Vetter

Bruno Schreiber

Absolvent des Wittelsbacher-Gymnasiums, Gefreiter in einer Sturmgeschütz-Batterie

am 14. Mai 1942, einen Tag vor seinem 20. Geburtstag, in den Abwehrkämpfen im Osten gefallen ist. Seine Heimat und seine Lieben wiederzusehen, mit denen er so innig verbunden war, blieb ihm versagt.

München (Aldringenstraße 12), den 28. Mai 1942.

In unsagbarem Leid: **Karl Schreiber** und Frau **Betty**, geb. Klopfer, nebst allen Verwandten.

Gottesdienst am Dienstag, 2. Juni 1942, in der Herz-Jesu-Kirche, Lachnerstraße, um 9.15 Uhr.

 Am 29. September 1941, am St.-Michaels-Tage, starb in den Kämpfen im Osten, in seinem 4. Priesterjahr, den Heldentod mitten in der Ausübung seines Samariterdienstes an den verwundeten Kameraden

Hermann Mencke

Sanitäter in einem Gebirgsjäger-Regiment Kooperator von St. Benno

München, den 29. Oktober 1941.

In tiefer Trauer: Fam. Stephan Mencke, Schuldirektor, Pfarrgeistlichkeit u. Pfarrgemeinde von St. Benno.

Hl. Seelengottesdienst: Dienstag, den 4. November 1941, vorm. 10 Uhr, bei St. Benno.

Allen seinen Freunden, Bekannten und Schülern geben wir die traurige Kunde, daß am 9. Mai 1942 im Osten unser lieber, einziger, unvergeßlicher Sohn und Bruder

Dr. phil. Heinrich Cremer

Studienrat an der Wittelsbacher Oberschule in München, Leutnant in einem Gebirgsjäger-Regiment

bei einem nächtlichen Feuerüberfall durch Sowjetbanden im Alter von 30 Jahren den Heldentod fand. Er kämpfte als begeisterter Soldat für Deutschlands Freiheit und Zukunft. Nun ruht er in sowjetrussischer Erde auf einem Heldenfriedhof. Alle, die ihn kannten, werden unseren Schmerz ermessen können.

In tiefster Trauer: **Familie Franz Cremer**, Aschaffenburg, Mühlstraße 46.

T 37: Ein „memento" für alle gefallenen Schüler und Lehrer des Wittelbacher Gymnasiums

Heranziehung von Schülern
zum Kriegshilfseinsatz der deutschen Jugend
in der Luftwaffe

An
Herrn /~~Frau / Fräulein~~ ..... M e n c k e

in ..... M ü n c h e n 19 .....

Donnersbergerstr. 3/I.

(als Erziehungsberechtigten des nachstehend genannten Schülers) *)

Die deutsche Jugend der höheren und mittleren Schulen wird dazu aufgerufen, in einer ihren Kräften entsprechenden Weise bei der Luftverteidigung des Vaterlandes mitzuwirken, wie dies in anderen Ländern schon lange geschieht. Schüler bestimmter Klassen der genannten Schulen sollen als Luftwaffenhelfer für Hilfsdienste bei der Luftwaffe eingesetzt werden.

Hierfür wird der Schüler ..... Hubert M e n c k e .....,

geboren am ..... 20.2.1926 ..... der Wittelsbacher-Ober- Schule

~~in~~ für Jungen in München am Marsplatz ..... auf Grund der Notdienstverordnung vom 15. Oktober 1938 (Reichsgesetzbl. I S. 1441) bis auf weiteres zum langfristigen Notdienst herangezogen und der Luftwaffe zur Dienstleistung zugewiesen.

Er hat sich am ..... 15. Februar ..... 1943 um ..... 8.00 ..... Uhr in seiner Schule zu melden. Der Einsatz erfolgt am Schulort ~~oder in dessen unmittelbarer Umgebung~~ **). Die ~~außerhalb des Schulorts~~ Schüler werden geschlossen der Einsatzstelle zugeführt.

Dieser Heranziehungsbescheid ist mitzubringen ***).

Die umstehenden »Anordnungen« sind genau zu beachten.

..... München ....., den ..... 9. Februar ..... 1943.
(Ort)   (Datum)

I.A.

(Dienstsiegel)

(Unterschrift des Polizei-Präsidenten, Polizei-Direktors
Oberbürgermeisters oder Landrats)

*) Bei Heimschülern, die im Heim wohnen, ist eine zweite Ausfertigung des Heranziehungsbescheids an den Leiter der Schule zu richten unter Streichung der eingeklammerten Zeile.

**) Nichtzutreffendes ist zu streichen. Auswärtiger Einsatz kommt nur bei Heimschülern in Betracht, die im Heim wohnen.

***) Bei Heimschülern ist auf der für den Erziehungsberechtigten bestimmten Ausfertigung des Heranziehungsbescheids diese Zeile zu streichen, da der Schulleiter diese Weisung für den Schüler erhält.

T 38

Anordnungen

A. Allgemeine Anordnungen

1. Dem Heranziehungsbescheid ist unbedingt Folge zu leisten. Ist der Schüler infolge einer ernsten Erkrankung bettlägerig oder durch sonstige unabwendbare Gründe am persönlichen Erscheinen zu dem angeordneten Zeitpunkt **verhindert,** so hat der Erziehungsberechtigte (bei Heimschülern der Schulleiter) der Stelle, die den umstehenden Heranziehungsbescheid ausgestellt hat, unter Angabe des Grundes und der voraussichtlichen Dauer der Verhinderung unverzüglich Anzeige zu erstatten. Zur Bestätigung ist bei Krankheit ein Zeugnis des Amtsarztes oder ein mit dem Sichtvermerk des Amtsarztes versehenes Zeugnis des behandelnden Arztes, in allen anderen Fällen eine ortspolizeiliche Bescheinigung beizufügen.

    Schüler, die an einer **übertragbaren Krankheit** leiden oder sie kürzlich überstanden haben, brauchen diesem Bescheide nicht Folge zu leisten, wenn sie durch ein mit Sichtvermerk des Gesundheitsamtes versehenes ärztliches Zeugnis nachweisen, daß eine Weiterverbreitung der Krankheit durch sie zu befürchten ist.

2. Die Luftwaffenhelfer erhalten Truppenverpflegung. Die **Lebensmittelkarten** für die zur Zeit des Dienstantritts laufende Zuteilungsperiode verbleiben dem Haushalt, zu dem der Schüler gehört, sofern er nicht als Heimschüler auswärts eingesetzt wird. Für die Heimschüler, die auswärts eingesetzt werden, gilt die nachstehend unter B 1 getroffene Regelung.

3. Die **Reichskleiderkarten** und Zusatzkleiderkarten sind bei der zuständigen Kartenstelle abzugeben. Die Luftwaffenhelfer erhalten die erforderliche Bekleidung aus Beständen der Luftwaffe (s. nachstehend unter 5). Für die Abgabe der Kleiderkarten ist der Erziehungsberechtigte verantwortlich.

    Entsprechendes gilt für die **Seifenkarten.**

4. Für den Dienstantritt notwendige **Fahrten** (3. Klasse) mit Verkehrsmitteln des Orts- und Vorortsverkehrs sind von den Schülern zu verauslagen. Die Kosten werden auf Antrag durch den Truppenteil erstattet.

5. **Mitzubringen sind:**

    a) **Personal-Ausweis** (HJ-Ausweis),

    b) **Bekleidung und Ausrüstung:**

    > 1 HJ-Winteruniform (soweit vorhanden),
    > 1 Paar Schuhe,
    > 2 Hemden (möglichst Braunhemden)
    > 2 Unterhemden,
    > 3 Unterhosen,
    > 3 Paar Strümpfe
    > 1 Leibriemen (— soweit vorhanden — Hosenträger erwünscht),
    > 1 Paar Handschuhe,
    > 1 Sporthemd (soweit vorhanden),
    > 1 Sporthose (soweit vorhanden),
    > 1 Badehose,
    > 1 Brotbeutel (soweit vorhanden),
    > 3 Taschentücher,
    > 1 Fahrtenmesser (soweit vorhanden),

c) **Sonstiges:**

    1 Eßbesteck,
    1 Kamm,
    1 Zahnbürste,
    1 Rasierzeug (nach Bedarf),
    1 Brustbeutel,
    1 Vorhängeschloß (soweit vorhanden),
    Schreibzeug,
    Nähzeug.

Die außerdem notwendigen Bekleidungs- und Ausrüstungsstücke werden aus Truppenbeständen ausgegeben.

Die mitgebrachten eigenen Stücke (s. vorstehend unter b)) werden, sofern sie verwendbar sind und nicht luftwaffeneigene Stücke dafür geliefert werden, nach Festsetzung des Abschätzungswertes in das Reichseigentum übernommen. Der Betrag wird in bar an die Erziehungsberechtigten ausgezahlt. Bei Ausscheiden aus dem Dienst werden diese Stücke auf Antrag gegen Zahlung des noch vorhandenen Tragewertes wieder zurückgegeben. Aufgebrauchte oder im Wert sehr stark geminderte Stücke werden aus Truppenbeständen ersetzt.

6. Zur **Benachrichtigung des Erziehungsberechtigten** wird dem Luftwaffenhelfer sofort nach seinem Eintreffen an der Einsatzstelle eine Postkarte ausgehändigt.

B. Besondere Anordnungen bei auswärtigem Einsatz von Heimschülern

1. Von der erfolgten Heranziehung sind die **polizeiliche Meldebehörde** und die **Lebensmittelkartenstelle** in Kenntnis zu setzen. Die Lebensmittelkarten sind bei der zuständigen Kartenstelle abzugeben. Der Leiter der Heimschule ist hierfür verantwortlich. Abgabe der Lebensmittelkarten erfolgt gegen Aushändigung einer Abmeldebescheinigung G. Da Mundvorrat für 2 Tage mitzubringen ist (siehe nachstehende Ziff. 3), besteht noch Anspruch auf Lebensmittelkarten für den Gestellungstag und den folgenden Tag.

    Wegen Abgabe der **Reichskleiderkarten** und **Seifenkarten** vgl. vorstehend unter A 3.

2. Für **Reisen im Fernverkehr** erhalten die Schüler Wehrmachtfahrscheine zur freien Benutzung der Eisenbahn. Diese führt der Transportführer bei sich.

3. Für die Anreise ist vorsorglich **Mundvorrat** für 2 Tage (s. vorstehend unter B 1) mitzubringen. Verpflegung durch die Luftwaffe während der Fahrt im Sammeltransport und nach Eintreffen am Dienstort ist sichergestellt. Der Mundvorrat ist also eine zusätzliche Verpflegung für besondere Fälle.

Dienstverhältnisse der Luftwaffenhelfer

1. Der Dienst als Luftwaffenhelfer gilt als **Erfüllung der Jugenddienstpflicht.** Die Betreuung der Luftwaffenhelfer durch die HJ erfolgt nach besonderen Bestimmungen, die von der Reichsjugendführung im Benehmen mit dem Reichsluftfahrtministerium erlassen werden.

2. **Einsatz:** Die Luftwaffenhelfer werden nur zu einer ihrer Entwicklungsstufe entsprechenden Tätigkeit herangezogen. Der Einsatz erfolgt klassenweise am bisherigen Schulort oder in dessen unmittelbarer Umgebung. Heimschüler können geschlossen im Reichsgebiet auch außerhalb des Schulortes eingesetzt werden.

    Der Einsatz endet spätestens mit der Einberufung zum Arbeitsdienst oder zum Wehrdienst.

3. Die **ärztliche Betreuung** der Luftwaffenhelfer erfolgt durch Truppenärzte der Luftwaffe.

4. Die Luftwaffenhelfer erhalten freie **Verpflegung, Bekleidung und Unterkunft** (in gesonderten Räumen) sowie eine tägliche Abfindung von 0,50 $\mathscr{RM}$. Beim Ausscheiden erhält jeder Luftwaffenhelfer für jeden angefangenen Monat der Dienstleistung nach Vollendung des 16. Lebensjahres 15,— $\mathscr{RM}$.

5. Die Luftwaffenhelfer, die eine höhere Schule besuchen, erhalten etwa 4 Wochen nach Dienstantritt im Rahmen ihres Dienstes bei der Luftwaffe **Schulunterricht,** der mindestens 18 Stunden in der Woche beträgt und durch die bisherigen Lehrer erteilt wird. Beim Einsatz von Heimschulen werden die Schüler in der Regel von Lehrern dieser Schulen begleitet und am Einsatzort oder in dessen Nähe unterrichtet. Der Unterricht wird bis zu der Zeit durchgeführt, in der die Schüler die Reifeprüfung ablegen. Für die Ablegung der Reifeprüfung werden besondere Bestimmungen erlassen. Luftwaffenhelfer, die vor der Zeit, in der sie unter regelmäßigen Umständen die Reifeprüfung ablegen würden, aus dem Einsatz bei der Luftwaffe ausscheiden, um in den Arbeits- oder Wehrdienst überzutreten, erhalten nach den hierüber erlassenen Vorschriften des Reichsministers für Wissenschaft, Erziehung und Volksbildung auf ihrem Abgangszeugnis den Reifevermerk, sofern ihre Leistungen und ihr Verhalten im Unterricht und im Einsatz dies rechtfertigen.

Die Schüler der Klasse 6 der mittleren Schulen werden bei dem im Februar 1943 erfolgenden Einsatz unter Erteilung des Abschlußzeugnisses aus der Schule entlassen. Für Schüler der mittleren Schulen, die später zum Einsatz herangezogen werden, wird nach den gleichen Grundsätzen wie für die Schüler der höheren Schulen ein Schulunterricht eingerichtet, der bis zum Abschluß des 6. Schuljahres der mittleren Schule durchgeführt wird.

6. **Krankenversicherung:** Die Luftwaffenhelfer sind während ihres Einsatzes in der Betriebskrankenkasse des Reichs versichert. Während dieser Zeit ruht eine schon bestehende Krankenversicherung bei einer anderen Krankenkasse, bei privaten Krankenversicherungen jedoch nur auf Antrag.

T 40

Gültig für Urlaubsreisen auf eigene Kosten

Kriegsurlaubsschein

Der ___Flakhelfer Hubert Mencke___
(Dienstgrad, Vor- und Zuname)

von ___L 44 093 Lg.P.A. München 2.___
(Truppenteil bzw. Feldpostnummer)

ist vom ___20.2.(16 Uhr)___ 194___3___ bis einschl. ___21. Februar___ 194___3___ ___21___ Uhr beurlaubt

nach ___München___ nächster Bahnhof ___München___

nach _____ nächster Bahnhof _____

nach _____ nächster Bahnhof _____

Angabe des zu benutzenden Zuges:

Hinfahrt mit Zug Nr._____ am _____ um _____ Uhr von Bhf._____ nach Bhf._____

Rückfahrt mit Zug Nr._____ am _____ um _____ Uhr von Bhf._____ nach Bhf._____

Er ist berechtigt, eine/zwei Wehrmachtfahrkarte(n)*) auf eigene Kosten zu lösen**)

von Bahnhof_____ nach Bahnhof_____

von Bahnhof_____ nach Bahnhof_____

von Bahnhof_____ nach Bahnhof_____

von Bahnhof_____ nach Bahnhof_____

Über die umstehenden Befehle ist er belehrt worden.

Ausgefertigt am ___20. Februar___ 194___3___

___L 44 093 Lg.P.A. München 2.___
(Truppenteil bzw. Feldpostnummer)

_____
(Unterschrift, Dienstgrad, Dienststellung)
___Oberleutnant u. Battr.-Chef___

Bahnhofstagesstempel

(Bei Angehörigen des Wehrmachtgefolges ist dieses Feld zu durchkreuzen)

*) Nichtzutreffendes streichen.
**) Diese und die folgenden 4 Zeilen streichen bei Angehörigen des Wehrmachtgefolges.

Lager-Nr. 63 a. Heß, Braunschweig-München

T 41

1. Beim Lösen von Wehrmachtfahrkarten und bei der Zugkontrolle durch die Organe der Wehrmacht sowie bei der Fahrkartenprüfung durch die Eisenbahn ist dieser Urlaubsschein unaufgefordert vorzuzeigen.

2. Eine Wehrmachtfahrkarte berechtigt zum Benutzen der 3. Klasse, zwei Wehrmachtfahrkarten berechtigen zum Benutzen der 2. Klasse. Der Übergang in eine höhere Klasse ist auch gegen Lösen einer Übergangskarte nicht gestattet.

3. Bei Benutzung von Schnellzügen für Fronturlauber (SF), auch mit Reisezugteil (SFR) sowie von Schnell- und Eilzügen des öffentlichen Verkehrs mit Wehrmachtteil (DmW, EmW) ist der tarifmäßige Zuschlag zu zahlen. Schnell- und Eilzüge des öffentlichen Verkehrs ohne Wehrmachtteil (D, E) dürfen nur in den vom OKW befohlenen Ausnahmefällen gegen Zahlung des tarifmäßigen Zuschlags benutzt werden. Die Erlaubnis hierzu ist vom Einheitsführer in Ziffer 13 zu bescheinigen.

4. Jeder Urlauber hat sich am Urlaubsort — sofern der Aufenthalt länger als 48 Stunden dauert — **innerhalb der ersten 48 Stunden** bei der Standortkommandantur (Standortältesten) oder in Orten, die als Standort sind, bei der Ortspolizei (Gemeindeamt) **zu melden. Die Meldung hat er sich hierunter bescheinigen zu lassen.**

5. Verschwiegenheit und Zurückhaltung bei Gesprächen ist Pflicht.

6. Bei Erkrankung sofort den nächsten Wehrmachtarzt (Standortarzt, Lazarett; Zivilarzt nur in Notfällen) aufsuchen.

7. Bei Zweifel über Rückreiseziel Auskunft nicht bei Zivilbehörden, sondern nur bei Wehrmachtdienststellen einholen.

8. Ist Inhaber Selbstverpfleger mit Lebensmittelkarten für Normalverbraucher der Zivilbevölkerung? ja — nein — *)

9. Abgefunden mit: **Gebührnissen** bis einschl. __20.2.__, **Verpflegung in Geld** bis einschl. __21.2.__
   Verpflegung in Natur: Brot bis einschl. __20.2.__, **Mundverpflegung** bis einschl. __20.2.__
   Reichsurlauberkarten (Reise- und Gaststättenmarken) — bei Urlaub bis zu 3 T... einschl. __21.2.__
   Feinseife bis einschl. _____, **Rasierseife** bis einschl ___

10. Hat als Teilnehmer an der Wehrmachtverpflegung während des Aufenthalts am Urlaubsort von
    bis _____ einschl. Anspruch auf Reichsurlauberkarten von der zuständigen Kartenausgabestelle.
    Die Aushändigung hat die Kartenausgabestelle hierunter zu bescheinigen.

11. Inhaber besitzt eine Kontrollkarte »M« oder Inhaber hat Anspruch auf einen Kontrollausweis
    für den Einkauf von **Tabakwaren** für die Zeit _____ bis _____ = _____ Tage *)

12. Dieser Urlaubsschein ist nach Rückkehr vom Urlaub der Wehrmachtdienststelle abzugeben.

13. **Besondere Vermerke** (z. B. über das Tragen bürgerlicher Kleidung am Urlaubsort, Bescheinigung zur Benutzung von Schnell- und Eilzügen öffentlichen Verkehrs ohne Wehrmachtteil [D, E] u. a.): Wochenendurl...

(Einträge zu Ziffer 13 sind hier durch Unterschrift des Einheitsführers besonders zu bescheinigen.)

Oblt. u. Bttr. Chef

Oblt. u. Bttr. Chef
(Unterschrift des Einheitsführers zu Ziffer 8—11)

Bescheinigung über Meldung am Urlaubsort

gemeldet am _____

_____
(Ort, Datum, Stempel oder Unterschrift)

*) Nichtzutreffendes streichen.

Bescheinigung der Kartenausgabestelle:

Reichsurlauberkarten sind ausgehändigt für die Zeit

vom_____ bis _____ einschl

_____
(Ort, Datum, Stempel oder Unterschrift)

T 41

Dienststelle
L 44 093 Lg.P.A. München 2.   O.U., den 9. Juni 1943

B e s c h e i n i g u n g .
- - - - - - - -   - - - - - - -

Der Lw.-Helfer Hubert M e n c k e , geb. 20.2.1926
ist seit dem 15.2.1943 als Luftwaffenhelfer in einer im Heimat-
kriegsgebiet eingesetzten leichten Flakbatterie aktiv eingesetzt.
Auf eigenen Wunsch und nach besonderer Eignung erfüllt er alle
Voraussetzungen für die Verwendung in der Flakartillerie.

Oberleutnant und Batteriechef.

T 42

Luftwaffenhelferzeugnis

Der Schüler .... M e n c k e   Herbert ....

geboren den .... 20.Februar .... 19 26 zu .... München ....

Sohn des .... Schuldirektors .... Herrn .... Stephan Mencke ....

Wohnort .... München .... Landkreis ....

zuletzt Schüler der Klasse ... VII des ... Wittelsbacher Gymnasiums ....

....

ist seit .... 15.Februar 1943 .... als Luftwaffenhelfer eingesetzt und hat an dem für Luftwaffenhelfer angeordneten Unterricht mit folgendem Ergebnis teilgenommen:

Deutsch . . . . befriedigend .... Physik . . . . befriedigend ....

Geschichte . . .. sehr gut .... Chemie. . . . . ausreichend ....

Erdkunde . . .. befriedigend .... Latein . . . . befriedigend ....

Mathematik. . ... befriedigend ....

Anton Dreselly, München   N/0017 Vordruck 6.   Wenden!

Auf Grund der Leistungen und des Verhaltens im Unterricht und im Einsatz und in Anwendung des Erlasses des Reichsministers für Wissenschaft, Erziehung und Volksbildung vom 22. Januar 1943 -- E III a 3360 — wird der Schüler in die Klasse .. VIII .... der Oberschule — des Gymnasiums — .... versetzt.

München ...., den ..14.Juli....... 19 43

Der Betreuungslehrer:

Joseph Löffler

Der Einheitsführer:

Geßner
Oblt. u. Batterie-Chef

Der Oberstudiendirektor:

Hudezeck

Unterschrift des Erziehungsberechtigten:

Mencke.

Notenstufen: 1 = sehr gut, 2 = gut, 3 = befriedigend, 4 = ausreichend, 5 = mangelhaft, 6 = ungenügend.

T 43

86

Wittelsbacher Schüler denunzieren Lehrer

1. Aufgrund der Denunziation von zwei Schülern und der negativen Qualifikation von OStD Hudezeck, sollte OStR Alfred Leonpacher (Kath. Religionslehrer) „ehrenlos" in den Ruhestand versetzt werden.

Wie tragisch diese ganze Angelegenheit ist, läßt sich erst ermessen, wenn man sich die hohen Verdienste dieses Religionslehrers um das Wittelsbacher Gymnasium vor Augen hält.

A. Leonpacher, 1876 geboren, 1901 zum Priester geweiht, bewarb sich 1907 für das Wittelsbacher Gymnasium: *„Unter Beilage seines Pfarr-Ordinariats- und Polizeizeugnisses wagt es der gehorsamst Unterzeichnete an das hohe Ministerium die Bitte zu richten, ihn bei der Besetzung der Religionslehrer-Stelle am 6. Gymnasium zu München berücksichtigen zu wollen.*
Einem Hohen Kgl. Bayrischem Staatsministerium gehorsamst ergebener Alfred Leonpacher, Kurat bei St. Johan.Nep., München, Sendlinger Str.63. "[107]

Seit 1907 war Leonpacher also am Wittelsbacher Gymnasium, seit 1919 StP aufgrund der guten Qualifikationen von G. Himmler; am 8.4.1925 wurde er StP mit dem Titel und Rang eines OStR. In Punkt „8. Besondere Bemerkungen" schrieb G. Himmler: *„Er eignet sich in jeder Beziehung zum OStR. In der Schülerhilfe hat er sich große Verdienste erworben, im Vereinsleben und bei Wanderungen der Jugend ist er ein bewährter Führer; außerdem ein tüchtiger Lehrer des Hebräischen."*[108]

Das Landheim in Endlhausen war ihm ein großes Anliegen. Er opferte hier für die Jugend viele Ferienwochen.

In dem Sonderheft „Das Wittelsbacher Gymnasium und sein Landheim", München 1930, schrieb er: *„Das Bedürfnis nach solchem Landheimleben ... ist eine Folgeerscheinung des naturfremden Großstadtlebens. Die Landheimbewegung hat eine wichtige hygienische, soziale und vaterländische Sendung, sie ist eine wertvolle Ergänzung des städtischen Familien- und Kulturlebens, sie erweitert die Erziehungs- und Fürsorgeaufgaben der Schule, sie schlingt ein freundschaftliches Band um Lehrer und Schüler. ... Das Landheim sondert die jugendlichen Menschen ab von den gekünstelten Lebensformen, von weichlichen Genüssen und verführerischen Sinnesreizen und von der ruhelosen Hast der Großstadt."*[109]

Abb 17 A. Leonpacher im Schullandheim Endlhausen 1930

Leonpacher hatte vor allem wegen dieser Landheimdienste eine Art Ehrenstellung unter den Schülern, selbst wenn dem einen oder anderen der Katechismusunterricht weniger gefiel. Viele ehemalige Schüler sahen in ihm nachträglich einen „lieben Menschen".

Hudezeck, der viele Jahre mit Leonpacher im Landheim zusammen gearbeitet hatte, war seit 1. 9 1934 Amtsvorstand und fiel Leonpacher mit

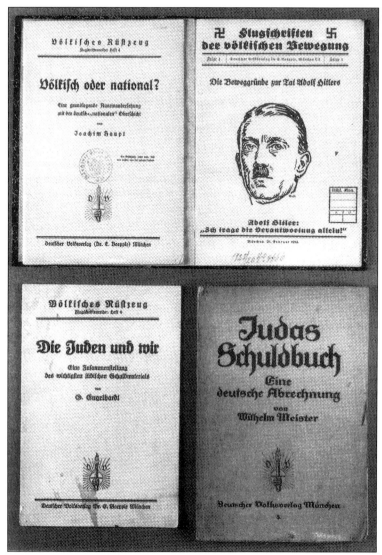

T 44: Dr. Boepple

seiner 1. Qualifikation als OStD in den Rücken. Diese Qualifikation ist später mit Bestandteil der Begründung auf „ehrenlose" Entlassung:

„8. Besondere Bemerkungen: Leonpacher ist ein Religionslehrer, der seine Aufgabe mit tiefem Ernst erfaßt und sich bemüht, den Schülern den Weg zu einem religiösen Leben zu weisen. Als Lehrer ist er methodisch geschickt, wenn auch etwas mild in den Anforderungen und in der Beurteilung der Schüler.

In jüngster Zeit ist das Vertrauen, das er als Lehrer und Erzieher stets genoß, bei einem Teil der Schüler etwas erschüttert durch seine Stellung des kath. Schülerbundes 'ND', durch die er in einen gewissen Gegensatz zur HJ geriet.

Ein großes, unbestreitbares Verdienst Leonpachers ist und bleibt seine Fürsorge für das Landheim, dem er zum Besten der Schüler beider Bekenntnisse in seltener Hingabe Mühe, Geld und Zeit opfert."[10]

Und unter Punkt 6.:

„Geeignet zur Beförderung zum OStR, wenn nicht politische Gründe dagegen sprechen."[11]

Die Denunziation ergab sich wie folgt:

Am 30.11.1937 brachte Leonpacher in die Schule Handzettel mit, worauf für zwei Vorträge, die Pater Koch SJ am 2.12. und 4.12.1937 hielt, und für eine gemeinschaftliche Kommunion im Bürgersaal am 5.12.1937 eingeladen wurde.

Leonpacher gab zunächst den zwei Schülern „Frühling" und „Teicher" (Namen vom Autor geändert) von der Klasse VIIa (1937/38) keine Einladungszettel mit der Begründung: *„Wir brauchen aber keine Aufpasser."*[12]

Der Vater von Teicher beschwerte sich daraufhin am 2.12. bei OStD Hudezeck.

Dieser machte ohne genötigt zu sein am 3.12.1937 Meldung an das Kultusministerium und fiel damit zum 2. Male Leonpacher in den Rücken, indem er u.a. schrieb:

„Ich ließ OStR Leonpacher keinen Zweifel darüber,
1) daß ich ... die Verteilung von diesbezüglichen Einladungen während des Unterrichts für unstatthaft halte,
2) daß im Religionsunterricht die Schüler nicht unterschiedlich behandelt werden dürfen, und
3) daß die gebrauchten Worte tatsächlich eine Beleidigung der beiden Schüler enthalte.
... Ich bitte das Staatsministerium um weitere Verhaltungsmaßregeln."[13]

OStR Leonpacher kniff nicht, sondern stand zu seiner Handlungsweise.

Er erhielt am 16.12.1937 von **Dr. Boepple** eine Abmahnung.

Während des Schuljahres 1939/40 wurde Leonpacher nahegelegt, um Pensionierung einzugeben. Er tat dies am 7.3.1940.

Mutig schrieb er in seinem erzwungenem Ruhestandsantrag: *„Die Schwierigkeiten der religiösen Unterrichts- und Erziehungsaufgaben mehren sich in den derzeitigen Verhältnissen so, daß verminderte Kräfte ihnen zum Nachteil der Erziehung nicht mehr gewachsen sind."*[14]

Er bat am 29.3.1940 um Beurlaubung bis zum Beginn des Ruhestandes und reichte am 3.4.1940 das ärztliche Attest nach.

Dr. Friedrich vom Kultusministerium richtete am 30.5.1940 an den Herrn Reichsstatthalter in Bayern einen Brief mit der Bemerkung:

„OStR Leonpacher ist kath. Geistlicher und gehörte von 1920 bis 1933 der BVP an. In seiner Eigenschaft als Führer des kath. Schülerbundes 'ND' geriet er im Jahr 1935 in Gegensatz mit der Hitlerjugend. Ferner gab sein Verhalten im Jahr 1937 Anlaß zur Beanstandung, als er die Schüler zur Teilnahme an religiösen Veranstaltungen zu beeinflussen suchte.
Auf Grund dieser Tatsache bitte ich, von der Aussprechung des Dankes für geleistete treue Dienste abzusehen."[15]

Der Minister bestätigte Dr. Friedrichs „Vortrag" schon am 22.5.1940.

Berlin erwies sich dann doch „großzügiger" als das Kultusministerium in München.

OStR Leonpacher bekam am 19. Juli 1940 seine Ruhestandsurkunde mit dem Satz: *„Ich spreche ihm für seine dem Deutschen Volk geleisteten treuen Dienst meinen Dank aus.*
gez. Adolf Hitler
gez. Rust"[16]

OStD Hudezeck händigte am 7.8.1940 Leonpacher die Urkunde aus.

Als Dr. Bauerschmidt vom Kultusministerium erfuhr, daß Leonpacher Aushilfsreligionsunterricht an der „Oberschule für Jungen in München-Pasing" gab, ließ er am 10. Juni 1941 mitteilen:
„Von der Verwendung des OStR i.R. Alfred Leonpacher ist abzusehen. Ich ersuche einen anderen Religionslehrer vorzuschlagen."[17]

Nach dem generellen Unterrichtsverbot zog Leonpacher an seinen Geburtsort Traunstein. Nach dem Krieg war er hier noch an der Landwirtschaftsschule tätig, bis ein langes, schweres Leiden ihm jede Unterrichtstätigkeit verbot.

Er starb am 21.1.1956. StR Alfons Frank sprach am Grabe für das Wittelsbacher Gymnasium.
„Aus allen Nachrufen klang der Dank für ein reiches, gottgesegnetes Priesterleben."[18]

Fragebogen.

Name	*Leonpacher*
Vornamen	*Alfred*
Wohnort und Wohnung	*München, Linprunstr. 74. II*
Geburtsort, -tag, -monat und -jahr	*Traunstein 11. 4. 76.*
Konfession (auch frühere Konfession) . . .	*kathol.*
Amtsbezeichnung	*Studienprofessor (Geistlicher)*

a) Haben Sie der Kommunistischen Partei oder kommunistischen Hilfs- oder Ersatzorganisationen (einschl. der sogenannten nationalkommunistischen Bewegung — „Schwarze Front" —) angehört, falls ja, von wann bis wann?

nein

b) Haben Sie der Sozialdemokratischen Partei, dem Reichsbanner Schwarz-Rot-Gold, der Eisernen Front oder sonstigen sozialdemokratischen od. republikanischen Hilfs- und Nebenorganisationen, insbesondere dem Republikanischen Lehrerbund, der Arbeitsgemeinschaft sozialistischer Lehrer, der freien Lehrergewerkschaft, dem Internationalen sozialistischen Kampfbund, den freien Schulgesellschaften Deutschlands, der Sozialistischen Arbeiterjugend, den Roten Falken, dem Sozialistischen Schülerbund, dem Sozialistischen Studentenbund und dem Republikanischen Studentenbund, sowie der Deutschen Friedensgesellschaft, der Paneuropäischen Union Deutschland, der Liga für Menschenrechte, der Friedensliga und anderen internationalen oder pazifistischen Verbänden, Vereinigungen oder Zusammenschlüssen angehört, falls ja, von wann bis wann? Waren Sie gewerkschaftlich organisiert?

nein

c) Welchen politischen Parteien haben Sie sonst bisher angehört?

der Bayerischen Volkspartei
1920 – 1933

Sind oder waren Sie Mitglied der NSDAP., SA., der SS., des St., der Technischen Nothilfe oder sonstiger hinter der Regierung der nationalen Erhebung stehender Verbände, falls ja, von wann bis wann? (durch Vorlegung geeigneter Bescheinigungen glaubhaft zu machen) . . . .

nein.

d) Welchen politischen Vereinigungen sowie Logen, Orden u. ä. haben Sie sonst bisher angehört oder gehören Sie an, falls ja, von wann bis wann? (Anzugeben wären alle unter Buchst. A u. B der Min. Bek. v. 29. 12. 36 (Reg. Anz. Nr. 366) aufgezählten Vereinigungen einschließlich der „Schlaraffia".)

nein

3. a) Stammen Sie von nichtarischen, insbesondere jüdischen Eltern oder Großeltern ab? . . . .

nein

Nähere Angaben über die Abstammung:
Eltern:

Name des Vaters	*Leonpacher*
Vornamen	*Joseph*
Stand und Beruf	*Dr. Landgerichtsarzt*
Geburtsort, -tag, -monat und -jahr	*Traunstein 15. 3. 38*
Sterbeort, -tag, -monat und -jahr	*Traunstein 22. 5. 21*
Konfession (auch frühere Konfession)	*kathol*
verheiratet { **in**	*Weißenhorn*
{ **am**	*24. 6. 1866*

Zur Beachtung! Die Verneinung einer Frage ist durch „Nein", nicht durch einen Strich auszudrücken.

T 44: Wieder (erstmals 1934) muß A. Leonpacher den Fragebogen ausfüllen.

Geburtsname der Mutter	Mahler
Vornamen	Berta
Geburtsort, -tag, -monat und -jahr . . .	Weißenhorn 6. 3. 44.
Sterbeort, -tag, -monat und -jahr	Traunstein 12. 1. 22.
Konfession (auch frühere Konfession) . . .	Kathol.

Großeltern:

Name des Großvaters (väterlicherseits) . . .	Leonpacher
Vornamen	Joseph
Stand und Beruf	Färbermeister
Geburtsort, -tag, -monat und -jahr . . .	Traunstein, 25. V. 1798
Sterbeort, -tag, -monat und -jahr . . .	Traunstein 1838
Konfession (auch frühere Konfession) . . .	kathol.
Geburtsname der Großmutter (väterlicherseits) . .	Schmiderer
Vornamen	Maria
Geburtsort, -tag, -monat und -jahr . . .	Hallein, 25. 12. 1812
Sterbeort, -tag, -monat und -jahr . . .	Traunstein
Konfession (auch frühere Konfession) . . .	kathol.
Name des Großvaters (mütterlicherseits) . . .	Mahler
Vornamen	Valentin
Stand und Beruf	Bezirksarzt
Geburtsort, -tag, -monat und -jahr . . .	Weißenhorn 13. 2. 1811.
Sterbeort, -tag, -monat und -jahr . . .	Weißenhorn 30. 1. 1888.
Konfession (auch frühere Konfession) . . .	kathol.
Geburtsname der Großmutter (mütterlicherseits) . .	Ketterle
Vornamen	Walburga
Geburtsort, -tag, -monat und -jahr . . .	Weißenhorn 16. 10. 1821
Sterbeort, -tag, -monat und -jahr . . .	Weißenhorn 22. V. 14
Konfession (auch frühere Konfession)	kathol.
b) Sind Sie verheiratet? *)	nein
c) Wieviele Kinder haben Sie?	keine

Mir ist nicht bekannt, daß ich von jüdischen Eltern oder Großeltern abstamme.

Ich versichere, daß ich die vorstehenden Angaben nach bestem Wissen und Gewissen gemacht habe. Ich weiß, daß ich bei wissentlich falschen Angaben die fristlose Entlassung, die Anfechtung der Anstellung oder ein Dienststrafverfahren mit dem Ziele der Dienstentlassung zu gewärtigen habe.

München, den 29. 4. 1937

A. Leonpacher.

(Unterschrift)

*) Verheiratete haben auch das Formblatt 2 auszufüllen.

T 44

Die Darstellung des Sachverhaltes nach OStR A. Leonpacher
==

Abschrift   "München,3.I2.37

An das Direktorat des
Wittelsbacher Gymnasiums

Betreff:
Verhalten des Religionslehrers Leonpacher gegen die Schüler der
Klasse 7a: Frühling und Teicher [Namen vom Verfasser geändert]
am 30.11.37

Auftragsgemäß erlaube ich mir über die Vorgänge in der Klasse 7a am
30.11. zu berichten.
Zu Beginn der Religionsstunde gab ich den Schülern bekannt, daß am
2. und 4.12. in der Damenstiftskirche 2 religiöse Abende für katholische Schüler höherer Lehranstalten wie alljährlich abgehalten würden
und daß am Sonntag 5.12. um 7 I/2 Uhr alle zur Teilnahme an einer ge-
meinschaftlichen Kommunion im Bürgersaal eingeladen seien. Gedruckte
Einladungszettel hiefür mit näheren Angaben legte ich zunächst auf den
Tisch des Physiksaales mit der Einladung, wer Interesse habe, könne
nachher einen solchen Zettel mitnehmen.
Als einige Schüler sogleich die Zettel begehrten, teilte ich dieselben
an diejenigen aus, welche die Hand ausstreckten; eine größere Zahl von
Schülern begehrte keinen Zettel.
Alle Zeugen waren sich bewußt, daß der Großteil der Klasse entsprechend
ihrem sonstigen Verhalten der Einladung nicht Folge leisten würden.
Als in der letzten Bank die Schüler Frühling und Teicher die Hand ausstreckten, überging ich dieselben.
Der Grund hiefür war das sonstige unreligiöse Verhalten der Schüler,
welche seit 2 Jahren dem allgemeinen Sakramentsempfang fern bleiben
und welche im heurigen Schuljahr in jeder Religionsstunde durch
Schwätzen und durch Beschäftigung mit anderen Dingen sowie durch Un-
fleiß bei schriftlichen und mündlichen Aufgaben, auch durch geflissent-
liche Nichtanschaffung des Religionsbuches ein Trimester lang, ihre Ab-
neigung bekundeten.
Als aber der Schüler Frühling wiederholt einen Zettel verlangte und erklärte, er werde die Abende besuchen, gab ich ihm die Einladung mit dem
Bemerken:'Wir brauchen aber keine Aufpasser'.
Teicher gab diese Erklärung nicht und erhielt keinen Zettel.
Die übrigen Zettel blieben bis zum Ende der Stunde auf dem Tisch hinter-
legt; kein Schüler begehrte nachher einen solchen.
In 9 anderen Klassen verteilte ich die Zettel an alle Schüler. In der
Klasse VIc hinterlegte ich aus ähnlichen Gründen die Zettel ebenfalls
auf dem Katheder mit der Einladung, wer Interesse habe, möge sich nach-
her einen Zettel nehmen; einige Schüler bekundeten dann Interesse und
erhielten gerne die Einladung.

                    Leonpacher"

T 46

Abschrift

Betreff: Ruhestandsversetzung des Oberstudienrats Alfred
         L e o n p a c h e r

An

   Referat I7

         Der Herr Minister hat nach Vortrag angeordnet,
daß für Oberstudienrat L e o n p a c h e r im Hinblick
auf die besonderen Bemerkungen im Personalnachweis für das
Jahr I935 und die Vorkommnisse im Jahr I937 (KME. v. I6.I2.I937
Nr. VIII 65766) der Ausspruch des Dankes für geleistete treue
Dienste nicht beantragt werden soll.

                    München, den 22. Mai I940
                    Abteilung P :
                         gez. Baumann

T 47

Jm Namen des Deutschen Volkes

versetze ich

den . .Oberstudienrat Alfred L e o n p a c h e r . . .

auf seinen Antrag in den Ruhestand.

~~Ich spreche ihm für seine dem Deutschen Volke gelei-~~

~~steten treuen Dienste meinen Dank aus.~~

. . . . ,den . . . . .19340.

Der Führer. ~~und Reichskanzler.~~

T 48: Dr. Friedrich fordert einen „ehrenlosen" Abgang.

2. Zwölf Schüler der Klasse VIIa des Wittelsbacher Gymnasiums (Schuljahr 1937/38) denunzieren mit persönlichen Unterschriften OStR Ritter von Lama.

Abb. 18: Karl Ritter von Lama um 1934

Lama von und zu Brixenhausen Karl, Ritter von, geb. am 13.2.1875 in Traunstein war der älteste Sohn des Antiquariatsbuchhändlers von Lama. Er hielt sich als Gymnasiallehrer in Weißenburg (1904) und Dillingen (1915) auf; machte 1917 noch die Stenographie-Lehramtsprüfung nach; kam mit dem Titel OStR zuerst nach Ingolstadt und dann am 1.1.1933 an das Wittelsbacher Gymnasium.

OStD Hudezeck qualifizierte ihn am 12.10.1935 mit den Worten: *„.... er ist ein vielseitig gebildeter, vornehm denkender und bescheidener Erzieher sowie ein liebenswürdiger hilfsbereiter Berufs-*

kamerad. Als OStR erledigt er mit großer Gewissenhaftigkeit die ihm obliegenden Aufgaben (Verwaltung der Schülerbücherei, Regelung des Theater- und Konzertbesuches der Schüler; Überwachung eines Teils des Unterrichts im Deutschen und in den alten Sprachen.)"[119]

Hudezeck hob noch seine bemerkenswerte Sprachbegabung hervor: Neben den alten Sprachen beherrschte er *„Englisch, Französisch, Italienisch, Spanisch, Flämisch."*

Der Denunziationsbrief vom 19.1.1938 ist schon von der Form her sehr aussagekräftig. So schrieben die Schüler im Absender „Hauptstadt der Bewegung" und adressierten den Brief an die „Abt. Politischer Stab I".[120]

Den Ausgangspunkt der Schülerdenunziation bildeten die beiden großen Senatsreden (Sallust, bell. lat. c.51 und 52) deren inhaltliche Aussagen von Lama mit der Zeit des Nationalsozialismus zu vergleichen riskierte. Von Lama schrieb dazu selbst: *„Auch die Lehrer der altphilologischen Fächer haben bekanntlich die Aufgabe, den Schülern die Verhältnisse der Vergangenheit durch vergleichende Bezugnahme auf die Gegenwart näherzubringen."*[121]

Die Abschriften von der Denunziation und der Rechtfertigung von Lamas (s. am Ende des Artikels) sind deshalb so kostbar, weil sie einmal an ein ganz konkretes Unterrichtsgeschehen authentisch heranführen und zugleich athmosphärisch vermitteln, vor welcher Gratwanderung die kritischen Lehrer im NS-Staat standen.

Im Unterricht zeigte von Lama die zwei verschiedenen Standpunkte auf, die Cato und Cäsar vertreten: Cato sieht die Notwendigkeit schärfster Notmaßnahmen gegeben; Cäsar dagegen fordert mit Blick auf die Zukunft ein gemäßigtes Vorgehen.

Jene zwei Standpunkte wurden nun auf den gegenwärtigen NS-Staat übertragen.

Die 12 Schüler rissen absichtlich – wie das bei Denunziationen immer wieder der Fall ist – Wortteile aus dem Context heraus und sahen in den isolierten Unterrichtszitaten eine geeignete Möglichkeit, einen für sie offensichtlich mißliebigen Lehrer, loszuwerden. Was die Schüler als unverzeihliche Äußerung anklagten:

1. Das 3. Reich währt nicht ewig!
2. Es besteht keine politische Meinungsfreiheit!
3. Für die nächste Generation könnte sie wieder kommen.
4. Der Einzelne hat nichts zu sagen!
5. Das Führerprinzip ist an allem Schuld!

Im Gegensatz zu OStR Leonpacher, den er fallen ließ, versuchte Hudezeck von Lama halbherzig zu helfen, halbherzig deshalb, da er auf die konkreten Schülervorwürfe nicht einging. Er teilte dem Kultusministerium mit:

„Obwohl Oberstudienrat von Lama früher der Bay. Volkspartei angehörte, ist mir bis jetzt keine Klage über eine politische anfechtbare Äußerung des ruhigen, besonnenen und von seinen Schülern geschätzten Lehrers zu Ohren gekommen."[122]

Nachweislich wirkte sich diese Stellungnahme nicht helfend aus, vor allem durch den Hinweis auf die Bay. Volkspartei.

Zunächst ließ die Gaustelle prüfen, ob ein Zusammenhang mit der Person Friedrich von Lama besteht, wohnhaft *„früher in Füssen, z.Zt. in Gauting"*, welcher *„durch Veröffentlichung in der kath. politischen Presse ... sich zum Teil scharf gegen den Nationalsozialismus wandte ...."*[123]

Am 6. März 1938 teilte Dr. Boepple aus dem Kultusministerium mit:

„Ich beurlaube den Beamten bis zur Ruhestandsversetzung."

Die Regierung gab auf das Ruhestandsersuchen folgenden Kommentar:

„Der Nebengenannte hat sich als Lehrer bisher bewährt und keinen Anlaß zur Beanstandung gegeben. Er hat Dienst- oder sonstige Strafen nicht erhalten. Von 1919-1932 gehörte der Beamte der Bay. Volkspartei an. Aus der vorliegenden Stellungnahme des Oberstudienrates zu einer eingegangenen Schülermeldung dürfte seine Einstellung zum Nationalsozialismus und damit seine politische Zuverlässigkeit in Frage zu stellen sein.

Es wolle daher dem Oberstudienrat von Lama der Dank für die dem Deutschen Volke geleisteten treuen Dienste nicht ausgesprochen werden."[124]

Wie bei OStR Leonpacher erwies sich auch hier Berlin wieder großzügiger als München. Von Hitler und Rust gezeichnet stand in der Ruhestandsurkunde der Satz:

„Ich spreche ihm für seine dem Deutschen Volke geleisteten treuen Dienste meinen Dank aus."

Verärgert stellte das Kultusministerium in München dazu fest: *„Der Führer und Reichskanzler hat dem Beamten entgegen dem Antrag des Staatsministeriums den Dank für seine dem Deutschen Volke geleisteten treuen Dienste ausgesprochen. Ein Dankschreiben des Herrn Staatsministers dürfte dem Oberstudienrat nicht auszuhändigen sein. St. Assessor Dr. Scherer wurde zur Unterrichtsaushilfe angewiesen."*[125] - (Dr. Anton Scherer mit den Fächern Deutsch, Latein, Geschichte kam vom Institut der Englischen Fräulein Nymphenburg, das seit der Verfügung vom 1.1.1936 und schließlich mit dem Erlaß vom 5.4.1939 mit der Auflösung der Privatschule zu rechnen hatte. Er war der Nutznießer der Planstelle von Lama. Vor der inzwischen „berüchtigten" Klasse VIIa wird er gewarnt worden sein.)

Die zwangsweise Ruhestandsversetzung für den 1.1.1939 wurde am 6.9.1938 verfügt.

"19.Jan.38
Hauptstadt der Bewegung
Wittelsbacher Gymnasium
Klasse VIIa (real)

An das
Bayer. Staatsministerium
für Unterricht und Kultus
Abt. Politischer Stab I.

Meldung

Am Montag, den 17. Jan. 38 in der Lateinstunde (von 9^{45} - 10^{30})
glaubte Herr Oberstudienrat von Lama im Zusammenhang mit der Lektüre
des "Sallust, Catilinarische Verschwörung", folgende Bemerkung machen
zu müssen:

1. Wortwörtlich:"Ich bin nicht der Mann, der an die Ewigkeit des
   3. Reiches glaubt."
2. Machte er noch Bemerkungen folgenden Inhalts:
   "Er werde wahrscheinlich die Zeit nicht mehr erleben, wo jeder seine
   politische Meinungsfreiheit wieder haben wird. Die Schüler jedoch
   könnten diese Zeit noch erleben, vielleicht sogar noch im 3. Reich.
   - Heutzutage habe doch der Einzelne wenig oder fast gar nichts mehr
   zu sagen, das Führerprinzip sei daran schuld."

Verantwortlich für diese Meldung zeichnen:

....
....
....
....

[Die 12 Unterschriften sind dem Verfasser bekannt!]

Anmerkung
der Regierung: Ich ersuche um Bericht nach Einvernahme des OStR
              von Lama. Von einem Verhör der Schüler ist abzusehen.

              Dr. Bauerschmidt"

T 49: Die Denunzierung

Die Darstellung des Sachverhaltes nach Karl Ritter von Lama
===

"Direktorat des Wittelsbacher Gymnasiums
Eingelaufen München 5.2.1938, Nr. 142

Bericht

Mit dem ergebensten Danke für die mir gewährte Möglichkeit einer
Äußerung zu den schweren gegen mich von einem mir unbekannten Schüler
erhobenen Beschuldigungen gestatte ich mir folgendes zu meiner Rechtfertigung anzuführen:
Die Äußerung 'Ich bin nicht der Mann' usw. muß ich bestreiten. Ich darf
wohl kurz den Zusammenhang schildern.
Es handelte sich um eine Inhaltsangabe der beiden großen Senatsreden
(Sallust, bell. lat. c. 51 und 52), die in der Klasse selbst nicht gelesen worden waren. Cato vertritt hier den Standpunkt der Notwendigkeit
schärfster Notmaßnahmen, Cäsar den Standpunkt gemäßigten Vorgehens mit
Rücksicht auf die Zukunft, also der 'Politik auf weite Sicht'. Ich bemerkte hierbei, daß auch dieser Standpunkt nicht zu verwerfen sei, denn
der Politiker müsse an die Entwicklung der Dinge denken; nichts auf
Erden sei unabänderlich und ewig, auch unser drittes Reich sei nicht
ewig, sondern Veränderungen unterworfen.
Die herausfordernd demonstrative Art, an die der berichtete Wortlaut
glauben läßt, stelle ich nachdrücklich in Abrede; sie ist überhaupt
nicht meine Art, wie mein Amtsvorstand, meine Berufskollegen und meine
Schüler bestätigen können.
Von 'politischer Meinungsfreiheit' wurde nie gesprochen. Der berichtete
Satz wäre auch unlogisch und widerspräche meiner innersten Überzeugung.
Der Zusammenhang war hier folgender:
In Notzeiten seien außerordentliche Maßnahmen notwendig und die Staats-
gewalt sei berechtigt, ja verpflichtet solche anzuordnen.
Nach einigen Beispielen aus der Vergangenheit wurde darauf hingewiesen,
daß in Anbetracht der außerordentlichen Verhältnisse auch der heutige
Staat berechtigt war z.B. das Recht der freien Meinungsäußerung -
(nicht 'Meinungsfreiheit') - zu beschränken oder aufzuheben.
Es könnte aber mit der Zeit vielleicht gesichertere Verhältnisse ein-
treten - daß ich sie noch erleben würde, glaube ich nicht, - in denen
die Regierung selbst die Beschränkungen, die zur Zeit gälten, wieder
aufheben könne.
In außerordentlichen Zeiten würden der Staatsgewalt oder einzelner Männer auch außerordentliche Vollmachten eingeräumt. Solche habe der römi-
sche Staat seinen Konsuln in der Formel 'videant consules' etc. verliehen.
Auch wir leben in einer außerordentlichen Zeit; bei uns seien dem
Führer diese Vollmachten übertragen und das Führerprinzip bringe es
mit sich, - nicht: 'sei schuld daran', - daß der einzelne in der
Politik wenig mehr zu sagen (d.h. zu bestimmen) habe.
Auch die Lehrer der altphilologischen Fächer haben bekanntlich die Aufgabe, den Schülern die Verhältnisse der Vergangenheit durch vergleichende Bezugnahme auf die Gegenwart näherzubringen; hiedurch ist natürlich
ständig Veranlassung zur Heranziehung des politischen Standpunktes gegeben.
Ich möchte hoffen, daß die über den Zusammenhang der Äußerungen gegebene Darlegung den Beweis erbringt, daß es sich um Angriffe oder nör-
gelnde Kritik nicht handeln kann. Mein dem Führer geleisteter Treueeid
allein schon würde mich abhalten, mich im oppositionellen Sinn zu
äußern. Aber auch mein Gewissen als Pädagoge verböte mir dazu beizu-
tragen, daß Konfliktstoffe in die jugendliche Psyche hineingetragen
werden.
Vor einer Mißdeutung meiner Worte glaube ich schon um dessentwillen
sicher zu sein, weil ich bei zahlreichen Gelegenheiten auch Leistungen

T 50: Die Darstellung des Sachverhaltes nach OStR v. Lama

des heutigen Staates und nicht zuletzt auch Maßnahmen des Führers
in positiv anerkennendem Sinn besprochen hatte, soweit der Schrift-
stellertext dazu Anlaß gab.
Daß mein gesamter Unterricht immer von wärmster Liebe zum deutschen
Volke und schuldiger Ehrfurcht gegen seinen Führer erfüllt war, dürfte
kaum einer meiner Schüler in Abrede zu stellen wagen.
Nachdem ich auf Grund des mir heute eröffneten Ministerialrundschrei-
bens in diesem Jahr wohl meine Amtstätigkeit beenden werde, erfüllt es
mich persönlich mit besonderem Schmerz, daß noch in den letzten Monaten
meiner nun dem Staate während 38 Jahren treu und ohne jede Beanstandung
auch unter schwierigen Verhältnissen geleisteten Dienste das Vorgehen
eines noch nicht zur vollen geistigen Reife gelangter Schüler erfolgte,
der durch eine persönliche Rücksprache mit mir sicherlich eine auch
ihn voll befriedigende Erklärung der von ihm mißverstandenen Äußerungen
hätte erhalten können.

München, 5.Febr. 1938   K.R. von Lama „
                                         Oberstudienrat"

Abb. 19: OStR v. Lama darf nicht mehr unterrichten!

Nach dem Tod von Lama (1948) schrieb die Witwe Anna von Lama an das Kultusministerium am 26.9.1949:

> „... daß die Schüler-Denunzianten der HJ angehörten. ... Er hat unter der ungerechten Behandlung bis zu seinem Hinscheiden (1948) aufs bitterste gelitten, was – wovon ich überzeugt bin – wesentlich dazu beigetragen hat, seine körperliche Widerstandskraft zu untergraben"[126]

Vielleicht sehen sich die Lateinlehrer am Wittelsbacher Gymnasium mit dieser Veröffentlichung verpflichtet, bei der Behandlung der zwei großen Senatsreden bei Sallust dem OStR Ritter von Lama ehrend zu gedenken?!

3. StP Gustav Hofmann, seit 1933 denunziert, stürzt sich als enttarnter „Harnieraner" aus dem Fenster.

Johann Wolfgang
v. Goethe
1749 – 1832

Von seinem Verehrer

Prof. Hofmann

FAUST
I

T 51: „ein eigenartiger, trefflicher Lehrer"

Gustav Hofmann, am 2.8.1880 in Amberg geboren, Sohn des Gymnasialprofessors Josef Michael Hofmann, „acht Semester lang Zögling des Maximilianeums in München", hatte mit seinen glänzenden Noten eine große Karriere vor sich.

OStD Gebhard Himmler qualifizierte ihn unter „*8. Besondere Bemerkungen:*
Ein eigenartiger, trefflicher Lehrer und Erzieher der Jugend, für die er ein warmes Herz hat, ein ausgezeichneter Leiter insbesondere der 9. Klasse mit wirklicher Sachkenntnis und unermüdlicher Gewissenhaftigkeit. Eine in jeder Beziehung für leitende Stellen geeignete Persönlichkeit voll Tatkraft."
6. Besondere Kenntnisse: Französisch, Stenographie, Gesang."[127]

OStD Wahler und StP Hofmann verstanden sich gut. Er urteilte über ihn 1931:

„*Ein Lehrer, ausgezeichnet durch reiches Wissen, hingebende Berufstreue und anregende Frische."*[128]

Aus seiner Mitgliedschaft zum „Bayerischen Heimat- und Königsbund" (BHKB) machte er kein Geheimnis.

Hier die „Königs-Hymne" des BHKB, die er besonders liebte:

„*Leer steht der Bayernthron,*
Harrt auf den Schyrensohn
Schon manches Jahr.
In Schande liegt das Land,
Das hoch in Ehren stand,
Treu immer war.

Das Volk will Bayern-Recht,
Es will sein Stammgeschlecht,
Haus Wittelsbach.
'Steig', Rupprecht, auf den Thron,
Trag' Deiner Väter Kron'!'
Schallt's tausendfach.

Dann kehr in's Volk zurück
Eintracht und Heimat-Glück,
Wenn Du regierst.
Dann herrscht Gerechtigkeit,
Kraftvoll Dein Volk gedeiht,
Wenn Du es führst.

Dann, alte Bayerntreu'
Glühet Dein Zauber neu
In jedem Gau.
Ringsum der Jubel klingt,
Rupprecht das Banner schwingt.
Glück auf: Weiß-Blau!

Wenn Deine Krone glänzt
Und Du stehst ruhmbekränzt
Durch Gottes Hand!
Dann vergiß ewig nicht.
Was Deine deutsche Pflicht,
Kerndeutsches Land!"

1932/33 zählte der Verein 70.000 Mitglieder. Die Bezirksgruppe Neuhausen-Gern traf sich jeden

2. und 4. Dienstag im Monat im Nebenzimmer der Gastwirtschaft „Ysenburg" in der Ysenburgstr. 13.

Mit der Machtergreifung war er für die NSDAP und die HJ am Wittelsbacher Gymnasium sowohl als Schulmann als auch als Mitglied des BHKB eine unerwünschte Person.

Abb. 20: Gaststätte-„Ysenburg" mit Hakenkreuzfahne

Schon am 20. Mai 1933 denunzierte man ihn im Kultusministerium mit zwei alten Schulheften aus dem Schuljahr 1931/32 der 9. Klasse im Fach Erdkunde. Er war sozusagen das erste Opfer des Nationalsozialismus an der Schule, Wahler das zweite!

Um den Anlaß der Denunziation zu ergründen ist folgendes Hintergrundwissen zu bedenken:

Mit Beginn des Schuljahres wurden, verpflichtend für alle Klassen, in einem 6-Wochenkurs die „schulpolitischen Sofortmaßnahmen" eingefordert, die sich vor allem auf den Deutsch-, Geschichts- und Geographieunterricht auswirkten. Hofmann wollte das vorgegebene Geographie-Unterrichtsmaterial nicht verwenden. Mit seiner schon bisher praktizierten Methode in diesem Fach (selbst in einer 9. Klasse), während des Unterrichts von den Schülern Hefteinträge durch Diktat anfertigen zu lassen, umging er die neuen Anweisung, in der Hoffnung, daß das bei ihm nicht weiter verwundere, da man das gewohnt sei.

Um sich als anstehende Abiturienten nicht zu gefährden, wurden nicht zwei aktuelle Geographiehefte aus der 9. Klasse 1934 als Beweismaterial vorgelegt, sondern zwei von 1931/32 mit der Begründung, daß das heute noch genauso aussehe. (Es spricht alles dafür, daß ein Abiturientenvater im Ministerium vorstellig wurde.)

1905 wurde Gustav Hofmann schon bescheinigt, „daß er rauhbeinig und aufsässig sein" konnte. Der Zugriff der nationalsozialistischen Bildungspolitik auch auf das Fach Geographie könnte diese seine Aufsässigkeit geweckt haben, zumal ihm auch 1905 bescheinigt wurde:

> „In den sog. Realien (Geschichte und Geographie) erscheint seine Ausstattung viel dürftiger; er behandelt sie auch etwas geringschätzig und scheint der Unterrichtserteilung in diesen Fächern ganz aus dem Wege zu gehen."[129]

Den NS-Geographieanweisungen jedenfalls wollte er ganz aus dem Wege gehen!

Hofmann mußte sich in einem Schreiben an das Kultusministerium schriftlich äußern, und OStD Wahler schrieb an das Kultusministerium:

> "Das Direktorat hat durch Umfrage bei den betreffenden Lehrern sowie durch Besuche des Geographieunterrichts sich überzeugt, daß die von Hofmann angewandte, vom Unterzeichneten selbstverständlich nicht gebilligte Methode von keinem anderen Lehrer der Anstalt geübt wird."[130]

Seither wußte Hofmann, daß er unter „Bespitzelung" stand, was seine schulischen und nichtschulischen Aktivitäten anging.

Die Vorgänge im Jahr 1933 trafen ihn, den überzeugten Monarchisten, besonders stark.

Am 6. Juli 1933 mußte der Vorsitzende des BHKB, Freiherr Enoch von Guttenberg mitteilen, daß sich der Bund bis zum 31. Juli 1933 selbst auflösen werde. Doch mit dieser Auflösung änderte sich nichts an der inneren Gesinnung von G. Hofmann.

Nach der Auflösung von BVP, Bayernwacht und BHKB waren viele politisch heimatlos geworden, und so bildeten die Bildhauerin Margarete von Stengel, der Schloßgärtner Heinrich Weiß und der städtische Bauaufseher Josef Zott als Personen ein Auffanglager für christlich konservative monarchische Kreise.

Ab 1935 gab man die Zusammenkünfte als Stammtischtreffen aus, um nicht weiter aufzufallen. Als der bekannte Rechtsanwalt Adolf Freiherr von Harnier, er setzte sich für „Nichtarier" ein, den Vorsitz übernahm, traf man sich meist 14tägig in Privatwohnungen, die regelmäßig gewechselt wurden.

Was die Mitglieder und Sympathisanten nicht wußten, ist die Tatsache, daß seit 1935, also seit Beginn der systematischen Aufbauphase, der Gestapo-Spitzel „Theo" und ab 1937 der „Hauptbezirksleiter in München-Süd" des Harnierkreises als eingeschleuster Gestapo-Spitzel alle brandneuen Informationen weitergab. Die Gestapo konnte sich also viel Zeit lassen.

Freiherr von Harnier zog vor allem als intellektueller und politischer Leiter die akademisch gebildeten Gruppen aus der BVP und dem BHKB an, darunter waren 10% kath. Geistliche, wie zum Beispiel P. Beda Naegele OCD (geb. 22.3.1894; + 2.2.1965) und Kaplan Karl Schuster (geb. 13.3.1905 in München); alle „Gerüchte" um den „Todesfall" von G. Hofmann, sowie die gleichgeschalteten Aktionen der Gestapo gegen einzelne Mitglieder des ehemaligen BHKB, sprechen dafür, daß auch StP G. Hofmann zu diesem Kreis gehörte.

1937 organisierte man auswärtige Stützpunkte, z.B. bei Kaplan K. Schuster in Wolfratshausen; man gliederte sich straff nach Gemeinden und Bezirken, mit der zentralen Landesleitung in München.

Die Gestapo bereitet für den 3.8.1939 eine großangelegte Aktion vor: Zunächst verhaftete man 150 Funktionäre und Mitglieder und hoffte so durch Verhöre an weitere Adressen zu kommen.

Der zeitliche Zusammenhang läßt keinen Zweifel:

P. Beda Naegele, Stadtpfarrer von St. Theresia in München-Neuhausen und der inzwischen zwangsversetzte Kaplan Karl Schuster, jetzt Benefiziat in St. Georg München, wurden am gleichen Tag, dem 12.8.1939 verhaftet.

Ein Jahr vorher, im Juli/August 1938 fanden bei den meisten Geistlichen, u.a. Karl Schuster, bei den ehemaligen Anhängern der Bayernwacht und BHKB Hausdurchsuchungen statt. Als die Gestapo am 27.7.1938 bei StP G. Hofmann eindringen wollte, stürzte er sich in Panik aus dem Fenster. Diesen Sturz überlebte er nicht. Die Akten sprechen später „von einem tödlichen Unfall".

An Josef Zott wurde am 16.1.1945 das Todesurteil in Brandenburg vollstreckt.

Von Harnier starb nach fast 6jähriger Haft am 12.5.1945 an Hungertyphus.

Dieses mögliche Schicksal hatte sich Hofmann durch seinen „Panikunfall" erspart.

Die Beerdigung für StP Gustav Hofmann fand am 31.7.1938 in Oberhaching statt; am 22.8.1938 legte seine Klasse 2A auf seinem Grab einen Kranz nieder.

Vielleicht schmückt einmal ein Bild von Gustav Hofmann mit einem kleinen weiß-blauen Band, das Lehrerzimmer oder die Bibliothek und läßt so Vergangenheit nicht verstummen.

Abb. 21:Gaststätte- „Ysenburg",1997

Deutschthemen der Abiturklassen am Wittelsbacher Gymnasium von 1926 – 1940
(Schulaufgaben – Hausaufgaben – Abiturthemen – eine Auswahl!)

1926/27: „Die Rückgabe unserer Kolonien ... eine nationale Forderung"

1928/29: „Welche Pflichten legt der Gedanke an die Volksgemeinschaft einem jungen Deutschen unserer Zeit bei der Ausbildung seines Körpers und Geistes auf."

„Was die Grenzverhältnisse und die räumliche Verbreitung betrifft, sind die Deutschen die Stiefkinder Europas."

„Warum bedeutet es für uns Deutsche eine heilige Pflicht, unseren Kolonialbesitz zurückzufordern?"

„Wie begegnen wir den Ansprüchen der Franzosen, die den Rhein als 'limite naturelle' ihres Landes bezeichnen?"

1929/30: „Nicht in der Wirtschaft, in der sittlichen Kraft liegt Deutschlands Zukunft."

1930/31: „Aus welchen Gründen muß das deutsche Volk der Gegenwart ein 'Volk in Not' genannt werden?

„Wir Deutschen sind die Erben fast aller gebildeten Völker." (J. v. Eichendorff)

1931/32: „Bestätigt die Geschichte den Satz: 'Die geographische Lage ist Schicksal'?"

„Wie kann die Forderung des Anschlusses Österreichs an das Reich geschichtlich und geographisch begründet werden?"

Abiturthemen: „Not hat Opfersinn geweckt. Opfer und Arbeit werden die deutsche Not brechen." (v. Hindenburg)

„Land und Volk sind die Kraftquellen des Staates."

1932/33: Abiturthema: „Achte jedes Mannes Vaterland, aber das deine liebe!" (G. Keller)

1933/34: „Deutsches Volk, du bist nicht zweitklassig!" (A. Hitler am 1. Mai 1933)

1935/36: „Der Wille findet den Glauben" (A. Hitler in der Rede vom 1. Mai 1935). Nachzuweisen aus der Geschichte großer Männer.

„Was sind uns die Ehrentempel für die Gefallenen des 9. November 1933 am Königsplatz?

„Der 9. November 1933, ein Markstein der nationalsozialistischen Bewegung (Darlegung im Anschluß an die Führerrede am 8. November 1935).

„Das Bild des neuen deutschen Menschen."

Abiturthema:„Des Führers Kampf für die Freiheit."

1938/39: „Der Führer – Mehrer des Reiches"

„Was Du ererbt von Deinen Vätern hast, erwirb es, um es zu besitzen!" (Goethe, Faust) Gedanken über Vererbung.

„Welche Eigenschaften muß ein politischer Führer besitzen?"

„In der Volksgemeinschaft hat nur der ein Recht zu leben, der bereit ist für die Volksgemeinschaft zu arbeiten." (A. Hitler)

„Wie schützt der Nationalsozialismus den Bestand der Familie?"

„Mussolini – ein römischer Charakter, Adolf Hitler – ein deutscher Charakter"

„Was unterscheidet den Deutschen von den übrigen Völkern der Erde?"

„Sinn und Bedeutung der Reichsparteitage"

„Die Bauten Adolf Hitlers, Zeugen eines neuen Kulturwillens"

„Der Bauer ist das Volk: er ist Kulturträger und Rasseerhalter" (Löns)

Abiturthemen:„Die Bedeutung der Volksgemeinschaft und ihre bisherige Auswirkung."

„Worauf beruht die Überlegenheit des Führerstaates?"

„Nur der Glaube hat alles Mächtige geschaffen, was je entstand (Ernst Jünger)

1939/40: „Nicht auf der Führung allein liegt Verantwortung und Aufgabe; das Volk im ganzen und jeder einzelne Volksgenosse stehen in der Schicksalsstunde vor der Frage der Bewährung." (Ernst Krieck)

„Gelobt sei, was hart macht!" (Nietzsche)

„Der Westwall als Schutzpanzer des deutschen Reiches."

„Englischer Imperialismus und deutscher Nationalismus. Ihre Kampfziele und Kampfmittel."

„Was gibt uns die Gewißheit des Sieges?"

„Ein Volk bedarf des Führers, ein Führer – des Volkes"[131]

Nationalsozialistisch gesinnte Lehrer am Wittelsbacher Gymnasium als „doppelte Profiteure"

Aus den Zeitzeugengesprächen, unabhängig von den Zeitdokumenten, läßt sich folgendes Resümee ziehen: Wer eindeutig zu den nationalsozialistisch eingestellten Lehrern zählte, das wußten die Schüler ganz genau.

Hier als Auswahl: Dittmar Albert, Straubinger Anton, Löffler Josef, Hudezeck Karl.
(Zur Erforschung im Rahmen künftiger Facharbeiten für Kollegiaten des Wittelsbacher Gymnasiums bieten sich folgende Gymnasiallehrer an: StP Karl Feldl, StR Dr. Max Kehrwald - teilweise freigestellt für den „Stab des Stellvertreters des Führers" -, StR Georg Neft, StP Max Kraus - „Gausportwart des NS-Reichsbundes für Leibesübungen", später „Bereichssportwart XVI [Bayern] des NS-Reichsbundes für Leibesübungen" - und StA Dr. Mathias Insam - freigestellt „zwecks Mitarbeit bei der Forschung und Lehrgemeinschaft 'Das Ahnenerbe' in Berlin".)

Die Schüler aber wußten auch, welche Lehrer „schwarz", „distanziert und kritisch zum Nationalsozialismus" eingestellt waren; mit beiden konnten die Schüler je nach Gelegenheit persönliche Gespräche führen!
Hier in Auswahl: D.Dr.Theobald Leonhard, Leonpacher Alfred, Schneller Hermann, Dr. Weigand Edmund, Keller Hans, Dr. Schneider Karl (s. entsprechende Artikel).

Den dritten Teil der Lehrer rechneten die Schüler zum grauen Mittelfeld, die Passiven und Angepaßten.

Was die Einschätzung der Schüler unter sich selbst anging, so verliefen, wie die Zeitzeugengespräche ergaben, die Gruppierungen etwas anders:

a) die Gruppe der Militaristen,
b) die Gruppe der HJ-Überzeugten,
c) die „schwarzen" und „distanzierten",
d) die einfach überleben wollten.

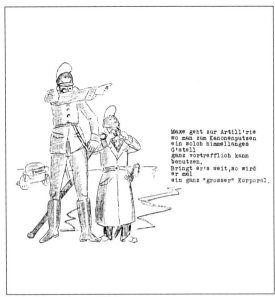

Maxe geht zur Artill'rie
wo man zum Kanonenputzen
ein solch himmellanges
G'stell
ganz vortrefflich kann
benutzen.
Bringt er's weit, so wird
er mal
ein ganz „grosser" Korporal.

T 52: Abiturzeitung 1934

Wenn es hier um die erste Gruppe, der nationalsozialistisch eingestellten Lehrer geht, so will die Überschrift mit Betonung auf „doppelte Profiteure" folgenden Sachverhalt in Erinnerung bringen: Diese Lehrer profitierten „doppelt" deshalb, weil diese einmal aus der NS-Zugehörigkeit Vorteile für ihre Berufskarriere zogen und zugleich an dem „gescheiterten Entnazifizierungsverfahren", das sich zur „Mitläuferfabrik" entwickelte, mit erträglichen Nachteilen davon kamen. (s. Kapitel „Entnazifizierung")

1. Albert Dittmar (Math./Phy.)

Abb. 22: Schwer gezeichnet vom 1.Weltkrieg

a) Daten zur Person:

- am 6.1.1888 in Nenzenheimen (Mittelfranken) geboren.
- Vater: Kantor in Uffenheim

b) beruflicher Werdegang:

- Absolvia in Ansbach 1907;
- 1912 wird eine ev. Pfarrerstochter seine Ehefrau;
- 1. Weltkrieg: Er dient im 11. und 22. Bay. Feld.-Art.- Regiment in den Vogesen und in Rumänien; wurde am 8.8.1917 durch Granatsplitter so schwer verletzt an Kopf, Hals und Schulter, daß er ein Vierteljahr lang mit dem Tode rang. Hochgradige Schwerhörigkeit, Lähmung des Gesichtsnerves, Knochenverlust im rechten Jochbein, im rechten Unterkiefer und rechten Schulterblatt zwangen ihn in die Arbeitsunfähigkeitspension. Doch er will wieder in den Staatsdienst:

- 15.9.1919: Wiederaufnahme in den Staatsdienst
- 15.9.1919-1.4.1920: StA. an der Oberrealschule in Würzburg;
- 1.4.1920-1.1.1934: StR; Würzburg
- 1.1.1934-1.3.1937: StP; Würzburg
- 1.3.1937-1.11.1943: OStR am Wittelsbacher Gymnasium;
- 1.11.1943-1.9.1944: Kommissarischer Leiter der Gisela-Oberschule-München;
- 1.9.1944-19.6.1945: OStD an Gisela-Oberschule;
- 19.6.1945: Amtsenthebung;
- 10.4.1946: Dienstentlassung;

c) NS-Verstrickung:

- NSV: ab Febr. 1933 bis Auflösung
- Reichsbund deutscher Beamter: ab 1935
- NSLB: ab Okt. 1933
- Altherrenbund: ab Sept. 1942
- Alpenverein: ab 1933
- VDAC (1920 Reichskolonialbund): ab 1923
- Deutsch-Rot-Kreuz: 1938

d) Besonderheiten:

- Goldenes Parteiabzeichen erhalten im Febr. 1934;

Was die Berufskarriere von StR A. Dittmar angeht, so hängt sie einmal ursächlich mit seinen NS-Aktivitäten in Würzburg zusammen. Seit 1925 war er Mitglied der NSDAP und hatte das Amt eines Zellenleiters gerade in der kritischen Zeit von März bis Okt. 1933 inne. Das Amt des Hilfskassenleiters der NS-Ortsgruppe Würzburg übte er von April bis Okt. 1933 aus.

Der Oberbürgermeister von Würzburg unterstützte Dittmars Bewerbung um die OStR-Stelle am Wittelsbacher Gymnasium, indem er erklärte: „Dittmar hat sich hervorragende Verdienste um die nationalsozialistische Revolution erworben und galt in Lehrerkreisen als einer der schärfsten Bekenner des Ideengutes Adolf Hitlers."[132]

So liegen zwischen der Ernennung vom StP (1.1.1934) zum OStR (1.3.1937) nur drei Jahre; vom OStR zum Schulleiter am 1.11.1943 sechs Jahre!

Auch am Wittelsbacher Gymnasium machte Dittmar aus seinem Herzen keine Mördergrube. Von Anfang an trug er stolz sein goldenes Parteiabzeichen und kam ab 1941 bisweilen mit dem „Braun-Hemd" in den Unterricht.

Der ehemalige Gymnasiast Oelschlegel erinnert sich an ein Aufsatzthema bei Dittmar. „Wer wird den Krieg gewinnen?"[133]

Der Schüler behandelte das Thema in dem Sinne, daß er darlegte, „wahrscheinlich der, der die besseren materiellen Voraussetzungen besitzt."

OStR Dittmar gar nicht damit zufrieden, schrieb als Bemerkung vorwurfsvoll darunter: „Sie zeigen zu wenig Siegesgewißheit!"

Zur Beförderung als Schulleiter der Gisela-Oberrealschule bescheinigte OStD K. Hudezeck dem Kultusministerium:

> „Herr Dittmar steht auf dem Boden der nationalsozialistischen Weltanschauung und ist jederzeit bereit, für den nationalsozialistischen Staat einzutreten."[134]

Aufgrund seines frühen Parteieintritts, seiner Zellentätigkeit 1933, seines goldenen Parteiabzeichens, seiner 11 Mitgliedschaften in NS-Organisationen und der zwei genannten Gutachten des Würzburger Oberbürgermeisters und des OStD Hudezeck von 1936/37 und 1943, wurde Dittmar zunächst in die Gruppe I der „Hauptschuldigen" eingestuft.

Er erreichte dann mit Hilfe von sechs „Persilscheinen", daß er in die Gruppe III der „Minderbelasteten" kam. Durch sein Berufungsverfahren vom 28.6.1948, dem er weitere 22 „Persilscheine" beilegte, und seinem Gnadengesuch vom 24.8.1948 wurde er in die Gruppe 4 als „Mitläufer" rechtskräftig am 1.12.1948 eingestuft.

(Er starb am 7.12.1968 an den Folgen eines Unfalls.)

2. Anton Straubinger (Neuere Sprachen)

Abb. 23

a) Daten zur Person:

- am 16.4.1886 in München geboren.
- Absolvia 1905 in München

b) beruflicher Werdegang:

- Studium an der Universität München; I. Staatsprüfung 1910; II. Staatspr. 1917; sein langes Studium erklärt sich dadurch, daß er von 1907-1914 als Landtagsstenograph tätig war.
- 1915 als Gefreiter wegen eines Herzleidens aus dem Soldatendienst entlassen.
- 1916-1919: Assistent an der Realschule Zweibrücken;
- 1919/20: Wieder tätig als Landtagsstenograph;
- 1920-26: Sitzungsstenograph für die Landeshauptstadt München; bzw. Tätigkeit beim Stadtrat von München;

- 1926: StR an Realschule der Eichstätt
- Mai 1926: Versetzung ans Wittelsbacher Gymnasium als StR;
- 1.5.1937: Ernennung zum StP;
- 1.9.1939: Ernennung zum OStR;
- ab 15.5.1945 interniert;
- ab 4.10.1945 diensthoben;

c) NS-Verstrickung:

- Mitglied der NSDAP von Sept.-Nov. 1923 bis zur Auflösung;
- Mitglied der NSDAP von 1929-1945 mit Mitgliedsnummer 108623;
- 1933-1934 Kreisamtsleiter auf Weisung Josef Streichers
- Von Sept. 1942-1945 stellvertretender Ortsgruppenleiter;
- Vertrauensmann des SD, der SS von 1936-1945
- NSLB: 1935-1945; dafür ab 1936-1942 Vertrauensmann am Wittelsbacher Gymnasium;
- RDB: ab 1933 bis zur Auflösung;
- NSV: ab 1935 bis zur Auflösung;
- VDA: ab 1935 bis zur Auflösung;
- RKLB: ab 1937 bis zur Auflösung;

d) Besonderheiten:

Dienstauszeichnung der NSDAP in Bronze und Silber.

Auch er hatte das „Pech" wie Poschenrieder, daß sein ehemaliger Chef OStD Wahler 1946 Entnazifizierungsbeamter für die Human. Gymnasien wurde.
Aufgrund seiner frühen Mitgliedschaft zur NSDAP, seiner dreijährigen Ortsgruppentätigkeit, seiner Funktion als Vertrauensmann des SD und des NSLB, und durch das Gutachten von StP Hans Keller mit vier Mitunterzeichnern eingestuft vom Vorprüfungsausschuß in Gruppe als „Hauptschuldiger" gemäß Art. 5. Ziff. 4, 6 u. 7. Seine Internierung erfolgte am 5.5.1945. Zuerst verbrachte er 5 Wochen Haft im Freilager Emmering bei Fürstenfeldbruck. Dann kam er ins Internierungslager in Moosburg. Am 6.11.1947 wurde er ins Krankenhaus für Internierte in Garmisch eingeliefert. In

dieser Zeit stufte ihn dann die Spruchkammer auf Gruppe III als „minderbelastet" ein. Am 5.5.1948 stufte ihn die Lagerspruchkammer Garmisch in einem mündlichen Verfahren wegen Internierung und seiner wirtschaftlichen Verhältnisse auf Gruppe IV als „Mitläufer" ein.

Nachdem er dies erreicht hatte, wehrte er sich gegen sein zurückgestuftes Ruhegehalt als StP und stellte am 21.4.1953 den Antrag auf Ruhegehalt als OStR. Er argumentierte mit ebenso schnell beförderten Lehrerpersonen im Jahr 1939 aus dem Philologenjahrbuch 1939 (I. Teil):

- S.6.Nr.79 (1.1.1934 StP; 1.9.1934 OStR; 1.8.1938 OStD)
- S.6. Nr.82 (1.4.1934 StR; 1.6.1936 StP; 1.8.1938 OStR)
- S13 . Nr.100 (1.9.1935 StP; 1.919.37 OStR).

Staubinger stellte in seinem Antrag, was diese Auflistung betrifft, folgendes fest:

„In all diesen Fällen erfolgte keinerlei Zurückstufung, in zwei Fällen erfolgte sogar Wiederverwendung in der früheren Dienststellung bzw. Zuerkennung eines Anspruches auf Wiederverwendung, trotz zweimaliger Beförderung im Abstand von je 2 Jahren."[135]

Das Ministerium gab Straubinger, was seinen persönlichen Fall anging, nicht Recht:

*„Demnach gilt im Regelfall die Prüfungsnote II als Voraussetzung für eine Beförderung zum Oberstudienrat. Der Vormalige OStR A. Straubinger hat diese Vorbedingung nicht erfüllt, da er in der wissenschaftlichen Prüfung die Gesamtnote III erhalten hatte.
Der Genannte ist im Jahr 1934 von Eichstätt nach München versetzt, 1937 zum StP ernannt und bereits 1939 zum OStR befördert worden. Ein solcher Werdegang wäre unter normalen Verhältnissen nicht denkbar gewesen ..."*[136]

Nach einer weiteren Eingabe wurde dem Ersuchen Straubingers schließlich nachgegeben, mit folgender interner kultusministerieller Anmerkung:

„... wegen der Geringfügigkeit des infragestehenden Betrages war der Anweisung der Bezüge als OStR zuzustimmen."[137]

3. Josef Löffler (Math./Phy.)

Abb. 24

a) Daten zur Person:

- geb. am 18.12.1884 in Amberg;
- Vater: königlicher Seminarlehrer;
- 1905: Absolvia am hum. Gymnasium in Amberg

b) Beruflicher Werdegang:

- I. Lehramstprüfung 1909; II. Lehramtsprüfung 1913;

Die lange Studienzeit erklärt sich aus finanziellen Gründen. Er mußte für seinen Lebensunterhalt selbst sorgen, durch Nachhilfe und Heimdienste.
- Präfekt am Realschulpensionat in Landsberg a. L. 1909-1911; Präfekt am Realschulpensionat in Neuburg a. D. 1911-1912;
- Lehrer am Privatinstitut Weiglein in Coburg 1913-1914;
- 1914-1920: An der Höheren Mädchenschule in Nienburg a. d. W.

- 1920-1933: StR Oberrealschule Schweinfurt;
- 1933-1937: Humanistisches Gymnasium Schweinfurt;
- 1937-1945: OStR am Wittelsbacher Gymnasium;
- 17.12.1945: Amtsenthebung durch Militärregierung;
- 21.1.1946: Dienstenthoben durch Kultusministerium:

c) NS-Verstrickung:

- Mitglied der NSDAP seit 1.5.1934-1945 mit Mitgliedsnummer 3148357;
- Aktive Tätigkeit in der Ortsgruppe Schweinfurt von 1935-1937;
- Vertrauensmann der HJ am Hum. Gymn. Schweinfurt;
- Schulungsleiter der NSDAP von 1938-1940;
- Aktiver Mitarbeiter in der „Ortsgruppe Stiglmaierplatz", Lothstr. 18;
- 6 Monate stellvertretender Kreisamtsleiter mit eigener Uniform;
- RJ: Ab 1934 bis Auflösung;
- NSV: Ab 1935
- RKB: Ab 1935
- RLB: Ab 1935
- VDA: Ab 1935
- NSLB: Ab 1935

d) Besonderheiten:

Von Löffler wird folgende Begebenheit erzählt, die ihn gut charakterisiert:[138]

In einer 6. Klasse des Wittelsbacher Gymnasiums fragte er einmal gleich zu Beginn des Unterrichts, wer die Führerrede nicht gehört habe? Von den Schülern, die diesen Lehrer kannten, meldete sich keiner, denn sie wußten, wie er reagierte. Es war aber zufälligerweise ein neu zugewiesener Schüler in der Klasse, der über all die schulinternen Hintergründe nichts wußte und sich naiv meldete. Als der Schüler auf die „schreiende" Frage „warum nicht?" auch noch antwortete: „weil ich zur Zeit an einem Tanzkurs teilnehme", platzte Löffler der Kragen.

Das hieß bei ihm, daß er dann keinen Fachunterricht mehr erteilte, sondern eine Propaganda-

stunde daraus machte, etwa in der Art:

Hitler opfert seine Zeit ... und der Schüler geht zum Tanzen usw. Die Stunde endete mit der wütenden Feststellung: „Man sollte das Tanzstudio schließen!"

Nach Aussagen von Kollegen sollten sich ähnlich *„wüste Szenen im Lehrerzimmer abgespielt haben".*[139]

Aufgrund seiner Schweinfurter Tätigkeit mit *„der dahingehenden Würdigung, daß Löffler ein überzeugter blinder fanatischer Anhänger Hitlers war, in der Ortsgruppe eifrig mitarbeitete, im Kollegenkreis gefürchtet, im Unterricht offen seine NS-Idee vertrat ... . Er galt allgemein als einer der übelsten Nazis seiner Anstalt".*[140]

Seine Versetzung nach München verdankte er nur seiner Parteizugehörigkeit. Nach Anhörung von Zeugenaussagen darunter Berufsschullehrer Mencke wurden er zunächst in die Gruppe II als „NS-Aktivist" eingereiht.

Mit Hilfe vielfacher „Persilscheine" wurde Löffler am 18.6.1948 rechtskräftig in Gruppe IV als „Mitläufer" eingestuft.

4. Karl Hudezeck (Deutsch/Latein)

Abb. 25

a) Daten zur Person:

* wurde am 3.3.1877 in München geboren
* Vater: Kammerdiener in Innsbruck;
* Volksschulbesuch von 1883-1887 in München;
* Absolvia 1896 am Wilhelmsgymnasium München;

b) Beruflicher Werdegang:

* Studium an der Universität München zwischen 1896 und 1900;
* I. Staatsprüfung mit Note II; II. Staatsprüfung mit Note I;
* 1905: Gymnasiallehrer in Zweibrücken;
* 1908: Gymnasiallehrer am Wilhelmsgymnasium;
* Im 1.Weltkrieg von 1914-1916: mit dem „König-Ludwig-Kreuz" und später mit dem „Ehrenkreuz für Kriegsteilnehmer" ausgezeichnet.
* 1916: Gymnasialprofessor am Alten Gymnasium in Regensburg;
* 1.9.1916: Gymnasial. Prof. am Kadettenkorps;
* 1920: Gymnasial. Prof. am Wittelsbacher Gymnasium;
* 1926: StP mit Titel und Rang eines Oberstudienrates am Wittelbacher Gymnasium;
* 1.9.1932: OStR am Wittelbacher Gymnasium;
* 1.1.1935 – 1945: OStD in Besoldungsgruppe A 1d;
* 4.1.1946: durch die Militärregierung amts- und dienstenthoben;

c) NS-Verstrickungen:

* Textdokumente der gedruckten Jahresberichte des Wittelsbacher Gymnasiums in der Zeit von 1934/35 bis 1941;
* Erstellte Qualifikationsgutachten über die Lehrer des Wittelsbacher Gymnasiums in der Zeit von 1935 – 1945;
* Ab 1937 für die NSDAP Ortsgruppe tätig bis 1945;
* Mitglied der NSDAP von 1940-1945;
* NSLB von 1934-1943;
* NSV von 1934-1935;
* VDA von 1933 -1945;
* RKolB von 1934-1939;
* RLB von 1939-1945;

d) Besonderheiten:

OStD Hudezeck wollte geschickt einer Amts- und Dienstenthebung zuvorkommen, indem er schon am 25.10.1945 ein „Gesuch um Versetzung in den Ruhestand" einreichte mit gleichzeitiger Bitte um Beurlaubung bis zum Eintritt in den Ruhestand.

Deshalb hat die Militärregierung bei ihm relativ spät gehandelt, so daß er erst am 4.1.1946 amts- und dienstenthoben wurde.

Auch hier wußte er sich schnell zu helfen; er tat so, als bestünde das „Gesuch um Versetzung in den Ruhestand" nicht, in dem Wissen, daß oft eine Hand nicht weiß, was die andere tut, und legte am 25.5.1946 Einspruch gegen die Dienstentlassung ein, denn er wußte ja, daß jetzt die ganzen Pensionsansprüche und die damit verbundenen Vergünstigungen auf dem Spiele standen.

Zudem nahm ihn das Glück bei der Hand: Der 1934 aus dem Amt gedrängte OStD Wahler wurde 1946 zum Entnazifizierungsbeamten für die Belange der Human. Gymnasien eingesetzt (s.a.a.O.). Wahler trug Hudezeck nichts nach und spielte gerne für ihn die Rolle des Gönners und Ratgebers. Er zeichnete seinen Antrag persönlich am 25.8.1946 ab.

Eine Genugtuung hatte Wahler bei dem milden „Freundschaftsurteil" festmachen können. Hudezeck wurde, was seine Pensionsansprüche betraf von Besoldungsstufe A 1d auf A 2b zurückgestuft und befand sich nun in der gleichen Pensionsklasse wie OStD Wahler i.R..

Mit Wahlers Hilfe unterrichtete Hudezeck im Schuljahr 1946/47 schon wieder an der Mädchen-Oberrealschule und am Mädchen-Gymnasium München-Nord, Wilhelmstr. 29 und war unter Leitung von Fritz Doerfler tätig. Er hielt sich noch manche Initiative offen (siehe z.B. Festschrift „50

Jahre Nymphenburger Schulen"; 1996).

Eine besondere Ehrung erfuhr er noch an seinem 80.Geburtstag in einem persönlichen Brief (1.3.1957) des Kultusministers Prof. Rucker. (s.a.a.O.)

Vielleicht ist an dieser Stelle noch folgende Anmerkung erlaubt:

In den Jahresberichten von 1934/35 bis 1941 ist OStD Hudezeck nicht verstummt. Diese Dokumente sollten für das Wittelsbacher Gymnasium ein warnendes Beispiel sein, da sie zeigen, was an einem Gymnasium alles zur Realität werden kann.

Es wäre gut, wenn die zwei schön gebundenen Bände Jahresberichte der Vor- und Nachkriegszeit nicht nur in der Schrankwand des „ehrwürdigen" Direktorates ruhen, sondern in Kopieform in der allgemeinen Schülerbibliothek als Quellenmaterial den Schülern „tagtäglich" zur Verfügung stünden!

```
          Glückwünsche für OStD a.D. K. Hudezeck
                zum 80. Geburtstag

                     Abschrift

                                      "1. März 1957

Sehr geehrter Herr Oberstudiendirektor!

Zu Ihrem 80. Geburtstag übersende ich Ihnen auch im Namen der bay.
Unterrichtsverwaltung die herzlichsten Glück- und Segenswünsche.
Mit Dank und Anerkennung gedenke ich an diesem Tage Ihrer langjähri-
gen erfolgreichen Arbeit im Dienste der Jugend.
Nach verdienstvoller Tätigkeit an mehreren Höheren Schulen haben Sie
das Wittelsbacher Gymnasium vorbildlich geleitet und sich ein beson-
deres Verdienst dadurch erworben, daß Sie auch über die Altersgrenze
hinaus Ihr reiches Wissen und Ihre Erfahrung zur Verfügung stellten.
Möge es Ihnen weiter vergönnt sein, sich in Gesundheit und Zufrieden-
heit Ihres wohlverdienten Ruhestandes zu erfreuen.

               Mit freundlichen Grüßen
                   Ihr Rucker
                     (Prof. Rucker)
                   Staatsminister"
```

T 53

Vorbilder trotz NS-Zeit

1. D.Dr. Leonhard Theobald (Evangelische Religionslehre)

Abb. 26: Geschichte und Hebräisch waren seine Leidenschaft

a) Daten zur Person:

- Geboren am 22.1.1877;
- Vater: Ökonom Friedrich Theobald
- Mutter: Juliane Theobald, geb. Goch

b) Beruflicher Werdegang:

- Studium der ev. Theologie in Erlangen 1896-1900;
- Nov. 1900: Vikariat in Thalmässing bei St. Gotthardt;
- Ordination in Ansbach, am 10.1.1901;
- Okt. 1901: Predigerseminar in München;
- 1909: Promotion zum Dr. phil.
- 1910: Gymnasiallehrer für protestantischen Religionsunterricht am Realgymnasium Nürnberg mit Titel und Rang eines Gymnasialprofessors.
- 1921: Ernennung zum Studienprofessor;
- 1928: im Titel und Rang eines Oberstudienrates
- 1.4.1932: OStR am Wittelsbacher Gymnasium;
- 1933: Verleihung des Dr. h.c. wegen seiner kirchengeschichtlichen Studien.
- Dez. 1945: Aufforderung durch das Kultusministerium, den „Antrag auf Versetzung in den Ruhestand" zu stellen.
- 1946: Bestätigung der Militärregierung als „unbelastet"; auf Bitten von Bischof Meiser Rücknahme des unfreiwillig gestellten Ruhestandantrages.
- Bis zu seinem Tod am 21.1.1947 tätig als Religionslehrer.

c) Besonderheiten:

Mit seinem Dienstantritt 1932 am Wittelsbacher Gymnasium erhielt der ev. Religionsunterricht eine enorme Aufwertung gegenüber der Kath. Fachschaft.

Neben OStR A. Leonpacher war er der zweite Hebräisch-Spezialist, und die Schule konnte jetzt zwei Hebräisch-Kurse als Wahlfach anbieten.

Mit seinen Spezialkenntnissen über die bay. Reformationsgeschichte erfuhr er allenthalben große Wertschätzung, sowohl unter Lehrern und Schülern wie im Universitätsbereich.

Seine wichtigsten Veröffentlichungen:

- Dr. Theobald / Dr. Götz, Beiträge zur Kirchengeschichte Herzog Albrechts V. und der sog. Adelsverschwörung von 1563, Leipzig 1913.

• Dr. Theobald, Die Einführung der Reformation in der Grafschaft Ortenburg, 1914;

• Dr. Theobald, Die Reformationsgeschichte der Reichsstadt Regensburg, I. Band, 1936;

• Dr. Theobald, Die Reformationsgeschichte der Reichsstadt Regensburg, II. Band, posthum erschienen im Jahr 1951;

(Dr. Theobald hatte das Manusskript hierfür druckfertig hinterlassen.)

Seine erste schulische Bewährungsprobe bestand er in seinem Beitrag zum 25jährigen Jubiläum des Wittelsbacher Gymnasiums.

Zur Eröffnung der Festfeierlichkeiten fanden am Vormittag zwei getrennte Festgottesdienste statt. OStR Dr. Theobald lud die ev. Lehrer, Schüler und Festgäste in die Christuskirche ein und hielt selbstverständlich die Festpredigt. *„Der Gottesdienst wurde dadurch verschönert, daß ein für diesen Zweck gebildetes Schulorchester eine Cantate von Bach zur Aufführung brachte.“*[141]

T 54: Schloß Ortenburg heute

Von Anfang an wurde Theobald zur Nahtstelle zwischen Wittelsbacher Gymnasium und Christuskirche.

Besonders aktiv innerhalb der Jugendarbeit waren hier zwei Jugendgruppen: „Der ev. Bibelkreis“ und die „Ev. Jungstreitergruppe Neuhausen des christdeutschen Bundes“.

Einige Jugendliche aus diesen Kreisen nahmen auch an dem bekannten „Schülerprotest“ vom 21.3.1933 teil.

Nun war die kirchenpolitische Lage, was die Situation der ev.-luth. Christen in München anging, nicht einfach; und – was sich in den Extremen zwischen Alt-Dekan Hermann Lembert und Dekan Friedrich Langenfaß im großkirchlichen Bereich abspielte, das spiegelte sich als Realität auch in

den ev. Gemeinden und unter den ev. Gymnasiasten wider.

Gerade in den Jahren 1930-1932 gab es in der Münchner ev. Pfarrerschaft heiße politische Diskussionen: Einmal war da das Werben Hitlers und der NSDAP um ev. Wählerstimmen, dann gab es die Realität der nationalsozialistischen „Deutschen Christen“, eine Art innerprotestantische Hilfstruppe für Hitler, und schließlich das Selbstbewußtsein der Bay. Landeskirche (mit Hannover und Württemberg) gegen staatliche Vereinnahmung, um nur drei Aspekte zu nennen.

OStR Leonpachers Situation konnte mit der von OStR Dr. Theobald überhaupt nicht verglichen werden, es waren zwei verschiedene Welten, die sich gegenüber standen.

Theobald sah seine Aufgabe darin, zwischen den Extremen zu vermitteln und Extreme zu vermeiden sowohl unter den Schülern als auch in der Gemeinde der Christuskirche.

Grundsätzlich kann behauptet werden, daß es unter den ev. Christen in München mehrheitlich einen weitverbreiteten allgemeinen Vertrauensvorschuß für Hitler gab.[142]

Im Grunde teilte Theobald die Position von Dekan Friedrich Langenfaß[143], daß sich die Kirche grundsätzlich parteipolitisch neutral verhalten solle. Das eine Extrem der „Deutschen Christen“, ebenso wie die Konfrontation mit den Nationalsozialisten, lehnten beide in diesem Zeitabschnitt ab.

Die Frage, ob das Christentum und der Nationalsozialismus überhaupt vereinbar seien, war für die Protestanten in München und damit auch am Wittelsbacher Gymnasium eine „katholische“ Frage, aber keine „evangelische“! Weder Dekan Langenfaß noch Theobald sahen sich genötigt, darauf eine Antwort zu geben; für beide war es eine falsch gestellte Frage.

Ihre Frage war: Wo liegt unsere christliche Verantwortung? Und die Antwort darauf hieß: Wir können in einem nationalsozialistischen Staat Mitarbeiter sein – aber Kirche muß Kirche bleiben!

Das größte Ärgernis für Theobald und Dekan Langenfaß bildete Alt-Dekan Hermann Lembert, der schon 1921 im „Evangelischen Gemeindeblatt für München" deutschnationales, völkisches und antisemitisches Gedankengut einfließen ließ.

Für Langenfaß muß es wie eine „Ohrfeige" gewirkt haben, als er im März 1932 auf dem großaufgemachten Wahlaufruf: *Bekannte deutsche Männer geben Antwort auf die Frage: Warum nicht Hindenburg sondern Hitler?"*, den Namen Hermann Lembert las.

Und Theobald kommentierte vor den Schülern Lemberts „unsägliche Platitüden":

„Für Hitler – denn er hat Wunder getan: Aus sieben Mann ist eine Partei von Millionen geworden durch seinen Glauben. Seine Leute suchen nicht ihren Vorteil, sie opfern Gut und Blut ohne Lohn. Sie kämpfen ohne Waffen gegen Mörder, ohne daß der Rechtsstaat sie schützt. – Wo findet sich solches sonst auf der Welt? Hitler ist die Hoffnung vieler Millionen Herzen. Weder Schwarz noch Rot, auch nicht Schwarz-Rot – sondern einzig Schwarz-Weiß-Rot. München, den 10.3.1932 Hermann Lembert."[144]

Alt-Dekan Lembert feierte die Machtergreifung mit der NSDAP und Pfarrer Ernst Kutter von der Christuskirche schilderte ehrlich genug, wie die Grundstimmung in der Gemeinde war:

„Es war schon ... menschlich begreiflich, daß wir Pfarrer mit den Gemeindemitgliedern den Sieg des Nationalsozialismus heiß begrüßten und auch durch unsere innere Aufbauarbeit und dem geistigen Kampf gegen den Bolschewismus an dem Siege mitgeholfen hatten. Auch die Hoffnung, daß der Nationalsozialismus religiösen Werten und den christlichen Kirchen anders gegenüberstand als der Kommunismus, ließ unsere Herzen für den Nationalsozialismus schlagen und nicht zuletzt die enge Verbindung der evangelischen Kirche und des evangelischen Pfar-

rers mit seinem deutschen Volke und Vaterland."[145]

Die eigentliche Auseinandersetzung Theobalds mit dem Nationalsozialismus und seinen Konsequenzen entzündete sich für ihn an der „Einführung des Arierparagraphen in das ev. Kirchenrecht".

Mit der grundsätzlichen Eingliederung der ev.-Jugend in die HJ kam dann die erste Ernüchterung und mit Hilfe von Karl Barths „Theologische Existenz heute" der Anfang einer Neubesinnung.

Dr. Theobald zog es vor, die politischen Frustrationen durch wissenschaftliche Forschung zu kompensieren.

Seine Schüler jedenfalls wußten, daß man mit ihm jederzeit ein kritisches Gespräch über die politischen Verhältnisse führen konnte. Zeitzeugen bezeichnen ihn übereinstimmend „als einen feinen Kerl".[146]

Diejenigen ev. Gymnasiasten, die zugleich Kontakte zur Christuskirche unterhielten, profitierten von seinem Denken und Tun am meisten.

Am 31. Okt. 1934 konnte Dr. Theobald vor der vollzählig versammelten ev. Schuljugend wieder mit seinen außergewöhnlichen Geschichtskenntnissen aufwarten.

„Er sprach in einer in der Turnhalle abgehaltenen Feierstunde vor den ev. Lehrern und Schülern ... der Anstalt ... über die Bedeutung der 1534 vollendeten deutschen Bibelübersetzung Dr. Martin Luthers."[147]

Erwiesenermaßen war Theobald nicht Mitglied der NSDAP – wie etwa 1/3 seiner ev. Pfarrerkollegen!

Als er während seiner Tätigkeit in den Unterkunftshäusern der Kinderlandverschickungsinitiativen am Tegernsee erkrankte, nutzten die Nazis die Gelegenheit, ihn loszuwerden. Das Kultusministerium forderte ihn im Nov./Dez. 1944 auf, sein Gesuch „um Versetzung in den Ruhestand" einzureichen.

Bischof Meiser bedauerte diesen unverdienten

Abgang und tröstete ihn mit einem Brief vom 4.1.1945 (s. Ende des Artikels).

Da die Militärregierung Theobald als „unbelastet" und als OStR für die Oberschule des Wittelsbacher Gymnasiums bestätigte, nahm er sein Rücktrittsgesuch zurück und *„blieb bis zu seinem Tod"* am 21.1.1947 *„aushilfsweise als Religionslehrer tätig, weil es sein dringender Wunsch war, beim* *Wiederaufbau der kirchlichen Erziehung der Jugend an den Höheren Schulen noch mitzuwirken."*[148]

Zwischen 1945 und 1947 nutzten viele seine Gutmütigkeit aus und baten ihn wegen seines großen Ansehens um die „Güte" eines Persilscheines. Unter den Lehrerkollegen stand auch OStD Albert Dittmar an!

THEOBALD L., Die Reformationsgeschichte der Reichsstadt Regensburg, II. Nürnberg, Verlag „Die Egge", 1951. XII und 240 S.

Vierzehn Jahre nach dem ersten ist nun auch der zweite Band dieser Regensburgischen Reformationsgeschichte erschienen. Der inzwischen verstorbene Verf. hatte das Manuskript druckfertig hinterlassen, so daß der Verein für bayerische Kirchengeschichte die Veröffentlichung unternehmen konnte. Inhaltlich behandelt die Darstellung die elf Jahre Stadtgeschichte von der Einführung der Reformation im Oktober 1542 bis zur abermaligen Berufung des kämpferischen Nikolaus Gallus aus der flacianischen Schule des Luthertums zum Leiter des evangelischen Kirchenwesens 1553 — also die Zeitspanne, in welcher infolge Schmalkaldischen Krieges, Interims und Fürstenaufstands die Wogen nach beiden Seiten hoch gingen.

Die Bedeutung dieses wie auch des vorangegangenen Bandes beruht auf der umfassenden Verarbeitung ungedruckten Materials sowie auf der ausgezeichneten Kennerschaft des Verfassers in der gesamten die Regensburger Reformationshistorie betreffenden Überlieferung. Allerdings wird der Gesamteindruck beeinträchtigt durch die etwas unglückliche Darstellungsweise, die, rein chronikalisch verfahrend, im Stoff ertrinkt und die Übersicht erschwert, sowie durch die antiquierten konfessionellen Gemütsurteile, welche eine Unbefangenheit der historischen Sicht nicht aufkommen läßt. Davon abgesehen aber handelt es sich um eine Forschungsarbeit, in der unglaublich viel Fleiß und Akribie steckt und die um deswillen, was sie stofflich erschließt, einen wichtigen Teilbeitrag zur allgemeinen Reformationsgeschichte darstellt.

Freiburg i. Br.   Ernst Walter Zeeden

T 55: Das historische Jahrbuch äußert sich.

I. An Herrn Oberstudienrat D.Dr.Leonhard T h e o b a l d , München 19
Hubertusstr.22/I
lks

Betreff: Versetzung in den Ruhestand.

Sehr geehrter Herr Oberstudienrat

Von Ihrer Mitteilung, daß das Staatsministerium Sie zu einem Gesuch um Versetzung in den Ruhestand aufgefordert habe mit der Begründung
daß Sie infolge der Verlegung der Schule nach auswärts keine Beschäftigung mehr hätten, und von der weiteren Mitteilung, daß Sie dieser Aufforderung nachgekommen sind, haben wir mit großem Bedauern Kenntnis genommen. Es ist nicht leicht zu fassen, daß die Lebensarbeit eines Mannes
der sich mit ganzer Seele seinem Beruf gewidmet hatte, dieses Ende finden muß. Wir hatten aus den Berichten, die Sie uns über Ihre Tätigkeit
in den KLV-Lagern um den Tegernsee herum gegeben hatten, mit großer
Freude ersehen, mit welcher Energie Sie diese schwierige Arbeit.hundert
Hindernissen zum Trotz aufgebaut hatten und hatten, als Sie durch Krankheit genötigt wurden, diese Arbeit aufzugeben, stark gehofft, daß Ihnen
noch einmal Gelegenheit gegeben würde, Ihre Arbeit als Religionslehrer
wieder aufzunehmen. Nun müssen wir leider erkennen, daß es anders gekommen ist und daß wir Ihnen nur noch danken können für die treuen und
hervorragenden Dienste, die Sie in einer Dienstzeit von 44 Jahren unserer Kirche geleistet haben. Wenn wir auf diese Dienstzeit zurückblicken,
dann tritt uns die unbedingte Geradlinigkeit innerer und äußerer Art als
das vor allem in die Augen fallende Kennzeichen derselben entgegen. Von
Anfang an steht vor Ihren Augen das Ziel, dem Sie zustreben. Dieses Ziel
wird mit zäher Kraft verfolgt. Und auf dem Weg dorthin gibt es keine
Umwege, wie sie Klugheit oder Vorteil weisen möchten. Als ein Mann in
des Wortes bester Bedeutung haben Sie Ihre Lebensaufgabe herzhaft und
tapfer angepackt und sie, soweit es menschenmöglich ist, vorbildlich
gelöst. Wie viele junge Menschen aus den gebildeten Ständen sind durch
Sie in ihrer inneren Entwicklung entscheidend beeinflußt worden ! Eine
ganze Reihe von tüchtigen Theologen, die unsere Kirche zu besten Hoff-
nungen veranlaßten und veranlassen, sind aus Ihrem Religionsunterricht
hervorgegangen und haben sich unter dem Eindruck Ihrer Persönlichkeit
für das Amt des Pfarrers entschieden. Welch ein starker Einfluß ist
auch immer von Ihnen auf das Lehrerkollegium der Anstalten, an denen Sie
wirkten, ausgegangen und welchen Respekt haben Sie durch Ihr Wort und
Ihre Leistung überall, sowohl in Nürnberg wie in München, dem Stande
des Pfarrers verschafft ! Dem Kreis Ihrer engeren Berufsgenossen, der
hauptamtlichen Religionslehrer, haben Sie allezeit in schlichter Selbst-
verständlichkeit als treuer Mentor und Ekkehard gedient. Sie waren stets
bemüht, zur Überwindung der inneren und äußeren Schwierigkeiten, die
sich da zeigten, Wege zu suchen und Wege zu weisen. In all den Jahren
Ihres Wirkens haben Sie auch immer wieder den Kreis Ihrer Tätigkeit
immer und gern über das unmittelbar Aufgetragene hinaus erweitert. Sie
haben den hebräischen Unterricht für die künftigen Theologen auch dann
noch weiter erteilt, als dieser Unterricht vom Gymnasium verbannt worden war. Und wie bereitwillig haben Sie durch Jahre hindurch den Gemeinden, mit denen Sie Berührung hatten, auch als Prediger des Evangeliums
gedient! Nicht zuletzt aber sei auch Ihrer wissenschaftlichen Tätigkeit
gedacht, in der Sie als Historiker der evang.Diaspora von Ortenburg und
Regensburg die Geschichte der Reformationszeit gründlich aufgehellt
und die Kenntnis unserer bayerischen evang.Kirchengeschichte durch eine
Fülle von Tatsachen, die in vortrefflichen Monographien und Aufsätzen
niedergelegt sind, erweitert haben. Für all das möchten wir Ihnen jetzt
beim Ausscheiden aus dem aktiven Dienst unsere dankbare Anerkennung aus-

.⁄.

T 56: Brief von Landesbischof Hans Meiser, 4.1.1945

sprechen. Wir wissen, was der Name Leonhard T h e o b a l d für unsere
Landeskirche bedeutet und wir sind gewiß, daß der Same, den Sie in einer
langen und gesegneten Arbeit ausstreuen durften, viele Früchte tragen
wird. Wir hätten, wie Sie wissen, unserer Anerkennung auch gern im Titel
eines Kirchenrats ~~Ausdruck verliehen~~. Aber leider ist es uns verwehrt
gewesen, in dieser Weise unserer Freude über Ihre innere Verbindung mit
Ihrer Kirche eine bleibende Form zu verleihen. Wir hoffen zu Gott, daß
Ihnen ein Ruhestand in körperlicher und geistiger Rüstigkeit beschert sein
möge, der durch stilles Weiterforschen einen befriedigenden Inhalt bekommt
und wünschen Ihnen von Herzen für die Jahre, die kommen, Gottes reichen
Segen !

II. Abdruck an den H.Kreisdekan z.gfl.Kenntnis
              in München
      "   an das Dekanat München z.K.
III. z.Akt.

Ansbach, 4. Januar 19 45.
evang.-Luth. Landeskirchenrat

T 56

2. Alfred Leonpacher
(kath. Religionslehre)

Abb. 27: Priesteraushilfe in Traunstein

a) Daten zur Person:

- Am 11.4.1876 in Traunstein geboren;
- Vater: Landgerichtsarzt Dr. Joseph Leonpacher;
- Mutter: Berta Leonpacher, geb. Mahler;
- Absolvia: 1996 am „Königl. Gymnasium Metten"

b) Beruflicher Werdegang:

- Studium: Innsbruck, München, Freising, Würzburg;
- Priesterweihe: 1901
- 1902-1906: Predigerstelle St. Peter in München;
- 1907: Religionslehrer am Wittelsbacher Gymnasium mit Titel und Rang eines Gymnasialprofessors;
- 1919: Gymnasialprofessor;
- 1925: StP mit Titel und Rang eines OStR;

- 25.3.1933: Angriffe gegen seine Person durch den „Völkischen Beobachter";
- 24.10.1935: Mitteilung OStD Hudezecks an das Kultusministerium, daß *„er in einen gewissen Gegensatz zur HJ geriet";* nur *„geeignet zur Beförderung zum OStR, wenn nicht politische Gründe dagegen sprechen."*
- 2.12.1937: Denunziation durch zwei Schüler der Klasse 7a; (Siehe Artikel a.a.O.!)
- 2.12.1937: Abmahnung durch OStD Hudezeck;
- 16.12.1937: Abmahnung durch Dr. Boepple ;
- 1938-1940: *„Hausdurchsuchung; Vorladung und Verhör durch Gestapo";*
- 3.4.1940: Aufforderung um Eingabe in den Ruhestand und sofortige Unterrichtsbeurlaubung;
- 3.4.1940: Ärztliches Attest durch Dr. Lingenfelder;
- 30.5.1940: Antrag auf „unehrenhafte" Entlassung durch Dr. Friedrich;
- 7.8.1940: Versetzung in den Ruhestand;
- 23.6.1941: Unterrichtsverbot auch für Unterrichtsaushilfen durch Dr. Bauerschmidt;
- 1941: Umzug in seine Heimatstadt Traunstein.
- 1941-1956: Nebenamtlicher Religionslehrer an der Landwirtschaftsschule Traunstein; Ernennung zum geistlichen Rat.
- 1956: Unter großer Anteilnahme auf dem Waldfriedhof in Traunstein beerdigt.

c) Besonderheiten:

- Seit 1925 nicht mehr befördert.
- „ND"-Leiter der Gruppe Winthir in Neuhausen

Einen Bruch in Leonpachers Biographie bildete der Hirtenbrief der Deutschen Bischöfe vom 29.3.1933.

War schon der „Tag der Machtergreifung" für ihn ein schreckliches Geschehen, so waren die Aussagen des Hirtenbriefes für ihn unfaßbar.

Ihm, der mit Entschiedenheit Faulhabers ursprüngliche Haltung in eigener Überzeugung weitergab, (*„der Nationalsozialismus ist eine Häresie und mit der christlichen Weltanschauung nicht in Einklang zu bringen"* [149]), fiel jetzt die eigene Kirche in den Rücken.

MÜNCHEN   MARSPLATZ, WITTELSBACHER-GYMNASIUM

Text: Bildkarte an meinen Vater   München, den II.9.1932

Lieber Herr Habersetzer!

Herzlichen Dank für Ihr liebes Gedenken und Ihre freundlichen Wünsche,
den ich auch Ihren hochverehrten Eltern weiterzugeben bitte.

Bewahren Sie Marspl. 8 in guter Erinnerung, wie auch wir mit besten
Wünschen Sie auf Ihrem Lebenswege freundlich begleiten.

Herzlich grüßend

Ihr ergebenster

A. Leonpacher

Abb. 28

120

Die lachenden Dritten waren die Lehrer Poschenrieder und Straubinger, vor allem die HJ-Schüler am Gymnasium.

Auch die „Schülerprotestler" Otto Gritschneder, Karl Keller, Ludwig Feldbaum, Martin Lorenzet, Leonhard Mayinger, Friedrich Stippel, Rudolf Deller, Fritz Martin, Heinrich Zimmermann, um nur einige von den 46 Schülern zu nennen, die „ND"- und „MC" Gruppen fühlten sich „verraten".

Dieser Hirtenbrief hat mit einem „Federstreich" die Verbote und Warnungen gegenüber dem Nationalsozialismus „als nicht mehr notwendig" zurückgenommen. Und: Die Katholiken wurden „zur Treue gegenüber der rechtmäßigen Obrigkeit und zur gewissenhaften Erfüllung der staatsbürgerlichen Pflichten"[150] aufgefordert

Da Altbayerngauführer „Neudeutschland" Präses Mayer bereits Mitteilung vom Inhalt des druckfertigen Hirtenbriefes hatte, reagierten Leonpacher und er auf die Angriffe des „Völkischen Beobachters" gegen seine Person und „ND" mit den für sie untypischen nationalen Verrenkungen und Beteuerungen.

Der Hirtenbrief vom 3.6.1933 betonte dann noch „die willige Einfügung in das Volk und die gehorsame Unterordnung unter die rechtmäßige Volksleitung, die Wiedererstarkung der Volkskraft und Volksgröße gewährleistet."

Dem Bundesleiter Hans Hien von „Neudeutschland Altenbund" blieb kein anderer Weg, als am 1. Mai 1933 resigniert festzustellen: *„Die deutschen Bischöfe haben die Zugehörigkeit zur NSDAP freigegeben"*, setzte aber trotzig hinzu: *„niemals darf er dabei den Existenzkampf des kath. Volksteils (als einer Minderheit!) verraten."*[151]

Wie sehr der Sinneswandel von Kardinal Faulhaber 1933 ehemalige Wittelsbacher bis heute enttäuscht hat, zeigt eine Anfrage von Dr. Otto Gritschneder an Kardinal Wetter im August 1996!

Gritschneder bezieht sich dabei auf das berühmte Gespräch von Kardinal Faulhaber und Hitler auf dem Obersalzberg am 4.11.1936, von 11 - 14 Uhr.

Viele Katholiken hatten sich einen Durchbruch erhofft. Doch Kardinal Faulhaber ließ sich täuschen: Er war beeindruckt von Hitlers „Gottgläubigkeit", seinem Glauben an Gottes Vorsehung und daß er sich vor Gott als Richter verantwortlich wisse.

Er war so beeindruckt, daß er sich von Hitler sogar in die Pflicht nehmen ließ. Um Hitlers Vorwurf zu entkräften, er werde gegen den schlimmsten Feind des Christentums von den Bischöfen nicht unterstützt, hatte Kardinal Faulhaber zugesagt, sich für einen gemeinsamen Hirtenbrief gegen den Bolschewismus zu verwenden.

In seiner Anfrage geht es um ein Zitat, das Kardinal Faulhaber wortwörtlich gegenüber Hitler ausgesprochen hat:

„Sie sind als Oberhaupt des Deutschen Reiches für uns gottgesetzte Autorität, rechtmäßige Obrigkeit, der wir im Gewissen Ehrfurcht und Gehorsam schulden."[152]

Im Grunde ist dies eine Verschärfung der Aussage im Hirtenbrief von 1933 nach drei weiteren Jahren Erfahrung mit Hitler!

In seinem Brief bittet Gritschneder den Kardinal um eine Antwort auf die Frage, ob jene Aussage Kardinal Faulhabers der Rechtsauffassung der Katholischen Kirche entspricht?

Und Herr Kardinal Wetter antwortet:

„Die Aussage kann man nicht verteidigen. Allerdings bedeutet dies auch keine Herabsetzung von Kardinal Faulhaber. Denn es ist die Frage, wieweit zu jenem Zeitpunkt das wahre Gesicht Adolf Hitlers erkannt war. Wir tun uns heute nach all den Greueltaten, die folgten, mit der Beurteilung leichter."[153]

Für OStR Leonpacher, der 1935 gegenüber den überzeugten HJ-Schülern in seinem Unterricht darlegte, wem allein ein Christ vor dem Gewissen verantwortlich ist, durch diesen Mut berufliche Nachteile und Anfeindungen ertragen mußte (siehe Artikel „Denunziationen"), wirkte diese Aussage Faulhabers, von der Propaganda ausgeschlachtet, wie ein „Keulenschlag".

Viele katholische Schüler haben vor ihrem Eintritt in die HJ mit Leonpacher ein Gespräch geführt oder sich ihm privat im Landhaus Endlhausen nachträglich erklärt.

Mit seiner empfohlenen „Sauerteighaltung", d.h. als Christ in der HJ das Christentum nicht zu verleugnen und vergleichsweise verborgen als Sauerteig zu wirken, damit hat er vielen pastoral geholfen.

So sei abschließend mit dem Nachruf der „Münchner Kirchenzeitung" dem Priester und Lehrer A. Leonpacher ehrenvoll gedacht:

„Im Geiste mögen es wohl Tausende gewesen sein, die sich in herzlicher Dankbarkeit im Traunsteiner Waldfriedhof um das Grab sammelten, in dem OStR Alfred Leonpacher seine letzte Ruhestätte fand. Im Namen dieser Tausende sprach Stadtpfarrer Gg. Els ... .
Aus allen Nachrufen klang der Dank für ein reiches, gottgesegnetes Priesterleben. ...
Leonpacher war eine Erzieherpersönlichkeit von seltener Begabung. All seine Zeit und sein Geld und seine Arbeit, seine Muße, seine Wohnung und seine Bücher, alles stellte er franziskanisch unbekümmert, seinen Schülern zur Verfügung.
Den größten Teil seiner Ferien opferte er großherzig dem Landschulheim des Gymnasiums. In lebenslanger Sorge blieb er seinen Schülern verbunden. Sie wußten, daß sie immer zu ihm kommen durften, auch wenn sie nicht mehr die Wege gingen, die er ihnen so meisterlich gezeichnet hatte. Seinem väterlichen Herzen war keine Not fremd und keiner klopfte vergebens an die Tür des hochverehrten Meisters. Nun ist der fleißige Sämann zur Ruhe gegangen, aber die Saat wird sprießen....(Mk 4,28). R.I.P."(21.4.1956).

3. Hermann Schneller (kath. RL; Nachfolger von A. Leonpacher)

Abb. 29

a) Daten zur Person:

- Geboren am 15.5.1891 zu Neustadt a. D.;
- Vater: Rentamtsoberschreiber; Rechnungskommissär an der Stadthauptkasse München;
- Volksschule in München;
- Gymnasium: 1. Klasse Wilhelmsgym.; 2.-5.Kl. Knabenseminar Scheyern;
  6.-9.-Kl. Erzb. Knabenseminar Freising;

b) Beruflicher Werdegang:

- Studium an Universität München (wohnh. - Herzogl. Georgianum)
- 1915: Priesterweihe
- 1915-16: Aushilfspriester in der Domkirche München;
- 1916-20: Kurat an der Priesterhausstiftung St.Joh.Nep. in München; nebenamtlicher Religionslehrer;

- 1.4.1920: Religionslehrer an der Ludwigsrealschule München;
- 16.4.1929: Religionslehrer am Theresiengymnasium;
- 28.3.1940: Religionslehrer am Wittelsbacher Gymnasium;
- 1.12.1945: Mit Zustimmung der Militärregierung weiter Religionslehrer am Wittelsbacher Gymnasium;
- ab 1.8.1946: StP am Theresiengymnasium;
- 12.3.1947: Ernennung zum Geistlichen Rat;
- 1.8.1949: OStR am Theresiengymnasium;
- 31.7.1956: Ruhestandsurkunde ausgefertigt;

c) Besonderheiten:

Für sein beispielhaftes Verhalten während der NS-Zeit und sein Engagement als Schülerseelsorger wurde er durch den Erzbischof mit dem Titel „Geistlicher Rat" geehrt.

Dr. Weber vom Theresiengymnasium faßte seine bisherige Tätigkeit treffend in dem Satz zusammen: *„Schneller ist ein sehr gewissenhafter Lehrer, der sich seiner Schüler mit großer Treue annimmt."*[154]

In den Jahren ab 1947 wurde Schneller als Herausgeber und Mitverfasser der neuen Lehrbücher für 7.-9. Klasse allen Gymnasiallehrern in Bayern ein Begriff.

4. Dr. Edmund Weigand
(klass. Altphilologie)

Abb. 30

a) Daten zur Person:

- Am 1.2.1887 zu Wermerichshausen bei Bad Kissingen als 2. Sohn unter 5 Kindern geboren.
- Vater: Landwirt Karl Weigand;
- Mutter: Bäuerin Anna Weigand, geb. Bieber;
- Abitur 1906: Humanistisches Gymnasium Würzburg;

b) Beruflicher Werdegang:

- 1909/1910: Staatsexamen I u. II mit Note I in München;
- 1910/11: Pädagogisches Seminar am Maximiliansgymnasium in München;
- 13.12.1910: Promotion in München;
- 1911 – 1913: Christlich-archäologisches Reisestipendium des Archäologischen Instituts des Deutschen Reiches in Berlin;

- 1913/14: Assistent für christliche Archäologie und Byzantinistik am Deutschen Archäologischen Institut Athen;
- März 1915 - 18.12.1918: Leutnant im Funkauswertungsdienst;
- 1.1.1919 - 31.8.1919: Gymn. Assistent in Bamberg;
- 1.9.1919 - 30.5.1931: StR am Neuen Gymnasium in Würzburg; gleichzeitig seit 1920 Privatdozent für Archäologie und Byzantinistik; 1923 Habilitation; nebenamtlicher a.o. Universitätsprofessor in Würzburg;
- 1.9.1938 - 31.7.1941: StP am Wittelsbacher Gymnasium;
- ab 1.8.1941: Ordentlicher Professor für Byzantinistik an der Deutschen Karls-Universität in Prag;
- Juli 1942 - April 1943: Beurlaubung für Tätigkeit am archäologischen Institut in Athen;
- Entnazifizierung mit Spruchkammerbescheid v. 22.5.1947;
- 16.9.1947: Gymn. Lehrer am Maximiliansgymnasium in München;
- 3.12.1948: Honorarprofessor für Byzantinistik an der Phil. Fakultät der Universität München.
- Plötzlicher Tod am 5.1.1950;

c) Besonderheiten:

Ein einmaliger Verzicht – mit den vielfältigen Folgen einer „Umhabilitierung"!

Im Herbst 1934 wurde Dr. Edmund Weigand durch den Abteilungsdirektor des Kaiser-Friedrich-Museums Berlin, Prof. Dr. Demmler, und den Generaldirektor der Berliner Museen, Dr. Kümmel, der Posten eines Konservators der Byzantinischen Abteilung, verbunden mit einer Honorarprofessur an der Universität Berlin, angeboten.

Dr. Weigand wußte, daß im Zuge des „Gesetzes zur Wiederherstellung des Berufsbeamtentums" vom 7.4.1934, der Posten deshalb frei werden würde, da der bisherige Fachmann ein Jude war.

Seine Kollegen an der Universität Würzburg haben ihm sicher klar gemacht, daß er mit seiner Zusage oder Ablehnung auf das „Schicksal" seines ihm persönlich unbekannten jüdischen Kollegen

keinerlei Einfluß nehmen könne, daß es unsinnig sei, sich eine solch einmalige Chance entgehenzulassen und er in sich keine falschen Schuldgefühle hochkommen lassen solle!

Aber Dr. Weigand lehnte dieses Angebot tatsächlich ab - und man muß wissen, es gab außer ihm keinen besseren Spezialisten - „weil es seinem Innersten widerstrebt, seinen jüdischen Kollegen zu verdrängen."[155]

Natürlich konnte Dr. Weigand gegenüber Berlin die wahren Gründe seiner Ablehnung nicht nennen, ohne sich selbst zu schaden. Deshalb knüpfte er die Zusage an eine für Berliner Behörden unannehmbare Forderung, nämlich die „unerläßliche Bedingung, die vertragliche Festlegung meines Rücktrittsrechts in den Bayer. Unterrichtsdienst."[156]

Um also doch noch, entsprechend seiner Reputation, im Universitätsbereich Karriere zu machen, mußte er die Versetzung nach München betreiben.

Statt als Museumsdirektor zu fungieren und zu repräsentieren, erteilte er im Jahr 1938/39, neben seiner Lehrtätigkeit in Archäologie und Byzantinistik an der Universität München, am Wittelsbacher Gymnasium „24 stundenplanmäßige Vormittagsstunden, davon 21 Unterrichts-, eine Sprechstunde und 2 Zwischenstunden; dazu kommen die Aushilfsstunden, Sitzungen, andere zusätzliche Tätigkeiten neben der regelmäßigen Vorbereitungs- und Korrekturarbeit."[157]

Die „Umhabilitierung" von Würzburg nach München gestaltete sich durch die neue „Reichshabilitationsordnung" mit dem eingeführten „Führerprinzip" und der institutionalisierten politischen Kontrollinstanz für Dr. Weigand recht schwierig.

So viel ist an Zusatzinformation notwendig: Die NS-Universitätsreform brachte eine Zweiteilung des bisherigen Habilitationsverfahrens in Habilitation und sog. „Dozentur". Letztere machte sie abhängig von einer politischen Bewährung.

Ging früher mit der Habilitation die Erteilung der Lehrbefugnis einher, so war jetzt die Habilitation als der wissenschaftliche Teil nur die Voraussetzung für eine Bewerbung um die Lehrberechtigung. Die Erteilung der Lehrbefugnis (= „Dozentur") wurde abhängig gemacht von der politischen Zuverlässigkeit des Bewerbers (Erlaß des Reichsministeriums für Wissenschaft, Erziehung und Volksbildung vom 23.2.1935). Für die Dozentur konnte nun Dr. Weigand keine politischen Aktivitäten vorweisen.

Der Leiter der Dozentenschaft war an jeder Universität und Hochschule seit 1935 ein zuverlässiger Nationalsozialist. Er wurde vom Reichsministerium ernannt und hatte ungeachtet der „nominellen" Führerstellung des Rektors eine starke und einflußreiche Stellung. Diesem NS-Gremium, der sog. „Dozentenakademie", konnte sich kein Lehrstuhlinhaber entziehen, auch Dr. Weigand nicht.

Der Antrag auf „Umhabilitierung" brauchte also die Zustimmung der Dozentenschaft, wenn sie erfolgreich sein sollte.

Die Professoren der Philosophischen Fakultät Prof. Buschor, Dr. F. Dölger und Prof. Jantzen machten Dr. Weigand klar, daß ohne Beitritt zur NSDAP der Antrag auf Umhabilitierung, gerichtet an den Dozentenschaftsleiter, aussichtslos sei. Auch sie hätten diesen „Preis" bezahlt.

Damit der Antrag auch Erfolg hatte, wurde er vom Dekan der Phil. Fakultät (Nr. 1509/W/S; München, 8.8.39) gleich mit dem Dozentenschaftsvertreter Prof. Dr. R. Spindler gemeinsam abgefaßt.

In diesem Umhabilitierungsantrag heißt es:

„Politisch ist er früher nicht hervorgetreten. Er gehörte einer Kath. Studentenverbindung an, doch nicht der Bayrischen Volkspartei oder einer anderen Partei. Er hat, trotz Schädigung, seine Mitwirkung bei der Görres-Gesellschaft verweigert. Am Weltkrieg hat er von 1915-1918 teilgenommen und ist durch das EK II und das Bayrische Militärverdienstkreuz ausgezeichnet worden.
In letzter Zeit ist er aus seiner politischen Zurückhaltung erfreulich herausgetreten; er ist Mitglied der NSDAP, des NSLB, der NSV, des RLB; seiner Ortsgruppe hat er sich zur freiwilligen Mitarbeit angeboten. [Eine solche Mitarbeit hat nie stattgefunden!][158]
Vorstehender Bericht ist im Benehmen mit dem beauftragten des Herrn Dozentschaftsleiter, Dozentschaftsvertreters o. Prof. Dr. R. Spindler, abgefaßt.
Ich befürworte die Ernennung des n.b.a.o. Prof. Dr. E. Weigand zum außerplanmäßigen Professor.
Unterschrift: Der Dekan der Phil. Fakultät der Universität München."[159]

Von nun an stand der Karriere von Karl Weigand nichts mehr im Wege. Am 1. August 1941 wurde er ordentlicher Professor in Prag. 1942 trat er aus dem NSLB aus.

Nach dem Zusammenbruch eskalierte die Situation in Prag so, daß Prof. Dr. Weigand nur sein Leben retten konnte. Er stand völlig mittellos da:

„In Prag ist mit meiner Wohnungseinrichtung und sonstigem Eigentum auch meine große Fachbücherei und mein umfangreiches wissenschaftliches Arbeitsmaterial fast vollständig dort zurückgeblieben und verloren gegangen."[160]

Seine Ernennung zum Honorarprofessor für „Byzantinistik" am 3.12.1948 hat sein wissenschaftliches Schaffen bleibend bestätigt; aber auch - ungewollt - jenen würdigen Verzicht im Jahr 1934 mit all seinen Folgen.

Abschrift

U R K U N D E
=============

Ich ernenne

    Dr. Edmund W e i g a n d

für die Dauer seiner Zugehörigkeit zum Lehrkörper der Uni=
versität M ü n c h e n zum Honorarprofessor für „Byzantinistik"
in der Philosophischen Fakultät.

München,den 3.Dezember 1948

              Der Bayerische Staatsminister
                für Unterricht u.Kultus

   (S)   gez.Dr.Hundhammer.

Für die Richtigkeit der Abschrift
München, den 11.Juni 1949.
Direktorat des Maximiliansgymnasiums

A. Schwerd

T 57

5. Hans Keller (Math./Phy.)

Abb. 31

a) Daten zur Person:

- Geboren am 14.2.1887 in Kleinkissendorf bei Günzburg a. D.;
- Vater: Schmiedemeister und Bauer in Kleinkissendorf;
- Mutter: Johanna Keller, geb. Ritter;
- verheiratete sich am 26.8.1914 mit Rosina Sessig, einer Tochter des verstorbenen Konservators und Kunstmalers F. C. Sessig in Pasing; aus der Ehe gingen drei Söhne hervor.

b) Beruflicher Werdegang:

- Gymnasialzeit am Privatgymnasium der Redemptoristen in Gars a. I.; Reifeprüfung am 13.7.1907 in Rosenheim;
- I./II. Lehramtsprüfung am 29.10.1910/18.10.1912;
- 1913/14: Praefekt am Selbertschen Schülerpensionat in Schweinfurt;
- 1914/15 Reallehrer an der höheren Mädchenschule Hamer in Pasing;
- 1.7.1915 – Nov. 1918: Heeresdienst beim 1. bay. Pion. Ers. Batl.; Uoffz. ab 1.1.1917;
- 15.1.1919: Aushilfsassistent an der Luitpoldoberschule München;
- 1.4.1920: StR Luitpoldoberschule München;
- 1.5.1921: StR an der Rupprechtsoberschule München
- 10.5.1922: StR am Wittelsbacher Gymnasium;
- 1.1.1935: StP am Wittelsbacher Gymnasium;
- 1.11.1945: Milit. Regierung bestätigt ihn als „unbelastet"; als StP am Wittelsbacher Gymnasium bestätigt;
- 16.11.1947: OStR an der Oberrealschule an der Frühlingstr. München;
- 30.5.1952: Ministerialbeauftragter für die Reifeprüfung am Realgymnasium in Neubeuern;
- 1.8.1952: Ruhestand; Aushilfstätigkeiten 1953/54;

c) Besonderheiten:

Am 21.3.1933 wird StR Hans Keller gemaßregelt von OStD Wahler, OStR Hudezeck und StR. Poschenrieder wegen des Verhaltens seines Sohnes, der mit der Klarinette noch einige Töne gegen das „Horst-Wessel-Lied" blies, bevor er demonstrativ die Turnhalle verließ.

Beide, Vater und Sohn, blieben bis 1945 entschiedene Gegner des Nationalsozialismus.

StR. Poschenrieder demütigte den Gymnasiasten Karl Keller vor den Augen seines Vaters StR Hans Keller im sog. „Politischen Abitur" (s. Artikel „Abiturskandal"!).

Im Zusammenhang mit dem Abiturskandal forderte OStR Hudezeck StR Keller auf, wegen des Verhaltens seines Sohnes freiwillig den Ruhestandsantrag zu stellen!

14 Jahre lang wurde StR Keller nicht befördert, so daß trotz dieser Vorkommnisse, die längst überfällige Beförderung zum StP am 1.1.1935 erfolgte.

Jede weitere Beförderung verhinderte Hudezeck bis 1945 mit dem Vermerk: *„Nicht an der Reihe."*[161]

Keller blieb standhaft und „erkaufte" sich seine schulische Karriere nicht durch einen NSDAP-Beitritt!

1935 urteilte Hudezeck über ihn:

> *„Keller ist ein begabter, kenntnisreicher und methodisch nicht ungewandter Lehrer; es gelingt ihm aber nicht immer, sich dem Fassungsvermögen namentlich der jüngeren Schüler anzupassen; seine Lehrererfolge sind daher schwankend, zumal er auch der wichtigen Kleinarbeit im Unterricht nicht die nötige Beachtung schenkt. Die Behandlung der Schüler läßt nicht selten Gleichmäßigkeit, Geduld und Wohlwollen vermissen."*[162]

StP Keller hatte einen guten Gerechtigkeitssinn und war sicher in seinen analytischen Erkenntnissen. Er kannte die Kräfteverhältnisse am Wittelsbacher Gymnasium, wußte, was gespielt wurde, welche Beförderungen und Karrieren über die Partei erreicht wurden.

Nach dem Krieg wollte er an der „Harmonisierung" und dem „Lügengebäude", das allenthalben aufgebaut wurde, nicht mitwirken. Er bezeugte, was Sache war, z.B. daß es während der NS-Zeit im Lehrerzimmer des Wittelbacher Gymnasiums „wüste Szenen gegeben hat", daß Lehrer „im Unterricht fanatische Propaganda" betrieben.

OStR Hans Keller mußte so nach dem Krieg ein zweites Mal Rückgrat beweisen. Er konnte sehr schnell feststellen: Wer vor der Spruchkammer die Wahrheit sagte, also als Zeuge belastende Aussagen machte und sie gar im Berufungsverfahren aufrechterhielt, galt schnell als „Denunziant" und wurde als sozialer Störenfried aus dem Kreis der „ehrbaren Lehrer und Bürger" ausgegrenzt.

Es war sehr klug, nach dieser Erfahrung 1947 das Gymnasium zu wechseln.

So steht hier OStR Hans Keller repräsentativ für all die Lehrerkollegen am Wittelsbacher Gymnasium, die ebenfalls „einen aufrechten Gang und klare moralische Grundsätze bewiesen"!

6. Dr. Karl Schneider (Latein/Griechisch/Deutsch/Geschichte)

Abb. 32

Eine seltene Einigkeit in der Einschätzung und Wertschätzung läßt sich unter den „ehemaligen Wittelsbachern" finden, wenn die Sprache auf Dr. K. Schneider kommt, gebündelt vielleicht in der Aussage von Pfarrer Oelschlegel: „Eine feine Persönlichkeit!"[163]

An das Wittelsbacher Gymnasium kam Dr. K. Schneider am 27.11.1937 als Studienassessor im Status eines außerplanmäßigen Beamten.

Er führte im Schuljahr 1938/39 als Klaßleiter und Lehrer für Deutsch, Geschichte, Latein, Geschichte die Klasse 8a; unterrichtete in Latein die Klasse VIIc; hielt zugleich Ausländerkurse für Deutsch an der Universität.

Der junge Lehrer brachte frischen Wind ins Wittelsbacher Gymnasium, sagte im Unterricht deutlich seine Meinung, was ihm nach Vermutungen von „ehemaligen Wittelsbachern" seine erste

Disziplinierung einbrachte, die Einberufung zum Heeresdienst.

Die Schüler mußten es büßen, denn der ungeliebte, bereits pensionierte StP. Karl Feldl (von allen Schülern „Erepp" genannt) übernahm mit Ministerialentschließung vom 13.5.1938 die Unterrichtsaushilfe in der Zeit vom 10.5.-9.7.1938 (Als er dann auch noch für die erkrankten Lehrer Raab und Gschwend einsprang, wurde er gleich ganz als Angestellter für solche Fälle beibehalten.)

Dr. Schneiders berufliche Situation änderte sich im Jahr 1939:

„Der StA und außerplanmäßige Beamte am Wittelsbacher Gymnasium Dr. K. Schneider wird mit Urkunde des Führers und Reichskanzlers vom 28.12.39 unter Berufung in das Beamtenverhältnis auf Lebenszeit zum StR ernannt und mit M.E. vom 26.1.40 Nr.X 4067 mit Wirkung vom 1.1.40 in die Planstelle an der Anstalt eingewiesen."[164]

Die Verbeamtung gab Dr. Schneider eine gewisse Sicherheit, was seine Risikofreudigkeit betraf, gab ihm aber auch eine bessere Stellung im Lehrerkollegium.

Folgende Begebenheit, an die sich der „ehemalige Wittelsbacher", Dr. Hubert Mencke, erinnert, zeigt, wie riskant und zugleich eindeutig im Denken und Handeln sich Dr. K. Schneider seinen Schülern gegenüber verhielt.:

1941 ließ Dr. Schneider einen Aufsatz schreiben: „Was bedeutet der Kampf gegen den Bolschewismus für das Schicksal Deutschlands?"[165] Gegenüber dem Vorjahr – die Klasse hatte da einen anderen Deutschlehrer – fielen die Deutschnoten im Durchschnitt wesentlich schlechter aus, und Dr. Schneider kommentierte das Ergebnis so: Wer nur Sprüche und Parolen von Ortsgruppenleitern und Parteifunktionären niederschreibt und nicht sachlich, differenziert argumentieren kann, wird auch in Zukunft mit keiner besseren Note rechnen können!

Die Schüler wußten natürlich nicht, daß Dr. K. Schneider außerhalb des Wittelsbacher Gymnasi-

ums ein weit größeres Risiko einging.

Er stand in Kontakt mit dem Publizistenkreis um Carl Muth, dem Begründer und Herausgeber der Monatszeitschrift „Hochland", dem Sprachrohr des sog. Reformkatholizismus.

Noch stärker waren seine Kontakte zum Schriftstellerhaus „Stimmen der Zeit" in der Veterinärstr.9.

Hier hielt er enge Fühlung zu P. Peter Lippert SJ (1879-1936), einem bedeutenden Radioprediger, zu P. Johannes B. Wiedemann (1909-1979), zu P. Augustin Rösch (1893-1961), dem Provinzial der oberdeutschen Provinz der Jesuiten (von 1935-1944) und zu P. Alfred Delp (1907-1945).

Als das Schriftstellerhaus „Stimmen der Zeit" durch die Gestapo am 18.4.1941 mit Berufung auf „§1 der Verfügung des Reichspräsidenten zum Schutz von Volk und Staat" wegen der Person P. Peter Lipperts (sein Nachlaß wurde dabei beschlagnahmt) aufgelöst wurde, und die Patres sich in München eine andere Bleibe suchen mußten, wußte Dr. Schneider um sein eigenes Risiko. Denn über P. Augustin Rösch hatte er seit Ende 1941 Beziehungen zum „Kreisauerkreis".

Herr Alfred Schwingenstein von der Süddeutschen Zeitung faßte diese Kontakte von Dr. Schneider vor der Spruchkammer so zusammen:

„Seine engen persönlichen Bindungen an die Kreise, die den Nationalsozialismus in Wort und Schrift bekämpften, sind mir seit langem bekannt."[166]

So wurde im Zusammenhang mit dem 20. Juli 1944 Dr. K. Schneider mit seiner Frau im Oktober 1944 durch die Gestapo verhaftet und Dr. Schneider ins KZ Dachau gebracht.

Ebenfalls im Oktober, am 27. d. M., wurde P. Johannes B. Wiedemann verhaftet u.a., weil er politischen Flüchtlingen geholfen hat. Er kam nach vielen Verhören im Wittelsbacher Palais ebenfalls ins KZ Dachau und wurde erst am 18.4.1945 daraus befreit.

Dr. Schneider wurde früher entlassen. Seine Risikobereitschaft war ungebrochen. So nahm er am Aufstand der Obermenziger, am 28.4.1945 teil und wurde aufgrund der Teilnahme an der „Freiheitsaktion Bayern" ein zweites Mal verhaftet.

Da Dr. Schneider formelles Mitglied der NSDAP war, traf ihn wie viele (s. Dr. Weigand), die ungerechte Seite des Entnazifizierungsverfahrens.

Die Spruchkammern stuften Dr. Schneider zunächst als „Mitläufer" ein (März 1946).

Später bestätigte dann das Polizeipräsidium München I, daß Dr. K. Schneider ein politischer Häftling war; desgleichen der stellvertretende Staatskommissar für politisch Verfolgte, Herr Heinrich Pflüger; schließlich durch die eidesstattlichen Erklärungen bekundeten die Herren Dr. Wilhelm Wagner, Pater Johannes B. Wiedemann und Alfred Schwingenstein, die hier dargelegten inhaltlichen Sachverhalte.

Dr. Schneider unterrichtete nach dem Krieg noch bis zum 31.8.1951 am Wittelsbacher Gymnasium. Er wechselte dann an das humanistische Gymnasium in Landshut (1.9.1951-31.8.1957) und wurde schließlich am 1.9.1957 OStD am Karls-Gymnasium in München-Pasing und hatte das Amt bis zum 1.9.1968 inne.

Am 27.11.1937, also vor 60 Jahren, kam Dr. K. Schneider erstmals an das Wittelsbacher Gymnasium. Auf seine Haltung während der NS-Zeit darf die Schule mit Recht stolz sein.

Der Film unterm Hakenkreuz

oder – wie sich das Wittelsbacher Gymnasium in den Dienst
der NS-Filmprogaganda stellte.

*„Die Filmvorführungen ergänzen
von Zeit zu Zeit die mündlichen Belehrungen."
(Wittelsbacher Gymnasium,
Jahresbericht 1933/34)*

Der NS-Film eröffnet seinen Propaganda-Reigen mit einer Art Tryptichon: „SA-Mann Brand", „Hitler-Junge Quex" und „Hans Westner". **„Blutendes Deutschland"**, der erste Film, den das Wittelsbacher Gymnasium geschlossen besuchte, kam nur wenige Monate vor diesen drei Filmen heraus und war, was die NS-Ideologie betraf, eindeutiger. Der „Film zeigt in vier Etappen (Vorkriegszeit – Kriegsausbruch – Umsturz 1918 – die Entwicklung der nationalen Revolution) von Sedan bis zum 5. März 1933 den Schicksalsweg des deutschen Volkes" („Der Film").

Der Brückenschlag von den bildungspolitischen Strömungen am Wittelsbacher Gymnasium zwischen 1920 und 1930 unter OStD Gebhard Himmler (gegen Weimar, gegen Versailles, für einen starken Staat, antiliberal, antidemokratisch, völkisch, deutschnational) hin zu den geschichtsideologischen Überzeugungen des NS-Regimes, so wie sie unter OStD Andreas Wahler am Wittelsbacher Gymnasium am 1.4.1933 eingeleitet und von OStD Karl Hudezeck (1934-1945) beamtengenau verwirklicht wurden, ist in seiner propagandistischen und ideologischen Ausprägung als Entwicklungsprozeß in dem Film „Blutendes Deutschland" exemplarisch vollzogen.

Der Brückenschlag ist auch in filmischer Hinsicht gegeben. Schon 1926/27 hatte die Ufa den zweiteiligen Montagefilm „Der Weltkrieg" produziert. „Blutendes Deutschland" ist eine Neuauflage, setzt nur zeitlich früher an, geht bis auf das Jahr 1871 zurück. Wie in dem Film „Weltkrieg" stammte auch das Material für „Blutendes Deutschland" aus den gleichen alten Wochenschauen. Man kombinierte und ergänzte dieses vorhandene Filmmaterial mit Fotografien und Dokumenten und stellte je nach Bedarf, im Stil der geschilderten Zeit, Szenen filmisch nach. Die Themen des Films „Blutendes Deutschland": Das Deutsche Kaiserreich, der Krieg 1914-1918, die Novemberrevolution, die Spartakisten-Kämpfe, die Ruhrbesetzung, der sog. „Heldentod" des Faschisten Leo Schlageter! Der letzte Teil des Films, tituliert mit „Deutschland erwache!", schilderte die Entwicklung der NSDAP und wird abschließend zur NS-Grußadresse an die Jugend.

Der Film stand ganz im Sinne des Deutsch- und Geschichtsunterrichts wie der nationalen Erziehung des Wittelsbacher Gymnasiums. In den Monaten Mai/Juni 1933 gab es am Wittelsbacher Gymnasium einen 6-Wochen-Kurs in allen Klassen unter dem Motto „Aufbruch der Nation". Im Jahresbericht ist dies eindeutig belegt:

„Im ersten Jahrdrittel wurde nach Weisung des Unterrichtsministeriums im Deutsch- bzw. Geschichtsunterricht aller Klassen der Weltkrieg, das Versailler Diktat, die Zeit der Erniedrigung Deutschlands, die nationalsozialistische Revolution und die Neugestaltung der Verhältnisse unter Adolf Hitlers Führung behandelt. Den Abschluß bildete jeweils eine Feier im festlich geschmückten Klassenzimmer mit patriotischen Ansprachen von Lehrern und Schülern, Musik und Gesang".[167]

Der geschlossene Besuch des Wittelsbacher Gymnasiums (Lehrer und Schüler) am 29. Mai 1933 in den Scala-Lichtspielen ist ein Indiz dafür, wie sehr sich die Schule von Anfang an in den Dienst der NS-Film-Propaganda stellen ließ. (siehe Artikel „Poschenrieder")

Kein Gymnasiallehrer kann sich die Ausrede zu leihen nehmen, er habe von den Propaganda-Absichten nichts gewußt. Dazu sind die Veröffentlichungen zu eindeutig! Am 13. Dezember 1932 hatte Goebbels in seiner Zeitung „Der Angriff" erklärt: *„Ich betone, wie so oft schon, daß ich in der Partei keine besondere Richtung vertrete. Es gibt bei uns überhaupt nur eine Richtung und das ist die, die der Führer bestimmt."*[168]

Wie die Propaganda zu betreiben sei, hatte Hitler in „Mein Kampf" ebenso ausführlich wie eindeutig dargelegt. Durch die Propaganda sollte die Masse (beim schulischen Filmbesuch Schüler und Lehrer) auf bisher unbedachte Dinge hingewiesen werden, und zwar so, *„daß eine allgemeine Überzeugung von der Wirklichkeit einer Tatsache, der Notwendigkeit eines Vorganges, der Richtigkeit von etwas Notwendigem usw. entsteht."* Die Propaganda sollte nach Hitlers Vorstellung stets volkstümlich, geistig anspruchslos, *„immer mehr auf das Gefühl gerichtet sein und nur sehr bedingt auf den sog. Verstand."* Sie sollte sich auf wenige Punkte beschränken, grundsätzlich eine *„subjektive, einseitige Stellungnahme"* liefern, Differenzierungen vermeiden und das Gesagte schlagwortartig wiederholen. Die *„Kunst aller wahrhaft großen Volksführer"* bestand nach Hitlers Auffassung *„in erster Linie darin, die Aufmerksamkeit des Volkes ... immer auf einen einzigen Gegner zu konzentrieren"*; deshalb schlug er vor, verschiedene Gegner so zusammenzufassen, daß für die *„Einsicht der Masse"* der Kampf nur gegen einen Feind allein geführt werde.[169]

Spätestens nach den veröffentlichten Reden von Dr. Goebbels über seine Vorstellung von Filmpropaganda am 28.3.1933 (sog. „Rede im Kaiserhof" und der „Rede auf der 1. Jahrestagung der Reichsfilmkammer in der Krolloper-Berlin" am 5.3.1937) wußte jeder Lehrer am Wittelsbacher Gymnasium, in welchem Zusammenhang die gezeigten Filme gesehen werden müssen – unabhängig von dem gewaltigen Aufklärungsmaterial, das nach Kriegsende zutage kam. Seine Art der Filmkontrolle (wie aller Medien) hatte Goebbels schon 1933 formuliert:

„Wir wollen gar nicht, daß jeder dasselbe Instrument bläst; wir wollen nur, daß nach einem Plan geblasen wird und daß dem Konzert ... eine Sinfonie zugrunde liegt, daß nicht jeder das Recht hat, zu blasen, wie er will."[170]

Ein Lehrer, der mit seiner Klasse in einen NS-Film in der Zeit von 1933 bis 1945 ging, mußte wissen, daß nicht nur die 150 NS-Spielfilme in einem politisch-propagandistischen Zusammenhang standen, sondern daß dies für alle NS-Filme galt, für die Unterhaltungs-, Sach- und Kulturfilme!

Goebbels formulierte am 15.2.1941 vor der Reichsfilmkammer:

„Der Film ist kein bloßes Unterhaltungsmittel, er ist ein Erziehungsmittel; und die, die ihn führen, scheuen sich heute auch gar nicht, zuzugestehen, daß er eine Tendenz zu besitzen habe, die Tendenz, ein Volk für die Durchsetzung seiner Lebensansprüche zu befähigen und zu erziehen. Das kann er auch im Wege der Unterhaltung machen. ... Allerdings ist es dabei sehr ratsam, diese pädagogische Aufgabe zu verschleiern, sie nicht sichtbar zutage treten zu lassen, nach dem Grundsatz zu handeln, daß wir die Absicht nicht merken sollen, damit man nicht verstimmt wird. Das ist also die eigentlich große Kunst, zu erziehen, ohne mit dem Anspruch des Erziehers aufzutreten, daß sie zwar eine Erziehungsaufgabe vollführt, ohne daß das Objekt der Erziehung überhaupt merkt, daß es erzogen wird, wie das ja überhaupt auch die eigentliche Aufgabe der Propaganda ist". „Nicht das ist die beste Propaganda, bei der die eigentlichen Elemente der Propaganda immer sichtbar zutage treten, sondern das ist die beste Propaganda, die sozusagen unsichtbar wirkt, das ganze öffentliche Leben durchdringt, ohne daß das öffentliche Leben überhaupt von der Initiative der Propaganda irgendeine Kenntnis hat."[171]

Jeder Lehrer, der den Erlaß des Reichserziehungsministeriums vom 26. Juni 1934 sorgfältig gelesen hatte, der die Grundlage für den Einsatz des Films in Erziehung und Unterricht bildete, wußte, daß er in eine neue Verantwortung gestellt wurde. Erschwerend kam noch hinzu, daß es bei den Filmgaustellen ein eindeutiges, klar für die Schule vorgegebenes Filmbegleitmaterial gab.

So hat der Film **„Wolkenstürmer"**, den die Schüler des Wittelsbacher Gymnasiums im Juni 1937 im Gloria-Palast besuchten, z.B. ein Beiheft („Staatspolitische Filme, Heft 4, Wolkenstürmer und Tag der Freiheit! - Unsere Wehrmacht, herg. im Auftrag der Reichspropagandaleitung der NSDAP, Amtsleitung Film v. Dr. Walther Günther, vom 24.4.1937) mit einem Umfang von 32 DIN A 5 Seiten mit Inhaltsangaben, fächerübergreifendem Faktenmaterial, Unterrichtsvorschlag, Bildmaterial, Fotos, Anweisungen usw. Unter anderem heißt es:

„Im Film Wolkenstürmer wird dem friedlichen Zuschauer gezeigt, wie man sich in den Vereinigten Staaten auf den Krieg vorbereitet, wie Flugzeuge, Mutterschiffe und ganze Schwärme von Fliegern sich mit der übrigen Flotte in strategische und taktische Aufgaben teilen und wie mit Hilfe technischer und persönlicher Großleistungen, durch Einsatz des ganzen Menschen und seines Apparates an den Feind, an das Ziel herangegangen wird. Jeder, der den Film kennt, weiß, wie dies tapfere Verhalten wirkt und wie sehr jeder, der Sinn für menschliche Leistungen im allgemeinen und fliegerische im besonderen hat, verwundert, erschüttert und schweren Herzens nach Hause geht."[172]

Wolkenstürmer

Bearbeitet von der Reichspropagandaleitung
Amtsleitung Film
Schulabteilung

Länge: 2190 m

Für staatspolitische Schulfilmveranstaltungen vom Reichserziehungminister zugelassen.

Der Reichs- und Preußische Minister
für Wissenschaft, Erziehung und Volksbildung

Berlin W 8, den 24. April 1937
Unter den Linden 69

Erl. V c, Nr. 939 I, II, E, II E III

V 5504/22. 4. 37/34 – 1,9

An
die Unterrichtsverwaltungen der Länder,
den Herrn Reichskommissar für das Saarland in Saarbrücken,
die Herren Oberpräsidenten und Regierungspräsidenten
sowie den Herrn Stadtpräsidenten der Reichshauptstadt Berlin.

N. d. A.
a) dem Reichsluftfahrtministerium
b) dem Reichspropagandaministerium mit der Bitte um Kenntnisnahme vorzulegen; je eine Abschrift dorthin.

Betrifft: Filme „Wolkenstürmer" und „Tag der Freiheit".

Nach Nr. V, Abf. 1, Satz 1 der Gemeinsamen Richtlinien vom 26. Juni 1934 (Anlage E meines Runderlasses vom gleichen Tage R.K. 5020 –, Zentralbl. f. d. gesamte Unterr. Verw. S. 208/209) habe ich die Filme „Wolkenstürmer" und „Tag der Freiheit" für die staatspolitischen Filmveranstaltungen in den Schulen des gesamten Reichsgebiets mit der Maßgabe zugelassen, daß der Film „Tag der Freiheit" jeweils die Vorführung beschließt.

1. Dieser Erlaß wird nur im R.-Min.-Amtsbl. Dtsch. Wiss. veröffentlicht.
2. An die Reichsstelle für den Unterrichtsfilm Berlin pp.
3. An die Reichsleitung der NSDAP, Reichspropagandaleitung, Amtsleitung Film, in Berlin SW 61, Belle Allianceplatz-Str. 38.

gez. von Staa.

Anmerkung des Herausgebers:

Die Reichspropagandaleitung der NSDAP, Amtsleitung Film, stellt für den Film Vorbereitungshefte für Lehrer kostenlos zur Verfügung. Die Hefte werden nach dem üblichen Schlüssel verteilt. Sie werden über die Bildstellen bei den Gaufilmstellen angefordert.

T 58

Kein Lehrer konnte sagen, er wäre (sozusagen) uninformiert in diese Filme gegangen; im Gegenteil, er war durch diese staatspolitischen Filmhefte für den Unterricht geradezu gezwungen, sich konkret mit den jeweiligen Filmen auseinanderzusetzen und unterrichtlich vorzubereiten. So heißt es z.B. im letzten Absatz der Filmanweisung „Wolkenstürmer":

„Die Veranstaltung hat ihren festen Aufbau aufgrund des Min.-Erlasses (s. Umschlag S. 2), der mit Genehmigung auch die Reihenfolge festlegt. Wenn der erste Film (sc. „Wolkenstürmer") hinreichend im Unter-

richte vorbereitet ist, wird es keiner langen Einstimmung im Theater bedürfen. Wohl aber empfiehlt es sich, nach dem ersten Filme eine kurze Pause einzuschalten und in ihr auf den zweiten Film (sc. „Tag der Freiheit") vorzubereiten. Gerade nach der Spannung, die der erste Film erzeugt hat, empfiehlt es sich, darauf hinzudeuten, wie wir, umgeben von starken militärischen Mächten, gezwungen sind, uns gegen jeden Überfall zu wappnen. Wenn dann der Film mit der Führerrede und mit den Übungen unserer Wehrmacht vorbei ist, werden die beiden Nationallieder gesungen. Sie lassen den Film in kraftvollem Bekenntnis ausklingen."[173]

In **„Hitler-Junge Quex"**, den das Wittelsbacher Gymnasium am 28.10. und 31.10.1933 im Imperial-Lichtspielhaus besuchte, stand (u.a.) die antikommunistische Propaganda im Vordergrund. Das Drehbuch greift auf den Roman von Karl Aloys Schenziger zurück, der 1932 erschien und in dessen Mittelpunkt die Ermordung des jungen Herbert Norkus durch Kommunisten Anfang 1933 steht.

Raffiniert ist der Film vor allem deshalb, weil er vom Anfang bis zum Schluß darauf aus ist, realistisch zu wirken. Er beginnt mit den Straßenkämpfen zwischen Roten und Faschisten, zeigt das Klima des Terrors und Berlin mit seinen tristen Arbeiterwohnvierteln und Kneipen. Der Held des Films ist der 15 jährige Quex (abgeleitet von Quecksilber – der Schnelle, Gewitzte) aus den Arbeitervierteln, der durch eine Art höhere Führung und Berufung, trotz des Widerstandes seines kommunistischen Vaters zur HJ findet. Quex hat keine lässigen Manieren, hockt nicht rauchend unter Mädchen und Jungen zur Schlagermusik, sondern versammelt sich mit der HJ-Jugend am Lagerfeuer in Liebe zum Vaterland. Um von der HJ akzeptiert zu werden, hat er Spitzeldienste zu leisten. Er hatte den geplanten kommunistischen Angriff auf ein NS-Lokal ausspioniert und schließlich bei der Polizei angezeigt. Dies hatte ihm die schönste Belohnung eingebracht, von der ein HJ-Junge träumte: Die HJ-Uniform. Die realistische

Ausdrucksstärke des Films spitzt sich dramaturgisch zu, als Quex gegen Ende des Films auf einem nahezu leeren Platz mit seinem abgetretenen Pflaster von den Kommunisten eingekreist wird. Er wurde entdeckt, als er antikommunistische Flugblätter mit dem Titel „Hunger und Elend in Sowjet-Rußland" verteilte. Deshalb wird er umgebracht. Sterbend singt er die Worte des HJ-Liedes: „Unsere Fahne flattert uns voran...". Und dieses Lied wird von einer ungeheuren Menschenmenge aufgenommen, die unter wehenden Fahnen marschiert.

Es war bereits die Vorwegnahme aller großen NS-Aufmärsche. Der Film, der von dem bayerischen Regisseur und Pg. Hans Steinhoff gedreht wurde (Uraufführung 19.9.1933) sollte als Propagandafilm die Jugend fanatisieren, indem man ihr mit Hitler-Junge Quex ein Märtyrerideal anbot. Tausende, die sich Quex zum Vorbild nahmen, u.a. auch Schüler des Wittelsbacher Gymnasiums, starben später als Soldaten.

Natürlich sollte dieser Film auch die Elterngeneration ansprechen. Der Eltern-Kind-Konflikt nimmt eine wichtige Rolle ein. Der Vater prügelt z.B. seinen Sohn Quex dazu, die „Internationale" zu singen; die Mutter hält diesen ständigen Vater-Sohn-Konflikt nicht mehr aus und begeht Selbstmord.

Zum ersten Mal in der Filmgeschichte wandte sich ein großer Propagandafilm direkt an die Jugendlichen unter 20 Jahren. Wie sehr dieser Film **von der Schule als propagandistisches Hilfsmittel** aufgenommen wurde, zeigt die Bemerkung im Jahresbericht im Zusammenhang mit dem Film „Quex": *„Die Filmvorführungen ergänzen von Zeit zu Zeit die mündlichen Belehrungen."*[174]

Stolz meldete StR H. Poschenrieder im Jahresbericht: 20. Januar 1934: *„52 % aller Schüler bei HJ ... diese Zahl liegt über dem Durchschnitt der Münchner höheren Lehranstalten."*[175]

Der Film **„Der Alte und der Junge König"**, das Wittelsbacher Gymnasium besuchte ihn am 8.11.1935 in den Merkur-Lichtspielen, trägt den Untertitel „Die Jugend Friedrichs des Großen". Er fällt unter jene Filmgruppe, die den ideologischen Kult mit bedeutenden Männern der Geschichte betreibt.

Mit seiner NS-Botschaft richtet sich dieser Film ebenfalls und vor allem an die Jugend. (Die 7. und 8. Klassen der Neuhauser Volksschulen wurden nach Lehrerrats-Sitzungsprotokoll Alfonsschule ebenfalls aufgefordert, den Film zu besuchen).

Der „Alte und der Junge König" ist eine direkte Aufforderung zur völligen Unterwerfung, zum absoluten Gehorsam, den man dem Vater, den Vorgesetzten, dem Staatsoberhaupt schuldet. Indirekt ist er auch eine Botschaft an die Eltern, Autorität, Disziplin und Gehorsam notfalls mit Härte, Strenge und Bestrafung, einzufordern.

Abb. 33

Das Drehbuch entstand nach tatsächlichen Begebenheiten. Für König Friedrich Wilhelm I. zählen als Soldatenkönig nur Macht, Kapital und Soldaten. Er sorgt sich darüber, daß sich sein Sohn und Thronerbe nur für Bücher und Musik interessiert. Deshalb tadelt er absichtlich seinen Sohn, der ge-

genwärtig den Rang eines Hauptmanns hat, öffentlich auf dem Kasernenhof wegen seiner nichtmilitärischen Interessen. Da der Sohn diese Demütigung nicht erträgt, plant er mit seinem Freund, dem Leutnant Katte, die Flucht. Doch die Fluchtpläne werden entdeckt, der Sohn erhält Stubenarrest. Er darf keine französischen Bücher mehr lesen und nicht mehr musizieren. Schließlich wird dem König ein zweiter Fluchtplan hinterbracht; er prügelt seinen Sohn, gibt ihm Ohrfeigen, verbrennt seine Bücher, zerbricht seine Flöte, wirft ihn in Festungshaft, fordert Kattes Hinrichtung und zwingt seinen Sohn, bei der Enthauptung seines Freundes zuzusehen. Als der Vater Kattes um Gnade für seinen Sohn bittet, erklärt der König: *„Es ist besser, ein Leutnant Katte stirbt, als daß das Recht kommt aus der Welt."* Und Katte stirbt mit den Worten: *„Ich sterbe für meinen Herrn, den ich liebe."* Kattes Vater hat sich in den Willen des Königs gebeugt: *„Ich will mir einbilden - es sei Krieg - mein Sohn sei auf dem Felde der Ehre gefallen!"* Darauf der König: *„Herr von Katte - mein Kompliment!"*

Verständlich, daß auf diese Weise der Widerstand des Sohnes gebrochen wird. Der „Verlorene Sohn" beugt sich dem Willen des Vaters und dankt diesem auf dem Totenbett.

„König: 'Ich war wohl streng mit Dir?' Kronprinz: 'Ich bring Dir auch mein ganzes Herz dafür!' König: 'Ich wußte es ja, Du bist mein Sohn! Jetzt lege ich mein Land in Deine Hände, junger König!' Kronprinz: 'Sprich nicht mehr, Vater!' König: 'Generale! Dies ist Euer König! - Mach' Preußen groß!' Kronprinz: 'Lebwohl! Hab Dank!'"

Am Ende steht der junge König in Großaufnahme da als neuer „Siegfried" mit heroischem Aussehen. Der Film erhielt das Prädikat „staatspolitisch und künstlerisch besonders wertvoll, volksbildend".

Ob den Schülern des realgymnasialen Zweiges des Wittelsbacher Gymnasiums, die die französische Sprache lernten, die unterschwelligen Tendenzen in bezug auf die französische Literatur („Hurenlektüre") aufgefallen sind? Ob die Attacken gegen die humanistische Bildung („*was wissen die Tacitus und Livius von Ostpreussen*") Lehrern und Schülern nicht zu denken gaben? Doch noch weit schlimmer: Was geht dem Filmbesucher durch den Kopf, wenn der Alte König ruft: „*Der Wille des Königs ist Gesetz und was sich ihm nicht beugt, muß vernichtet werden*"[176], wenn nicht der naheliegende Gedanke: Der Wille ist Adolf Hitler, und was sich ihm und der NSDAP nicht beugt ... .

Wenn es im folgenden um die **NS-Filme der Leni Riefenstahl** geht, die die Schüler des Wittelsbacher Gymnasiums besuchten, so muß, um eine Verharmlosung zu vermeiden, Grundsätzliches ins Bewußtsein gehoben werden.

Der Nationalsozialismus umgab sich mit dem Mythos, der Erlösung versprach und deshalb absolute Verbindlichkeit beanspruchte. Die Sprache, die Gebärden, die Handlungen und Feiern hatten absichtlich quasi-religiösen Charakter. Die Art und Weise, wie Hitler und vor allem Goebbels von Blut und Rasse, von Volk und Reich, von Vorsehung, Tod und Auferstehung sprachen, klang so, als sei der Nationalsozialismus im Besitz der fundamentalen Wahrheit. Was das Christentum und die anderen Religionen vergeblich versprachen, das sei im Nationalsozialismus realistisch zu sehen; das Begreifen und Verwirklichen der großen Weltzusammenhänge inmitten unheiler Zustände; das offenkundige Wissen um die Wahrheit, das sich darstellt in der Kompetenz der Wertbestimmung und der Sinndeutung.

Die Propaganda für eine **„politische Religion"**, demonstrativ umgesetzt im nationalsozialistischen Mythos, mußte eine **filmische Realität** werden!
Leni Riefenstahl wurde von der Partei beauftragt, von dem **„Parteitag des Sieges"**, an dem (zwischen dem 1.-3. Sept. 1933) 500.000 Menschen in Nürnberg teilnahmen, einen Dokumentarfilm zu drehen. Sie wandelte das Motto des Parteitages in den Filmtitel **„Sieg des Glaubens"** um (Alle Schüler besuchten den Film am 7.3.1934 im Imperial-Lichtspielhaus). Mit einem kämpferischen Chorgesang wird der Film religiös-mythisch eingeleitet, der morgendliche Himmel bricht auf,

die städtebaulichen Kostbarkeiten werden sichtbar, Turmuhren künden den wahren Anbruch der Zeit, Spruchbänder und Hakenkreuze erscheinen. Kinder mit leuchtenden Augen heben den Arm zum obligatorischen Hitlergruß und zeigen damit auf den, der der oberste Verkünder und Heilsbringer ist. Der Führer trifft als letzter mit dem Flugzeug ein. Die Menge bricht in Ovationen aus, alle Kirchenglocken läuten! Am Abend nimmt Hitler Blumen in Empfang. Der stellvertretende Parteiführer Rudolf Hess eröffnet den Parteitag: „*Mein Führer! Sie waren uns als Führer der Partei der Garant des Sieges!*" Orchestermusik erklingt, dann singen alle das Niederländische Dankgebet: „*Wir knien nieder, um Gott dem Gerechten zu danken.*" Stürmisch begrüßt nun die HJ den Führer. Ihr widmet er nun seine 2. Rede:

„ *... Ihr müßt euch vielmehr in euerer Jugend bewahren, was ihr besitzt, das große Gefühl der Kameradschaft und der Zusammengehörigkeit ... Ihr seid das lebende Deutschland der Zukunft, nicht eine leere Idee, kein blasses Schemen, sondern ihr seid Blut von unserem Blute, Fleisch von unserem Fleische, Geist von unserem Geiste, ihr seid unseres Volkes Weiterleben ... Deutschland Heil!*"

Ein massives Heil kommt zurück. Es folgen Fahnenweihen, Kranzniederlegungen, schließlich die letzte große Rede des Führers an diesem Abend:

„*Der Parteitag unserer Bewegung war immer die große Heerschau ihrer Männer, die entschlossen und bereit sind, die Disziplin der Volksgemeinschaft nicht nur theoretisch zu vertreten, sondern auch praktisch ... eine Gemeinschaft, die sich zusammengefügt hat, vereint in einem großen Glauben und in einem großen Wollen ... Die Schuld unseres großen Volkes ist gelöscht ... Es lebe unser Volk!*"[177]

Die Premiere fand im Berliner „Ufa-Palast am Zoo" in Anwesenheit von Hitler und vielen ausländischen Repräsentanten statt. Als Abschluß wurde das „Horst-Wessel-Lied" gesungen.

Im gewissen Sinne war „Sieg des Glaubens" ein Vorläufer für den offiziellen Parteitagsfilm **„Triumph des Willens"** (Die Schüler des Wittelsbacher Gymnasiums sahen den Film am 9.5.1935 im Ufa-Palast!).

Das Motto des Parteitages wurde für den Film übernommen. Inhaltlich geht der Film auf Rosenbergs **„Mythus des 20. Jahrhunderts"** zurück:

> „...Worum es sich heute handelt, ist ... der Wil-
> lenhaftigkeit des Germanentums auf allen
> Gebieten nachzugeben."

In ihrem Buch „Hinter den Kulissen des Reichs-parteitag-Film" tönt Riefenstahl 1935:

> „Um neue filmische Wirkung zu erzielen,
> werden in großzügiger Weise mit Unterstüt-
> zung der Stadt Nürnberg Brücken, Türme
> und Bahnen gebaut, wie es bisher noch nie
> für einen Film gemacht werden konnte. So
> wird z.B. an einem 38 m hohen Eisenmasten
> in Luitpoldhain ein Aufzug gebaut, der elek-
> trisch betrieben den Operateur in wenigen
> Sekunden auf diese Höhe bringt ... Unser
> Arbeitsstab ist auf 120 Mann gewachsen ...
> Dazu 16 Wochenschau-Operateure, die mit
> ihrer großen Erfahrung eine wertvolle
> Unterstützung für den Film bedeuten."

Die Bildauswahl ist auch hier ganz im ideologi-schen Interesse des nationalsozialistischen Religi-onsmythos getroffen und ausgewählt: Die begei-sterten jungen Mädchen, die Mutter und ihre Kin-der, das fröhliche Lagerleben, die Solidarität von Arbeitern und Soldaten, Totenehrungen:

> „Ihr seid nicht tot; ihr lebt weiter für
> Deutschland!"[178]

Effektvoll verzichtet Riefenstahl auf einen Kom-mentar. Dieser wird jedoch durch Musik und Orginalreden ersetzt! Die Bildschnitte, vor allem

Hitler immer wieder in Großaufnahme, sollen ganz im Sinne der Sprache des „Völkischen Beob-achters" vom 10.11.1935 zeigen, daß der Führer *„bereits über das Maß des Irdischen hinausge-wachsen"* ist.

Auf der Biennale von Venedig 1935 erhielt die-ser Film den Hauptpreis als Dokumentarfilm.

Der Kurzfilm **„Tag der Freiheit"**, das Wittelsba-cher Gymnasium sah ihn im Juni 1937 im Gloria-Palast, wurde von L. Riefenstahl an einem Tag mit sechs Kameramännern gedreht.

Nach dem Orginaltext der Unterrichtsanwei-sung wird der Film mit folgenden Worten be-schrieben: Er *„beginnt mit künstlerisch gesehen sorgfältig ausgewählten Kleinbildern vom Zelt-leben am Morgen des Tages ... Nach dem Auf-marsch hören wir die Führerrede an unsere neue Wehrmacht ... Die Rede wird begeistert auf-genommen. Der Vorbeimarsch der verschiede-nen Wehrmachtsteile schließt sich an. Unsere Flieger brausen über das Feld, ordnen sich zu Verbänden und schließen sich zu einem Haken-kreuz"*[179], dem Mythos-Symbol des Nationalso-zialismus.

Worum es der Filmpropaganda geht, und L. Riefen-stahl weiß dies ganz genau und stellt sich bewußt und aktiv durch ihr filmisches Schaffen in diesen Dienst, ist folgendes: Der Filmbesucher (hier der Schüler des Wittelsbacher Gymnasiums) soll die Selbstinszenierung des „Dritten Reiches" erleben durch Verklammerung von sakraler Atmosphäre und dem Einsatz profaner Stimmungstechniken zur Herstellung von Massenbegeisterung. Die Wahl der Formelemente ist in allen Riefenstahlfil-men gleich: Massenaufmarsch, Gedenkzug, Chöre und Musik, Appelle und Gelöbnis, Fahnen, Fackeln, Feuerschalen – was immer Wirkung ver-sprach, wurde aufgegriffen. Ein Ritualgemisch ent-stand aus Elementen der Religionen, des Militärs, der folkloristischen Tradition; dazu kamen Form-elemente aus der Jugendbewegung, der Wagneria-nischen Operndramaturgie und der antiken My-thologie.

Mit **„Olympia"** (der antike Mythos wird hier zum

Prolog des Films) hat L. Riefenstahl nicht einen Film über die olympischen Spiele gedreht, sondern einen Film über das olympische Deutschland 1936, ganz im Sinne von Adolf Hitler:

„Der junge Volksgenosse muß in seiner körperlichen Kraft und Gewandtheit den Glauben an die Unbesiegbarkeit seines ganzen Volkstums wieder gewinnen.“ [180]

„Olympia" ist ohne Zweifel ein großes Ereignis in der Geschichte der Sportreportage. Trotz dieser Vorzüge besteht auch heute kein Anlaß zu einer Neueinschätzung des Films. Er steht ganz im Zeichen des nationalsozialistischen Mythos von Kraft, Gesundheit, Schönheit (alte, kranke, behinderte, häßliche Menschen wird man vergeblich unter den Stadionbesuchern finden) und Deutschtum; für die Masse der

Abb. 34

Deutschen ist Adolf Hitler der „Gott des Olympiastadions von Berlin". Der Film „Olympia II" wurde von allen Schülern des Wittelsbacher Gymnasiums am 28.11.1938 im Gloria-Palast besucht.

Am 21.12.1937 gingen die Schüler des Wittelsbacher Gymnasiums geschlossen (zwei jüdische Schüler befanden sich noch in der Klasse 2b: Kurt

Grünsfelder, Richard Lewin) in die Ausstellung **„Der ewige Jude"**, als „große politische Schau im Bibliotheksbau des Deutschen Museums" (auf einer Fläche von 3.500 qm, vom 8.11.1937 – 31.1.1938; 412.300 Besucher).

Die antisemitische Schulerziehung kann nicht in Abrede gestellt werden. (Ein schlimmes Dokument ist z.B. das Biologiebuch von Dr. Jakob Graf für die V. Klasse, verwendet am Wittelsbacher Gymnasium u.a. mit dem Kapitel „Maßnahmen zur Lösung der Judenfrage" – S. 173-175).

Seit Einführung der sog. „Jugendfilmstunden" im November 1939 übernahm schwerpunktmäßig neben der Schulleitung die HJ-Organisation am Gymnasium (angeführt von 1933-1937 durch den HJ-Vertrauenslehrer StR. Hermann Poschenrieder, ab 1938 durch StP. Hans Ritter v. Drechsler) die Filmpropaganda. Die drei antisemitischen Filme wurden über die HJ-Filmvorführungen organisiert. Die sonntägliche Filmstunde (die Eintrittspreise waren hier verbilligt) wurde auf 11 Uhr festgelegt. Um den sonntäglichen Kirchgang zu verhindern, mußte man sich aber bereits um 9 Uhr am HJ-Versammlungsort treffen, und wurde deshalb zwei Stunden lang beschäftigt, z.B. durch Stadtspaziergänge, bis dann um 11 Uhr, häufig im „Schloßtheater", die Filmvorführung begann.

Ohne die Gaufilmstelle in München lief nichts. Es war also eine effektive Zusammenarbeit zwischen Schule, Filmverleih, Kinobesitzer, HJ und Gaufilmstelle notwendig. Da OStD Hudezeck seit 1937 aktiv in der Ortsgruppe mitarbeitete, garantierte er eine reibungslose Zusammenarbeit.

Die Filme „**Der ewige Jude**", „**Jud Süß**" und „**Die Rothschilds**" wurden also in Zusammenarbeit mit dem HJ-Vertrauensmann der Schule als „Jugendfilmstunde" außerhalb der Schule organisiert. (Die „Geschichtswerkstatt Neuhausen e.V." konnte von Dr. Mencke, einem Schüler des Wittelsbacher Gymnasiums, das Orginal-Film-Programm „Jud Süß" käuflich erwerben; die HJ-Veranstaltung „Film: Jud Süß" fand am 24.1.1941 in den Merkur-Lichtspielen statt.)

T 59

Was diese drei Filme angeht, so ist folgendes Hintergrundwissen wichtig:

Im Nov. 1938 fand unmittelbar nach der Reichskristallnacht eine innerministerielle Besprechung statt, bei der Göring angekündigt hatte: „*Wenn das Deutsche Reich in irgend einer absehbaren Zeit in einen außenpolitischen Konflikt kommt, so ist es selbstverständlich, daß auch wir in Deutschland in aller erster Linie daran denken werden, eine große Abrechnung an den Juden zu vollziehen.*"[181]

Am 3. Sept. 1939 ist für Hitler diese ersehnte Gelegenheit eingetreten, als er triumphierend in einem „Aufruf an die NSDAP" feststellt: „*Unser jüdisch*

Biologie

für Oberschule und Gymnasium

Von

Dr. Jakob Graf

3. Band für Klasse V

Der Mensch und die Lebensgesetze.

Das Suchen nach Gesetzmäßigkeit ist das entscheidende Kennzeichen der germanischen Forscherseele. Das Gesetz der Welt ist für uns das große Wunder der Welt gewesen. Nicht die sogenannte „Durchbrechung" der Gesetze durch Zaubereien.
Alfred Rosenberg (15. 2. 1938 in Halle).

Mit 89 Abbildungen,
25 schwarzen und 7 farbigen Tafeln
nebst einem Anleitungsheft zur Familienkunde

J. F. Lehmanns Verlag München/Berlin 1940

139

Illustrierter
Film-Kurier

Jud Süß

Abb. 35

demokratischer Weltfeind hat es fertig gebracht, das englische Volk in den Kriegszustand des Deutschen Volkes zu stellen." Diese Behauptung beinhaltet die „Vernichtung der jüdischen Rasse", die Hitler schon am 30.1.1939 in einer Reichstagssitzung „prophezeit" hatte (Domarus, S. 1058 - Hitler wiederholte diese Drohung am 30.1.1941 und 30.1.1942).

Bei dieser Reichstagssitzung hatte er zugleich mit der **Herstellung antisemitischer Filme** gedroht, als Vergeltung für die Absicht der amerikanischen Gesellschaft, „antinazistische, d.h. antideutsche Filme" zu drehen. Natürlich dachte Hitler dabei an die Auftragsfilme „Die Rothschilds", „Jud Süß" und „Der ewige Jude", die zwar erst 1940 uraufgeführt wurden, aber zum Zeitpunkt der Rede schon in Vorbereitung waren.

Hitler erhoffte sich mit seiner Androhung zweierlei: Das „internationale Judentum", an dessen Realität er fanatisch glaubte, werde aus Angst und Verantwortung um die deutschen Juden, die ausländischen Regierungen zur Nachgiebigkeit drängen. Zweitens vertraute er darauf, daß jeder deutsche Mißerfolg in mehr Haß gegen die angeblichen Urheber, die Juden, umschlägt. Hitler wollte bei dieser Gelegenheit nachholen, was seiner Meinung während des ersten Weltkrieges versäumt worden war:

„Hätte man zu Kriegsbeginn und während des Krieges einmal zwölf- oder fünfzehntausend dieser hebräischen Volksverderber so unter Giftgas gehalten, wie 100-tausende unserer allerbesten Arbeiter aus allen Schichten und Berufen es im Feld dulden mußten, dann wäre das Millionenopfer der Front nicht vergeblich gewesen." [182]

Wie die antisemitische Filmpropaganda vorgeht, stellt Hermann Wanderscheck in der „Filmwelt" fest, daß nämlich *„der deutsche Film aus der Anekdote die weltpolitische Belehrung macht."* Wie er das meint, erklärt er folgendermaßen: *„Der deutsche Film 'Die Rothschilds' entlarvt am Beispiel der Schlacht von Waterloo die rücksichtslose jüdische Gewaltnatur, aus dem vergossenen*

Blut der Völker Riesenprofite und Zinsen zu ziehen. Einmalig in der Weltgeschichte ist diese Geschichte vom gemeinen Taschenspielertrick Rothschilds, der mit seinen lumpigen Jobbern der Londoner Börse aus millionenfacher Ehre millionenfachen Profit zog. Da starben die besten Soldaten Europas, Niederländer, Preußen, rheinische und braunschweigerische Männer auf dem Schlachtfeld bei Waterloo - und eine dritte Macht war es, die aus Blut Kapital zog: Der Bankier Rothschild." [183]

Auf folgenden Gedankensprung sollte also der - Kinobesucher - hier der Gymnasiast des Wittelsbacher Gymnasiums - propagandistisch-psychologisch vorbereitet werden: Die Juden ziehen aus dem Tod deutscher Soldaten Profit, also muß man die Juden für den Tod deutscher Soldaten büßen lassen; habt also Verständnis für die NS-Judenpolitik!

Es ist heute erwiesen, daß die drei antisemitischen Hetzfilme (von Juli bis November 1940) parallel liefen mit den entscheidenden Änderungen in der Judenpolitik des Dritten Reiches: 1940 werden die ersten deutschen Juden nach Polen deportiert, 1940 entsteht der Plan Eichmanns, die Juden nach Madagaskar zu zwingen, 1940 ergeht der Befehl zur Errichtung des jüdischen Ghettos in Warschau.

Auch hier wird wieder deutlich, daß man über die NS-Filme nicht sprechen darf, wenn man den konkreten politisch-gesellschaftlichen Hintergrund nicht hervorholt! Die Propaganda zeigt sich natürlich auch hier wieder von ihrer teuflischen Seite. Goebbels gab in einer Pressekonferenz am 26.4.1940 folgende Anweisung: *„Wenn jetzt einige Judenfilme heraus kommen, möge man sie nicht von vornherein als antisemitisch bezeichnen. Sie zeigen das Judentum wie es ist. Wenn sie antisemitisch wirken, liegt das nicht an einer besonders erstrebten Tendenz."* [184]

„Die Rothschilds" sind nach dem bekannten Schema der NS-Propaganda aufgebaut: Ein historisches Faktum wird tendenziös gedeutet und absichtlich verfälscht; zugleich wird die historische Person mit allen nur ausdenkbaren Eigenschaften des antisemitischen Judenklischees charakterisiert. Die gutgläubigen Kinobesucher, hier die Schüler des Wittelsbacher Gymnasiums, sollen durch den Film in hellen Zorn versetzt werden, nach dem Motto: Die Rothschilds leben in Frankfurt in Saus und Braus, jammern aber über Armut, während dessen sie um Zinsen schachern und sich am deutschen Soldatenblut bereichern.

Mit dem Start des Films **„Jud Süß"** erreicht die antisemitische Filmaktion ihren Höhepunkt. Auch hier wird die Lebensgeschichte eines geschichtlich bekannten Juden aus der Epoche des beginnenden 18. Jahrhunderts benutzt, um mit den Stilmitteln der bewußten Geschichtsfälschung antisemitische Propaganda zu machen:

Der Hofjude Süß Oppenheimer hatte sein Leben am Galgen beendet; sein Schicksal soll das der deportierten Juden begreiflich machen.

Psychologisch raffiniert wird die Vergewaltigungsszene vorbereitet, damit die Emotionen der Entrüstung angeheizt werden. Ganz im Sinne dieser Empörung schreibt Albert Schneider in der Filmwelt:

„Es wäre leicht gewesen, den Jud Süß als schmierigen, ekelerregenden Dreckjungen zu schildern. Harlan (= Regisseur) zeichnet eine Erscheinung, ausgestattet mit allem Scharm der satanischen Verführungskünste, zwar einen Teufel, aber einen Teufel als Don Juan. Dieser Jud Süß ist gewiß und zuallererst ein großer Verbrecher, aber er ist zugleich eine Erscheinung, in der die Gefährlichkeit des jüdischen Charakters, seine Amoralität, seine Bedenken- und Skrupellosigkeit, seine Hemmungslosigkeit zusammengefaßt sind und zum Ausdruck kommen. So wird sein Aufstieg verständlich. So glaubt man seine Erfolge, die er erringt, weil ihn die Gier bei Tag erfüllt und nachts nicht schlafen läßt, weil der verzehrende Durst nach Macht und Geld jedes Mittel zur Vernichtung und Zerstörung die einzige, jedes Gesetz und jede Schranke brechende Triebkraft seines Handelns ist. Er ist auch dem Herzog nicht treu, sondern er dient nur seinen eigenen Interessen, hat nur sie im Auge. Er geht über Leichen.

Abb. 71. Maske des „Parasiten". Unteritalien 4. Jh. v. Chr. — Vgl. mit Fig. 3 Tfl. 20!

Abb. 72. Der Geist des Bösen. Steinbildwerk vom Notre Dame in Paris mit jüdischen Gesichtszügen.

Abb. 36: Aus dem Biologiebuch V. Klasse

*Und vor allem sucht er täglich und stünd-
lich nach der Befriedigung einer schranken-
und schamlosen erotischen Gier. Nicht seine
materiellen Verfehlungen, nicht sein Wucher,
seine Unterschlagungen, sein politisches
Ränkespiel bilden die Grundlage des Urteils,
sondern sein Frevel an den heiligen Geset-
zen der Rasse.“* [185]

Carl Linfert spricht in der „Frankfurter Zeitung“
noch eindeutiger: *„Spitz und konsequent ruft der
Film die Erbitterung hervor – nicht nur gegen
die Schlechtigkeit, die in der Welt vorkommt, sondern vor allem gegen den Exponenten solcher
Schlechtigkeit. Der aber vollführt seine bösen
Taten nicht, weil sie ihm Nutzen bringen. Vielmehr: Er hat Lust daran, und erscheint hierzu
vorbestimmt durch seine Rasse.“* [186]

Schon am 30. Sept. 1940, sechs Tage nach der Uraufführung, veranlaßte der Reichsführer der SS
Heinrich Himmler, *„Vorsorge zu treffen, daß die
gesamte SS und Polizei im Laufe des Winters den
Film 'Jud Süß' zu sehen bekommt.“* [187] Dieser Film
wurde in den besetzten Ostgebieten der Bevölkerung immer dann vorgeführt, wenn eine *„Aussied-
lung oder Liquidation der Juden“* [188] bevorstand.
    Nach dem Überfall auf die Sowjetunion am
22.6.1941 folgten dem Militär, die aus SD-Männern
und Polizeiangehörigen der Feldgendarmerie zu-
sammengesetzten berüchtigten „Einsatzgruppen“,
die systematische Pogrome veranstalteten. Dabei
wurden 100tausende von Juden, Zigeunern und
politischen Gegnern ermordet.

Etwa zwei Monate nach der Uraufführung von
„Jud Süß“, am 28.11.1940, wurde im Berliner-Ufa-
Palast ein „Dokumentarfilm über das Weltjuden-
tum, 'Der ewige Jude'“ uraufgeführt und tags darauf in 66 Lichtspielhäusern Großberlins gleichzeitig gestartet (s. Ausstellung Deutsches Museum
1937). Den Begriff der „ewige Jude“ griffen die Nationalsozialisten auf aus der christlichen Legende
von Ahasver, einem Juden, der dem kreuztragen-
den Jesus angeblich die Rast vor seinem Haus verwehrt hatte und der seitdem zur Strafe durch die
Welt ziehen mußte, ohne im Tod Erlösung zu

finden. Die Sage wurde im 13. Jahrhundert erstmals aufgezeichnet.

Die NS-Propaganda sah in dieser Sagengestalt den
„Beweis“ dafür, daß schon frühere Zeiten kein Verständnis für das ruhelose Umherwandern der
Juden hatten. Der „ewige Jude“ wurde als Urfeind
des „ewigen Deutschland“ vorgestellt. Dabei gab
man dem Wort „ewig“ einen zweifachen Hintergrund: Einmal der arische Mensch, der in der Kette
der Ahnen und Nachkommen die „Ewigkeit des
Lebens“ zu fassen hat; dagegen der Jude, der dem
ewigen Antrieb seiner Rasse folge, jede andere
Rasse zu vergiften, um schließlich die Weltherr-
schaft zu erobern. – Die Idee zu dem Film stammt
von Dr. Eberhart Taubert, die Gestaltung hatte Dr.

Abb. 68. Jude aus Deutschland.
Negerischer Einschlag.

Abb. 37: Aus dem Biologiebuch der V. Klasse

Fritz Hippler, Leiter der Filmabteilung im Propaganda-Ministerium.

Über die Entstehung dieses Films schreibt Regisseur Hippler in seinem Buch „Die Verstrickung". Am 8.10.1939 beauftragte mich Goebbels: *„Fahren Sie noch morgen mit ein paar Kameramännern (es waren 6) nach Litzmannstadt (Lodz) und lassen Sie alles filmen, was Ihnen vor die Flinte kommt. Das Leben und Treiben auf den Straßen, das Handeln und Schachern, das Ritual in der Synagoge, das Schächten nicht zu vergessen."*

In der Fachzeitschrift „Der Film" (25. Jhrg., Nr. 48) dokumentiert Hippler in seinem Artikel „Wie der ewige Jude entstand" (am 30.11.1940): *„Sofort, nachdem ich den Auftrag zur Herstellung des Films erhalten hatte, setzte ich in Lodz, Warschau, Krakau, Lublin usw. Kameratrupps ein ... ."* Natürlich wurde wieder das gleiche Propaganda-Spiel betrieben: **Die Lüge Dokumentarfilm!**

Hippler schreibt (s.o.): *„Eine unmittelbare Wirklichkeitswirkung zu erzielen, ist nur dem Dokumentarfilm gegeben: und um einen solchen handelt es sich beim Film 'Der ewige Jude'! Hier werden Juden nicht dargestellt, sondern sie zeigen sich selbst, wie sie sind: Kein einziges Bild ist hier gestellt, kein Jude etwa zu einer besonderen Handlung oder Stellung gezwungen worden."* Die Lüge war, daß der „Dokumentarfilm" dem Kinobesucher Gelegenheit geben sollte, *„das Judentum an seiner Niststätte"* (original Filmton) kennenzulernen und Hippler fährt fort: *„eine einzige Apotheose der Dunkelheit des Schmutzes, der Verkommenheit und des brütenden Untermenschentums."* (s.o.).

Natürlich war es für die Kameratrupps nicht schwer, Aufnahmen von *„schmutzigen und verwanzten Wohnlöchern"* [189] zu machen. Allein auf dem Gelände des Warschauer Ghettos, einem früheren Elendsviertel der Stadt, waren fast 500.000 Menschen zusammengepfercht worden. Das Warschauer Ghetto wurde auf Veranlassung der Deutschen am 16.10.1940 eingerichtet und

am 31.10. für Polen geschlossen. Die jüdische Bevölkerung Warschaus betrug ursprünglich 350.000 Menschen, erhielt aber in den ersten Kriegswochen aus allen Teilen des Landes einen starken Zustrom an Flüchtlingen. 1941 starben im Ghetto 7000 Menschen an Seuchen. Der polnische Jude Bernhard Goldstein schrieb später über die Dreharbeiten, die er in Warschau beobachtet hatte:

„Die Kamera der Nazis wurde mit Sorgfalt gerichtet, sowohl wenn sie wirkliche Szenen aufnahmen, als auch, wenn sie schließlich gestellte Bilder festhielten. Die in den Straßen umherliegenden Leichen, die ausgehungerten menschlichen Gerippe, die halbnackten, sich selbst überlassenen, bettelnden Kinder – diese Bilder wurden vor der Kamera nie erfaßt." [190]

Der Kinobesucher sollte im Film das Vorurteil bestätigt finden, daß der „Typische Jude" sich nicht wasche, zu faul zur Arbeit sei und apathisch im Schmutz verkomme. Der Staat tut recht daran wie die ekelerregenden Bilder beweisen, diesen „Saustall" auszumisten.

Bei den eingeschnittenen Rattenszenen konnte Hippler sicher sein, daß sie Widerwillen hervorriefen. Er griff Hitlers Vergleich der Juden mit einer „Rotte von Ratten" [191] auf und der Filmkommentar erläutert unwissenschaftlich:

„Sie sind hinterlistig, feige und grausam und treten meist in großen Scharen auf. Sie stellen unter den Tieren das Element der heimtückischen, unterirdischen Zerstörung dar, nicht anders als die Juden unter den Menschen." Und gleich als nächste Behauptung: *„Das Parasitenvolk der Juden stellt einen großen Teil des internationalen Verbrechertums."* [192]

Die nächste Lüge und Täuschung war mit dem Stichwort „jüdische Assimilationsfähigkeit" gegeben. Hippler verriet seine Absicht:

Der Jude im Berufsleben.

Im Jahre 1925 betrug der jüdische Bevölkerungsanteil in Deutschland rund 1%. Wohlhabende Gebiete sowie die S t ä d t e wurden als Wohnort vom Juden bevorzugt. In Preußen wohnten 75% der Juden in Großstädten. Nicht weniger als 43% aller in Deutschland lebenden Juden wohnten in Berlin und

Abb. 69 u. 70. Ostjuden. — Beachte die Rasseneigentümlichkeit in Haltung und Gebärden.

13% in Hessen=Nassau. Der jüdische Bevölkerungsanteil von Berlin betrug 4,3%, von Frankfurt a. M. 2,2%.

Daß der Jude die Städte zum Aufenthalt bevorzugte, beweisen auch die folgenden Vergleichszahlen. 1925 wohnten in Preußen:

von 10 Deutschen in Kleinstädten und auf dem Lande 7, in Großstädten 3;
von 10 Juden in Kleinstädten und auf dem Lande 3, in Großstädten 7.

Die Juden verteilten sich im Jahre 1925 in P r e u ß e n folgendermaßen auf die einzelnen **Berufe:**

Abb. 38: Biologiebuch V. Klasse

„ ... der harmlose Zeitgenosse nimmt nun einmal die Menschen, mit denen er es zu tun hat, so, wie sie sind; er wird von einem Juden, der schon Jahre und Jahrzehnte in einer europäischen Großstadt wohnt, lediglich feststellen, daß er einen durchaus zivilisierten und normalen Eindruck macht. Wie anders aber, wenn er gleichzeitig das Bild vor Augen haben würde, das der Jude vor oder während seiner Einwanderung geboten hätte. Die Gegenüberstellung dieser Kontraste habe ich mir nun besonders angelegen sein lassen." [193]

Schließlich beschrieb er auch das im Film angewandte Verfahren:

„Wir haben uns besonders markante Typen von Ghetto-Juden ausgesucht und sie so filmisch porträtiert, wie sie im Ghetto herumzulaufen pflegen: mit Paies und Vollbart, Kappe und Kaftan; dann haben wir sie geschoren und rasiert, sie in europäische Anzüge gesteckt und dann wieder in derselben Art aufgenommen, dergestalt, daß dieses Bild aus dem ersten herausblendet, und siehe da, der Ghetto-Jude war nicht wiederzuerkennen, wenngleich auch die zweite Erscheinungsform nicht gerade anziehend aussieht."

Im weiteren braucht auf die widerwärtig erzwungenen Synagogen- und Schächtungsszenen nicht eingegangen werden, die die jüdische Grausamkeit beweisen sollten. Der Film endet mit einer arischen Sequenz: Ein Wochenschau-Ausschnitt wiederholt Hitlers Auftritt vor dem Reichstag am 30.1.1939, bei dem er die Vernichtung der jüdischen Rasse angekündigt hatte, und läßt die Heilrufende blonde Jugend vorbeiziehen.

Die Wirkung der Abschlußszene schildert Robert Volz in der Zeitschrift „Der deutsche Film" (6.12.1940): „Der Ausklang ist wie eine Rückkehr ans Licht. Deutsche Menschen, deutsches Leben umgibt uns wieder. Wir kommen aus weiter Ferne, und wir empfinden den Abstand, der uns

vom Juden trennt, mit einem körperlichen Schauer."

In den angeblichen Dokumentarfilm sind aus folgenden Spielfilmen Ausschnitte und Zitate hineingeschnitten worden; aus polnisch-jüdischen Filmen: „Yidl Mitn Fidl" (1936); „Der Purimschpiler" (1937); aus US-Filmen: „The House of Rothschild" (1940); aus deutschen Filmen: „Der Mörder Dimitri Karamasoff" (1931); „M" (1931).

Als letztes Beispiel raffinierter Filmpropaganda, der Film **„Unternehmen Michael"**, – die Wittelsbacher Gymnasiasten besuchten ihn am 29.6.1938 im Gloria-Palast – war gezielt auf einen möglichen Rußlandkrieg ausgerichtet. Die Vorgänge um diesen Film zeigen auch, wie fest die Propaganda neben dem Film die Presse im Griff hatte und beide wechselseitig aufeinander abstimmten. In einer Pressemitteilung vom 27.5.1937 heißt es:

„Vertraulich gab schließlich Körber Richtlinien für die pressemäßige Behandlung des Films 'Unternehmen Michael'. Der Film wurde im engsten Einvernehmen mit dem Reichskriegsministerium hergestellt. Es soll ein Film zustande kommen, der nicht die Form der üblichen gestellten Kriegsfilme habe, sondern ein Film, in dem besonders die menschlichen Qualitäten, das Heroische herausgestellt werden sollen. Als Grundlage sei ein historischer Stoff aus dem Jahr 1918 von der Westfront gewählt. Bei Vornotizen und Artikeln, wie auch in der Besprechung nach dem Anlaufen des Films, müsse vermieden werden, daß irgendwie zum Ausdruck komme, daß das Reichskriegsministerium an der Herstellung des Films beteiligt sei. Ferner müsse vermieden werden, daß in der Vorbesprechung schon der Inhalt des Films bekannt werde." [194]

Karl Ritter, neben Hippler, Junghans, Steinhoff und Harlan ein weiterer Filmemacher der NS-Zeit, drehte diesen Film 1937 (daneben zugleich „Patrioten"). Ritter war selbst ehemaliger Offizier. Erzählt wird eine deutsche Frühjahrsoffensive an der Westfront im Jahr 1918, in deren Verlauf ein kleines französisches Dorf eingenommen und vernichtet wird.

Erwin Leiser schreibt in seinem Buch „Deutschland erwache":

„Es wird nicht gefragt, ob diese Offensive sinnvoll war. Es wird verschwiegen, daß ihr Ziel, die Verhinderung einer Vereinigung der französischen und englischen Armeen, nicht erreicht wurde. Wer die deutsche Geschichte nicht kennt, muß sogar annehmen, Deutschland habe den ersten Krieg gewonnen. Der Kommandierende General ist eine Vatergestalt, deren Ähnlichkeit mit Hindenburg unverkennbar ist und doch nur angedeutet ist. Der Held des Dramas ist ein Generalstabsmajor, der seinen Posten im Hauptquartier mit der Führung des Sturmbataillons vertauscht und in der Schlacht getötet wird. Die Schlußworte des kommandierenden Generals sind an ihn gerichtet: 'Sie wissen es genau wie ich. Nicht nach der Größe unseres Sieges wird man uns einmal messen, sondern nach der Tiefe unseres Opfers.'" [195]

Im letzten Jahresbericht des Wittelsbacher Gymnasiums 1940/41 werden nur noch – was die Filmbesuche angeht – die gemeinsam besuchten **„Wochenschauen"** erwähnt.

Die „Wochenschauen" waren bei den Jugendlichen sehr beliebt und spielten während des Krieges eine immer größere Bedeutung in den Kinoprogrammen. Anfangs hatten sie eine Länge von 350 m, später bis 1200 m (= 45 Minuten). Am 21.11.1940 faßte man die Wochenschauen von Ufa/Fox/Tobis zur „Deutschen Wochenschau" zusammen. Sie waren ganz der persönlichen Kontrolle von Goebbels unterstellt. Er trat je nach Wichtigkeit des Anlasses selbst in Ihnen auf. Die Wochenschau vom 27.2.1943 zeigte ihn z.B. mit seiner Sportpalastrede vom 18.2.1943, in der er von den Deutschen die Zustimmung zum „totalen Krieg" forderte. Der Personenkult wurde in den Wochenschauen immer intensiver.

Ludwig Heyde schrieb in seiner Broschüre „Presse, Rundfunk und Film im Dienste der Volksführung" (1943): *„Die Wochenschau insbesondere ist der gegebene Ort propagandistischer Einwirkung, um die Welt des Führers allen Volksgenossen nahezubringen und sein Wesen als Verkörperung des gesamtdeutschen Seins fühlbar werden zu lassen."*

Wie früh die Schüler auf einen möglichen Rußlandkrieg vorbereitet wurden, belegt folgende Notiz: Während der Zeit vom 7.10.1936-11.10.1936 *„erfolgte in sämtlichen Klassen eine der Altersstufe entsprechende eingehende Aufklärung über den Bolschewismus und die der Welt durch diesen drohende Gefahr."* [196]

Die „Wochenschauen" sollten das Gefühl vermitteln, der einzelne Kinobesucher sei über das ganze Geschehen informiert und eingebunden. Natürlich erfüllten die Wochenschauen genau den Zweck, den Goebbels am 10.5.1942 in seinem Tagebuch so beschrieb: *„Die Nachrichtenpolitik im Krieg ist ein Kriegsmittel. Man benutzt es, um Kriege zu führen, nicht um Informationen auszugeben."*

Wie tragisch die Äußerungen des OStD Karl Hudezeck am Ende des letzten gedruckten Jahresberichtes von 1940/41 (er nimmt Bezug auf die „Wochenschau-Filme".)! Ideologisch verblendet schreibt er: *„Der gemeinsame Besuch der Filmvorführungen des Zeitgeschehens ... dies alles wird den Schülern die Erinnerung an Größe und Bewegtheit der Zeit unauslöschlich festhalten."*

Vielleicht ist es gut, nachdem an 13 Filmbeispielen entscheidende Themenaspekte des NS-Films herausgestellt wurden, die Tragweite der schulischen Beeinflussung sichtbar geworden ist, am Ende die abschließende Frage zu stellen: **Was ist nun ein nationalsozialistischer Film?**

Vielfach wird angenommen, es sei das sog. nationalsozialistische Drum und Dran: die Wehrmacht, die Autobahn, der Volksempfänger, die Soldaten, die Aufmärsche, die Hakenkreuzfahnen, die Heilrufe usw.

Selbst Goebbels hatte in seiner „Eröffnungsrede vor der Reichskulturkammer" gesagt:

„Ich wünsche nicht etwa eine Kunst, die ihren nationalsozialistischen Charakter lediglich durch Zurschaustellung nationalsozialistischer Embleme und Symbole beweist, sondern eine Kunst, die ihre Haltung durch Aufraffen nationalsozialistischer Probleme zum Ausdruck bringt."

Wilhelm Müller-Scheldt beantwortet die abschließend gestellte Frage so:

„Jeder x-beliebige Stoff, gleich ob er in der Vergangenheit oder in der Gegenwart, ob er im Ausland oder im Inland spielt, ist dann nationalsozialistisch, wenn er geschaut und geordnet wurde von einer nationalsozialistischen Persönlichkeit, der die Gesetze und Ziele der Bewegung bereits zur zweiten Natur geworden ist. Also nicht die äußere Erscheinung an sich ist für den Begriff nationalsozialistisch entscheidend, sondern die Psychologie und die Kausalität." [197]

Als Ausdrucksmittel einer totalitären Herrschaft verkünden die NS-Filme einmal das „Credo" der nationalsozialistischen Weltanschauung; in ihrer Gesamtheit präsentieren sie sich gleichsam als textgetreues Bilderbuch zu der in „Mein Kampf" veröffentlichten faschistischen Weltsicht. Zugleich aber verraten sie auch die psychologischen Gegebenheiten im damaligen Deutschland, verraten die heimlichen Wünsche und Vorstellungen, die inneren Haltungen und Steuerungen der Propagandisten und Filmhersteller.

Der Film als Erziehungsmittel

Eröffnung der Spielzeit 1942/43 der Jugendfilmstunden

Der Film als Erziehungsmittel der Jugend gewinnt von Jahr zu Jahr an Bedeutung. Je mehr es die Filmschaffenden als ihre Aufgabe ansehen, das Leben der g r o ß e n G e s t a l t e n d e r d e u t s c h e n G e s c h i c h t e zum Erlebnis der ganzen Nation zu machen, je mehr der Film von dem bloßen Zweck als Unterhaltungsmittel abrückt, um E r z i e h u n g s m i t t e l zu werden, desto mehr Platz wird er auch innerhalb der Erziehungsarbeit der Jugend einnehmen. Filmen wie „Bismarck", „Der Große König", „Heimkehr" und vielen anderen, die das Prädikat „jugendwert" erhalten haben, gehört die Begeisterung der ganzen Jugend. Sie halten dem jungen Menschen ein leuchtendes Vorbild vor Augen und helfen mit, Jungen und Mädel zu erziehen und zu formen.

Am vergangenen Sonntag wurde i m g a n z e n R e i c h mit einer Übertragung der Eröffnungsjugendfilmstunde der Hitler-Jugend im Ufa-Palast am Zoo mit den Reden von Reichsminister Dr. G o e b b e l s und Reichsjugendführer A x m a n n die Spielzeit 1942/43 eröffnet.

Im G e b i e t H o c h l a n d fanden hierzu i n s g e s a m t 60 Jugendfilmstunden statt. In M ü n c h e n , wo in 19 Jugendfilmstunden insgesamt 13 000 Pimpfe und Jungmädel erfaßt wurden, sprach im Luitpoldtheater Bannführer E c k l über Sinn und Zweck der Jugendfilmstunde.

Anschließend an die Übertragung sahen die Jugendlichen den Film „Andreas Schlüter". Die Veranstaltung wurde durch die gemeinsamen Lieder der Jugend und durch den Fanfarenzug umrahmt.

T 60

Vom „Saulus" zum „Paulus" –
Religionslehrer Valentin Aumüller
(Dokumentation im Zusammenhang mit einer nicht haltbaren Geschichtsbucheintragung)

Abb. 39

Der Luftangriff auf München am 25. April 1944 zerstörte u.a. das Erzbischöfliche Ordinariatsgebäude und die dazugehörige Registratur, so daß u.a. auch das Personalaktenmaterial, abgesehen von einigen Einzelstücken, vollständig vernichtet wurde.

Um dennoch NS-Geschichte festmachen zu können, gab im Sommer 1946 Kardinal Michael Faulhaber dem erzbischöflichen Ordinariat den Auftrag, einen Fragebogen (nachträglich mit dem Buchstaben A gekennzeichnet) über die nationalsozialistische Verfolgung Kath. Geistlicher an alle Priester im Erzbistum hinauszugeben, damit sie die *„wegen beruflicher oder staatsbürgerlicher*

Betätigung in den Jahren 1933 bis 1945 gegen sie erfolgten Maßnahmen" eintragen.

Die Mängel, die dieser Fragebogenaktion anhaften, werden exemplarisch an der Person Valentin Aumüller sichtbar, was aber den singulären Wert dieser Aktion und deren Ergebnisse nicht grundsätzlich in Frage stellen soll!

Als Mängel lassen sich, was den „Ist-Zustand" der Fragebogenaktion von 1946 angeht, rein formal nennen:

1. Die Anzahl der Fragebögen von 1946 ist nicht mehr vollständig vorhanden; dies ist mit dem Hinweis kommentiert: „ *... die entweder nicht mehr existieren oder mindestens bis zur Stunde verschollen sind; denn die 1946 errechneten Gesamtzahlen liegen durchweg höher als die Zahlen, die aus dem im Jahr 1980* [in diesem Jahr erfolgte gemäß Beschluß der Deutschen Bischofskonferenz eine ähnliche neue Fragebogenaktion, mit B versehen] *noch erreichbaren Material erhoben werden können."* [198]

2. Der Bearbeiter des Fragebogens, der eine handschriftliche Auswertung hinterlassen hat, ist namentlich als Person nicht bekannt!

3. Die Auswertung des unbekannten Bearbeiters von 1946 liegt zwar vollständig als *„handschriftliches Konzept"* vor, wurde aber *„offensichtlich nie ins Reine geschrieben, nie veröffentlicht, nie gedruckt."*

4. Das Fehlen differenzierter Zeit- und Inhaltsangaben (z.B. genaues Datum; Wortlaut der Verwarnung usw.).

5. Das Fehlen einer objektiven Verankerung des gesammelten Materials. Alle Angaben beruhen

auf persönlichen, subjektiven Eintragungen in den Fragebogen A.

In dem zweibändigen Werk „Das Erzbistum München und Freising in der Zeit der nationalsozialistischen Herrschaft", Herausgeber Prof. Dr. Georg Schwaiger (Schnell u. Steiner, 1984), wurden erstmals u.a. die Auswertungsergebnisse von 1946 bzw. 1980 publiziert.

Hier steht in Band I auf Seite 409 folgende Eintragung:

> *„Nr. 21. Aumüller, Valentin*
> *geb. 1.12.1906 München*
>
> *Religionslehrer in München am Wittelsbacher Gymnasium ab 1937. Verwarnung im Jahr 1938 durch Gestapo München wegen Äußerungen im Religionsunterricht. Trotz der hauptamtlichen Verwendung im Staatsdienst fand keine Übernahme in das Beamtenverhältnis als Studienrat statt."* [199]

Wäre diese von V. Aumüller selbst verfertigte Fragebogeneintragung 1946 veröffentlicht worden, so hätte sich diese Darstellung bei aller „Entnazifizierungs-Solidarität", ob innerhalb oder außerhalb des kirchlichen Bereiches, sicher nicht halten können.

Ich erlaube mir die Behauptung: Hätte Aumüller auch nur mit der Möglichkeit gerechnet, daß es zu einer für jedermann lesbaren Veröffentlichung kommen könnte, er hätte sich diese Eintragung nicht erlaubt!

Da ich zu Beginn der Recherchen einen ehemaligen Schüler des Maximiliansgymnasiums in München als Zeitzeugen befragte, und dieser nur Gutes über seinen Religionslehrer erzählte, ging ich mit dieser Motivation und der „Eintragung von Nr. 21" auf Spurensuche. Später wurde mir beim Lesen der aufgefundenen Dokumente innerlich abwechselnd „heiß oder kalt"!

Als ich meinen ersten Zeitzeugen später noch einmal aufsuchte und mit dem anders laufenden Material konfrontierte, sagte er: „Das kann ich nicht glauben!" Am Ende blieb er „schockiert-betroffen" zurück.

Vorwegnehmend darf ich feststellen: Alle, die V. Aumüller als „Paulus" (also nach 1945) kannten, werden beim Lesen der Fakten und Hintergründe ebenso reagieren, wie mein erster Zeitzeuge.

Diejenigen, die über die NS-Verhältnisse in der Gemeinde Haar-Eglfing Bescheid wußten und V. Aumüller als „Saulus" erlebten, können über die selbst verfertigte „Eintragung Nr. 21" nur den Kopf schütteln, und ehemalige Schüler des Wittelsbacher Gymnasiums, die je nach dem mehr die „Saulus-" oder die „Paulusseite" erlebten, sind dann entweder nicht überrascht oder reagieren gespalten.

Die hier meist in vollständiger Abschrift wiedergegebenen Dokumente, waren V. Aumüller bekannt. Er hat sie sich erbeten, einmal für seine Bewerbung als Religionslehrer für ein Münchner Gymnasium; zum anderen für seine Bemühungen, möglichst schnell zum StR befördert zu werden.

So verweist er in seinem Brief vom 6.12.1936 selbst z.B. auf die gutachterlichen Äußerungen des *„Pg. Dürr"* (politischer Leiter der Heil- und Pflegeanstalt Haar und Mitglied des Kreistages Oberbayern) und des *„Pg. Gmeinwieser"* (Bürgermeister der Gemeinde Haar) hin.

Mit folgendem Wortlaut bewarb sich V. Aumüller um die Religionslehrerstelle am Rupprecht-Gymnasium:

Dokument 1:

„*Eglfing, den 6.12.1936*

Anstaltskaplan V. Aumüller

An das Staatsministerium für Unterricht und Kultus

Da die Religionslehrerstelle an der Rupprecht-Oberrealschule in München durch Ruhestandsversetzung des Herrn StP R. Brandl sich in Bälde erledigt, bittet der Unterzeichnete das Staatsministerium für Unterricht und Kultus um Verleihung nebenbezeichneter Stelle.
Der Unterzeichnete wurde nach Beendigung seiner humanistischen Studien am humanistischen Gymnasium zu Passau und seiner phil./theol. Studien zu Freising und an der theologischen Fakultät der Universität München am 29.6.1932 in Freising ordiniert und im Jahr 1932 als Kaplan nach Freising und im Jahr 1934 als Kaplan nach Fridolfing, B.A. Laufen berufen.
Durch Entschließung der Regierung von Oberbayern, Kammer des Inneren, vom 6. Okt. 1934 (Nr. 5555 c 12) wurde der Unterzeichnete mit Wirkung vom 1.10.1934 als Kaplan bei der obb. Kreis-Heil- und Pflegeanstalt Eglfing-Haar angestellt und erhielt am 1.10.1934 vom Ordinariat des Erzbistums München und Freising (Gen. Vic. Nr. 8899) die oberhirtliche Missio canonica zur Übernahme dieser Stelle.
Der Unterzeichnete war auf seinen bisherigen Seelsorgstellen in Freising, Fridolfing und Eglfing stets bemüht, im nationalsozialistischen Geiste zu arbeiten, was von den Kreisleitungen in Freising und in Laufen wiederholt anerkannt und gewürdigt wurde.
Über seine politische Einstellung und seine Tätigkeit an der obbay. Kreis-Heil- und Pflegeanstalt Eglfing-Haar wird der politische Leiter der Anstalt Pg. Dürr, Mitglied des Kreistages Obbay. und der Bürgermeister der Gemeinde Haar, Pg. Gmeinwieser dem Staatsministerium für Unterricht und Kultus eine gutachterliche Äußerung übersenden.
Der Unterzeichnete ist mit dem Einverständnis des erzbischöflichen Kommissariates für die Berufsschulen in München seit 1.6.1935 nebenamtlich als Religionslehrer an der Städt. Kaufmanns-Schule in München, Rosental 7, tätig.
Der Unterzeichnete verspricht, seine Kräfte für eine nationalsozialistische und religiöse Erziehung der Jugend einzusetzen und bittet um Verleihung der Religionslehrer-Stelle an der Rupprecht-Oberrealschule in München.
Heil Hitler!
V. Aumüller
Anstaltskaplan"[200]

Hier zunächst die gutachterliche Äußerung des Bürgermeisters der Gemeinde Haar!

Dokument 2:

„*Haar, am 4.12.1936*
Der Bürgermeister der Gemeinde Haar
An das Staatsministerium für Unterricht und Kultus, München, Salvatorpl. 2

Betr.: Besetzung der Religionslehrerstelle an der Rupprecht-Oberrealschule in München

Als Bewerber für die Besetzung nebenbezeichneter Stelle ist Kaplan V. Aumüller in Eglfing, Gemeinde Haar aufgetreten.

Nachdem der Bewerber bereits 2 Jahre als Seelsorger in der Gemeinde Haar tätig ist, bin ich in der Lage, über seine Person folgendes anzugeben: Kaplan Aumüller kann in Hinsicht nationalsozialistischer Interessen für die Übertragung der Religionslehrerstelle in München nur empfohlen werden. Sein Einvernehmen mit der hiesigen Bevölkerung war stets ein gutes.

Ich wünsche ihm, daß ihm die erbetene Stelle übertragen wird, und halte ihn dafür auch für würdig.

Heil Hitler!

 Gmeinwieser" [201]

Als weitere Ergänzung – das Gutachten der Gauleitung München: Es nimmt Bezug auf den von Aumüller erwähnten Kreisleiter; es ist „Pg." Kammerer!

Dokument 3:

„Nationalsozialistische Deutsche Arbeiterpartei Fernruf 1234/49
Parteiverkehr 15 - 17$^3/_4$ Uhr ausgenommen Mi. u. Sa.

Gauleitung München=Oberbayern München, den 16.12.1936
 Prannerstraße 20

An das Staatsministerium für Unterricht und Kultus
z. Hd. H. Schneidawind
München
Der Gauleiter
Gr./Pr. Nr. 815

Betrifft: Politische Beurteilung

Valentin Aumüller ist seit 1.10.1934 bei der Heil- und Pflegeanstalt Eglfing-Haar als Kaplan tätig. Schon als es sich seinerzeit darum handelte, einen geeigneten Bewerber für diese Stelle auszusuchen, gab Pg. Kreisleiter Kammerer - Berchtesgaden, in dessen Kreisgebiet Aumüller damals tätig war, im oberbayrischen Kreisausschuß die Erklärung ab, daß es sich hier um einen der wenigen verläßlichen katholischen Geistlichen handle, den er nur sehr ungern verlieren würde. Daraufhin kam Aumüller hierher.

Schon gleich bei seinem Eintreffen fiel allgemein auf, daß er keinen anderen Gruß als 'Heil Hitler' kannte, auch nicht sog. frommen Seelen gegenüber - und das ist auch heute noch so. Bald merkte der hiesige katholische Ortspfarrer, ein alter kranker Mann, der aus seiner römischen Einstellung einfach nicht mehr herauskam, daß der junge Kaplan ein ehrlicher und überzeugter Anhänger des Dritten Reiches und seines Führers ist, und seit dieser Zeit sucht er seinen Kaplan mit allen Mitteln zu drücken, wo er ihn nur drücken kann. Er hat ihn schon wiederholt beim erzbischöflichen Ordinariat hinzuhängen versucht und dort seine Versetzung verlangt, angeblich, weil er sich für den Dienst an Geisteskranken nicht eigne, in Wirklichkeit aus lauter Eifer-

sucht und Ärger darüber, daß seine Gottesdienste immer weniger besucht wurden, während die des Kaplans immer überfüllt waren.

Dazu kam, daß der Kaplan es auch verstand, in sogenannten Abendandachten seine Kirche voller Menschen zu bekommen und sie zu fesseln, was dem alten Ortspfarrer seit langen Jahren eben nicht mehr gelungen war.

Kurz und gut, heute steht die Sache so, daß der Ortspfarrer jeden dienstlichen Verkehr mit seinem Kaplan ablehnt!

Alles 'zur höheren Ehre Gottes!'

Dem Kaplan Aumüller kann politisch nur das beste Zeugnis ausgestellt werden. Ich erwähnte eingangs schon sein stetes Grüßen mit 'Heil Hitler'. Es fiel weiter allgemein auf, daß der Kaplan sich nun schon zweimal (seit er hier ist) an dem Aufmarsch der NSDAP am 1. Mai jeden Jahres beteiligte und es ist weiter festgestellt, daß er in seinem Beichtstuhl die Menschen auch darnach fragt, ob sie ihre Pflicht ihrem Volk und dem Führer gegenüber erfüllt haben (durch SA-Männer, die der Kaplan nicht kannte und nicht kennen konnte, gleich am Anfang seiner Tätigkeit nachgewiesen!) und es ist weiter richtig, daß er als guter Prediger allgemein bekannt ist und der Kurat der Gemeinde Haar ihn trotz wiederholten Ersuchens des Bürgermeisters der Gemeinde Haar nicht in seiner Gemeinde predigen ließ. Sein vorgesetzter Oberpfarrer machte ihm einmal nach einer Predigt den Vorwurf, daß diese genausogut von Rosenberg gehalten hätte sein können.

Aus wiederholtem, persönlichem Unterhalten mit dem Kaplan habe ich die Überzeugung gewonnen, daß er dem heutigen Staat gegenüber positiv eingestellt ist und das Verhalten der meisten seiner Amtsbrüder aufs schärfste verurteilt. Ich halte demnach Aumüller für einen der wenigen katholischen Geistlichen, die in politischer Hinsicht als verlässig bezeichnet werden können und für den Mann, der deutschen Kindern Religionsunterricht im deutschen Sinne geben wird.

Heil Hitler!

I.A. Reichinger

Gau-Personalamtsleiter" [202]

Aumüller bewarb sich um die Stelle eines Anstaltskaplans, da es sein früher Wunsch war, frühzeitig ins Beamtenverhältnis zu kommen! (Dies erreichte er erst 1946 mit einigen „Winkelzügen", wie noch zu zeigen sein wird.)

Nach zwei Kaplansjahren [a) Aushilfspriester in München – Giesing (16.7.1932 - 15.10.1932); b) Kaplan in Freising St. Peter u. Paul (16.10.1932 - 15.1.1934); c) Kaplan in Fridolfing, bei Laufen (16.1.1934 - 30.9.1934)], bewarb er sich schon um eine staatliche Stelle; hier als „staatlicher" Anstaltskaplan, als einer ausgewiesenen Planstelle der Regierung von Oberbayern.

Als er erfuhr, daß eine Religionslehrerstelle an der Rupprecht-Oberrealschule durch „Ruhestandsversetzung" des StP R. Brandl sich „in Bälde erledigt", dachte er über seine Parteibeziehungen und Parteigutachten (es war für ihn selbstverständlich von „Pg." zu schreiben) an der Rupprecht-Oberrealschule Fuß fassen zu können.

Obwohl er wußte, daß er die Bedingungen, die das erzbischöfliche Ordinariat für eine Freigabe eines Priesters in das Beamtenverhältnis voraussetzte, nicht erfüllte, dachte er dies unabhängig davon mit „Parteibeziehungen" erreichen zu können.

Makaber wird die Angelegenheit der Bewerbung an die Rupprecht-Oberrealschule deshalb, da StP Rudolf Brandl, geb. am 21.11.1880 in Göggingen bei Augsburg, noch gar nicht zum Zeitpunkt der Aumüller-Bewerbung (6.12.1936) mit 56 Jahren zur Pensionierung anstand.

Von den Auseinandersetzungen des Kultusministeriums mit StP Brandl wegen Schülerdenunziationen im Jahr 1936/37 konnte Aumüller nur über die guten Beziehungen zur Gauleitung erfahren haben. Da das erzwungene Ruhestandsgesuch erst 1937 zum Abschluß kam, wurde es aus der Stelle an der Rupprecht-Oberrealschule nichts. (Eigentlich gehörte es damals schon zum guten Stil, daß man sich vor einer Bewerbung mit seinem Vorgänger – hier Priesterkollege Brandl – in Verbindung setzte. Das hatte Aumüller zu diesem Zeitpunkt offensichtlich nicht nötig!)

Am gleichen Tag, an dem das Gauleiter-Gutachten erstellt wurde, nämlich dem 16.12.1936, ging ein Schreiben des Kultusministeriums an das Erzbischöfliche Ordinariat mit der Anfrage, ob der Anstaltskaplan der Kreis-Heil- und Pflegeanstalt Eglfing-Haar, V. Aumüller, zur Verwendung als hauptamtlicher Religionslehrer an einer staatlichen höheren Lehranstalt in München in Aussicht genommen werden könne.

Das Antwortschreiben verfaßte Domkapitular Anton Fischer (1879-1949). Er war seit 1.4.1923 Sekretär des Generalvikars und Registrator. Als er am 15.7.1933 zum Domkapitular „aufgeschworen" wurde, blieb er weiter Vertreter des Generalvikars und Personalreferent. In dieser Funktion schrieb er folgenden Brief:

Dokument 4:

„Gen. Vic. Nr. 13367 München 2 C, Pfandhausstr. 1, den 28.12.36
Ruf-Nr. 92716 . 92717

Das
Ordinariat des Erzbistum München und Freising

An das
Bayerische Staatsministerium für Unterricht und Kultus
München

Betreff: Religionslehrer an staatl. höheren Lehranstalten
Zu Nr. IX . 58373

Mit Bezugnahme auf das Schreiben vom 16.12.36 gestattet sich das erzb. Ordinariat mitzuteilen, daß der Anstaltskaplan V. Aumüller den Pfarrkonkurs noch nicht gemacht hat. Da der Pfarrkonkurs auch für die katechetische Befähigung die endgültige Prüfung darstellt, sind wir aus grundsätzlichen Erwägungen gegen die hauptamtliche Anstellung von Geistlichen, die diesen Befähigungsnachweis noch nicht erbracht haben.
Vic. gen. abs.
A. Fischer" [203]

Hier das erste kirchliche Veto gegen die hauptamtliche Verwendung Aumüllers!

Domkapitular Fischer, fast der gleiche Weihekurs wie StP Brandl, kannte sicher die Zusammenhänge, da er ja im Auftrag von Generalvikar Ferdinand Buchwieser (1874-1964; Generalvikar von 15.9.1932 – 9.9.1953) handelte.

An dieser Stelle beweist sich wieder einmal auch die positive Seite einer rechtlich strukturierten Kirche. Eine hauptamtliche Verwendung und eine Verbeamtung wollte das Ordinariat zu diesem Zeitpunkt nicht riskieren, und konnte mit formal-rechtlichen Argumenten ablehnen.

Dennoch, die staatlichen Stellen blieben aktiv! Inzwischen war die amtliche politische Beurteilung Aumüllers an das Kultusministerium eingegangen:

Dokument 5:

„München, den 8.3.37
Gauleitung München-Oberbayern

An das
Bayerische Staatsministerium für Unterricht und Kultus
München 1
Brieffach
Der Gauleiter
H/Zi. Nr. 2967/164/37
Vertraulich!

Betrifft: Politische Beurteilung

Ihr Zeichen: IX. 58373

Gegen die politische Zuverlässigkeit des Vg. V. Aumüller, Anstaltskaplan der Heil- und Pflegeanstalt Eglfing bestehen keine Bedenken.
Heil Hitler!
i.A. Reichinger" [204]

Da aus kirchenrechtlichen Gegebenheiten keine hauptamtliche Verwendung Aumüllers möglich war, ersuchte das Kultusministerium nun um eine nebenamtliche Verwendung.

Dokument 6:

„München, den 7.4.1937
Staatsministerium für Unterricht und Kultus Nr. IX 20168 A. III

An das
Erzbischöfliche Ordinariat
hier in München
sofort
(auch auf die Reinschrift)

Betreff: Nebenamtliche Religionslehrer an staatlichen höheren Lehranstalten

Der Anstaltskaplan der Kreis-Heil- und Pflegeanstalt Eglfing-Haar, V. Aumüller, ist zur Verwendung als nebenamtlicher Religionslehrer am Wittelsbacher Gymnasium in München in Aussicht genommen.

Ich ersuche um gefällige Äußerung, ob hier Bedenken bestehen. Auf das Schreiben vom 28.12.1936 Nr. 13367 darf Bezug genommen werden." [205]

Die nebenamtliche Verwendung wird von Generalvikar Buchwieser bestätigt.

Dokument 7:

„München, den 14.4.1937

... als nebenamtlicher Religionslehrer an einer staatlichen höheren Lehranstalt keine Erinnerung besteht." Ferdinand Buchwieser, gez. Generalvikar.

Mit Beginn seiner Tätigkeit am Wittelsbacher Gymnasium, vom 22.4.1937, bewies er – sehr zum Kummer seines Priesterkollegen OStR A. Leonpacher – seine volle politische Zuverlässigkeit. Hier drei Beispiele, die das unterstreichen:

1. In der freiwilligen Bereitschaftserklärung für das Sportabzeichen:"Der Unterzeichnete erklärt sich bereit, das Sportabzeichen zu erwerben ... ."

2. In der Zurechtweisung des Gymnasiasten Hubert Mencke:
Herr Dr. Mencke (sein Bruder, Kooperator in St. Benno, starb im 4. Priesterjahr als Kriegssanitäter 1941) erinnert sich an folgende Begebenheit im Schuljahr 1937/38:
Ich kam gerade vom Pausenhof und befand mich auf dem Gang unmittelbar vor der Türe des Direktorates. Da kam zufällig gerade Religionslehrer V. Aumüller vorbei und herrschte mich vorwurfsvoll an, warum ich ihn nicht mit dem Deutschen Gruß begrüßt habe. OStD Hudezeck hatte offenbar diese laute Zurechtweisung gehört, denn er kam aus seinem Direktorat heraus und forderte mich auf, in dieses hineinzukommen. Auch er stellte mich zur Rede. Ich konnte mich vor einer Bestrafung bewahren, indem ich feststellte: Während der Pause ist nach der Hausordnung der Gruß „Heil Hitler" ausgesetzt. Ich habe Herrn Aumüller nach dem 1. Läuten nach der Pause angetroffen. Die Pause ist aber erst nach dem 2. Läuten zu Ende; also ging ich davon aus, daß der Hitler-Gruß noch nicht erforderlich war. Mit der Ermahnung, mich an die bekannten Vorschriften zu halten, wurde ich aus dem Direktorat entlassen. [206] (Dieser Vorfall erinnert sehr an den Inhalt von Dokument 3 – Aumüller als schneidiger „HJ-Grüßer"!)

Abb. 40: Generalvikar Ferdinand Buchwieser

3. Durch den intensiven Einsatz und die besondere politische Belobigung des OStD

Hudezeck für V. Aumüller:
Obwohl sich Kultusministerium und erzbischöfliches Ordinariat auf eine nebenamtliche Religionslehrerstelle geeinigt hatten, verwendete sich Hudezeck auffallend stark für Aumüller (wogegen er Religionslehrer OStR A. Leonpacher mit Schreiben vom 3.12.1937 in den Rücken fiel; s. „Denunziationen" a.a.O.), der erst sechs Monate an seiner Schule war, indem er einen eigenen Vorstoß für die Verbeamtung und Ernennung zum Studienrat unternahm.

Dokument 8:

„Direktorat des Wittelsbacher Gymnasiums München, den 13.11.1937 München 2 NW Marsplatz 8

T 61

An das Staatsministerium für Unterricht und Kultus in München

Betreff: Lehrkräfte; hier: Kath. Religionsunterricht; zur M.E. v. 22.4.37 Nr. VIII 22356

Der durch nebenstehende Ministerialentschließung dem Wittelsbacher Gymnasium zur Erteilung des Kath. Religionsunterrichtes beigegebene frühere Anstaltskaplan Valentin Aumüller versieht seit Beginn des laufenden Schuljahres seinen Dienst in mustergültiger Weise. Er hat sich als Erzieher und Lehrer vorzüglich bewährt; es ist ihm nicht nur gelungen, die unter seinem Vorgänger gelockerte Schulzucht im Religionsunterricht voll und ganz wiederherzustellen, er vermochte auch durch seinen lebendigen, klaren und keine Entspannung beim Schüler duldenden Unterricht seinem Unterrichtsfach Geltung zu verschaffen und die Schüler zu reger Mitarbeit zu gewinnen.
Aumüller steht nach meiner eigenen Beobachtung fest auf dem Boden der nationalsozialistischen Weltanschauung; die Art, wie er mit einem schlichten, aus dem Herzen kommenden Gebet für Führer und Volk jede Unterrichtsstunde einleitete, ist eindrucksvoll und überzeugend.
Er ist in hoher Auffassung seines Erzieherberufes auch jederzeit bereit über seinen engen Pflichtenkreis hinaus sich für den Staat insbesondere im Dienste der Jugend einzusetzen. So widmete er während der Sommerferien 1937 6 Tage seines Urlaubs ehrenamtlich der Führung der Schule des Wittelsbacher Gymnasiums im Gebhard Himmlerheim zu Endlhausen.
Sein kameradschaftliches, heiteres und freundliches Wesen hat ihm auch die Neigung und Achtung seiner Mitarbeiter erworben.
Unter diesen Umständen hält das Direktorat schon jetzt den Zeitpunkt für gegeben die Ernennung des bisher nicht beamteten, hauptamtlichen Religionslehrer Aumüller zum Studienrat zu beantragen und wärmstens zu befürworten.
Dabei ist auch der Gesichtspunkt maßgebend, daß Aumüller durch eine anderweitig eröffnete Aussicht auf Anstellung dem Wittelsbacher Gymnasium verloren gehen könnte.
Hudezeck" [207]

157

Fünf Tage später wird das Kultusministerium auf Grund dieses Schreibens aktiv und bedrängt das Ordinariat abermals; dabei wird auch auf ein Schreiben des Stellvertreters des Führers hingewiesen:

Dokument 9:

„Staatsministerium für Unterricht und Kultus, Nr. VIII 61792 A. III

München, den 18.11.1937

An das Erzbischöfliche Ordinariat
München – Freising

Betreff: Religionslehrer an staatlichen Lehranstalten

Der Kaplan Valentin Aumüller ist als hauptamtlicher Religionslehrer an staatlichen Lehranstalten in Aussicht genommen.
Ich ersuche um Mitteilung, ob dieser Verwendung des Genannten zugestimmt wird."[208]

Auf dem Abdruck des Ministeriums wurde nachträglich noch folgende Referentenbemerkung angefügt:

„Bemerkung: Kaplan Aumüller erteilt seit Beginn des Schuljahres 1937/38 den Kath. Religionsunterricht an der Anstalt nebenamtlich. Nach dem Schreiben des Stellvertreters des Führers vom 28.9.37 ist er politisch zuverlässig.
Das erzbischöfliche Ordinariat München-Freising hat seiner Verwendung als hauptamtlicher Religionslehrer nicht zugestimmt, weil er den Pfarrkonkurs noch nicht abgelegt hatte. Gegen die nebenamtliche Verwendung des Aumüller wurden dagegen keine Bedenken erhoben.
Aumüller versieht die Stelle des am 24.11.35 in den Ruhestand versetzten StP Holzner. Er dürfte vorbehaltlich der Zustimmung des erzbischöflichen Ordinariates und der erfolgten Ablegung des Pfarrkonkurses am 1.4.1938 zur Ernennung zum StR vorzuschlagen sein. Zu diesem Zeitpunkt hat er die einjährige unterrichtliche Tätigkeit an einer staatlichen höheren Lehranstalt, wie sie vom R u Pr M f W E u.V. mangels einer Staatsprüfung für Religionslehrer gefordert wird, zurückgelegt."[209]

Der Generalvikar teilte am 24.11.1937 sachlich mit, daß Herr Aumüller inzwischen den Pfarrkonkurs gemacht habe und gegen eine hauptamtliche Verwendung als Religionslehrer „keine Erinnerung" bestehe.

Hudezeck ging die Sache dennoch zu langsam und er verwendete sich ein zweites Mal, indem er am 27.11.1937 noch folgende Information an das Kultusministerium nachreichte:

„Die wirtschaftlichen Verhältnisse des Religionslehrers V. Aumüllers sind durchaus geordnet. Den Pfarrkonkurs hat er im Jahr 1937 abgelegt; das Ergebnis wird nach einer Mitteilung des Ordinariates erst im Jan. 1938 bekanntgegeben."[210]

Die Dokumente zeigen, welch ungewöhnlichen Druck die staatlichen Behörden für einen Kaplan, der in den Staatsdienst will, auf das Ordinariat ausübten. Dieses läßt sich nicht unter Druck setzen und „spielt auf Zeit", eine Methode, die sich im Laufe der Kirchengeschichte auch immer wieder bewährt hat.

Im Februar 1938 verliert Aumüller die Geduld.

Er hat allen Grund dazu, denn mit dem Erlaß vom 19.1.1938 des Reichserziehungsministeriums wurde die Neuorganisation des höheren Schulwesens veranlaßt und durchgeführt, mit Reduzierung der Klassen auf 1-8; und der Eingrenzung des „Gymnasiums" als Sonderform!

Zudem gibt es bereits eine Absichtserklärung seit 1.1.1936, die eine Auflösung der Privatschulen und die Ausstellung der nicht-verbeamteten kirchlichen Gymnasialkräfte vorsieht. (Vollzogen mit Erlaß vom 5.4.1939).

So wie sich der Gauleiter am 16.12.1936 persönlich an Ministerialrat A. Schneidawind (er hatte den schmählichen Abgang von Dr. Franz Tyroller inszeniert; s.a.a.O.!) wandte, um sich für Aumüller wirkungsvoll einzusetzen, so tat es Aumüller in seiner „Torschlußpanik" jetzt selbst.

In diesem persönlichen Schreiben beharrte er nicht mehr ausschließlich auf einer Anstellung als StR, sondern schlug eine Alternative vor, als hauptamtlicher Angestellter mit einer „außer-etatmäßigen Erhöhung seiner Dienstbezüge":

Dokument 10:

„Valentin Aumüller, München 42, Behamstr. 18/I

München, den 8.2.1938
Für Herrn OStR Alfred Schneidawind
am Bay. Staatsministerium für Unterricht und Kultus I
München
Brieffach

Sehr verehrter Herr Oberstudienrat!

Der Unterzeichnete, der im Einverständnis mit dem obb. Kreistag von der Regierung von Oberbayern, Kammer des Innern mit Wirkung vom 1.10.1934 als staatlicher Anstaltskaplan an die obb. Heil- und Pflegeanstalt Eglfing-Haar berufen wurde und der vom Bay. Staatsministerium für Unterricht und Kultus mit Wirkung vom 22.4.1937 mit der Erteilung des Kath. Religionsunterrichtes am Wittelsbacher Gymnasium in München beauftragt wurde, ersucht um Befürwortung seiner etatmäßigen Anstellung.

Sollte der Unterzeichnete auf eine etatmäßige Anstellung als Studienrat nicht mehr rechnen können, so ersucht der Unterzeichnete um eine außeretatmäßige Erhöhung seiner Dienstbezüge aus folgenden Gründen:

Der Unterzeichnete bezieht derzeit für den Unterricht in 22 Wochenstunden einen monatlichen Gehalt von RM 264. Da der Unterzeichnete keine anderweitigen Einkünfte aus der Seelsorge bezieht, muß er von diesem Gehalt seine Wohnungsmiete von RM 115,60 und den Haushalt für sich und seine mittellose Mutter bestreiten. Da seine Mutter infolge hohen Alters und einer schweren Erkrankung den Haushalt nicht mehr allein versehen kann, muß der Unterzeichnete in Bälde eine Haushaltshilfe einstellen, wozu er derzeit aus finanziellen Gründen nicht in der Lage ist. Ferner muß der Unterzeichnete die Abgaben für seine Altersversorgung (Emeritenfond) und für die Krankenkasse bestreiten.

Dem Unterzeichneten wurde von seiner vorgesetzten Kirchenbehörde die Verleihung einer hauptamtlichen Predigerstelle in München in Aussicht gestellt. Das Einkommen einer hauptamtlichen Predigerstelle beträgt für das Dienstalter des Unterzeichneten derzeit monatlich RM 242 zugleich der freien Dienstwohnung und der Stolgebühren, also insgesamt ca. 380-400 RM.

Der Unterzeichnete, der sich die Zufriedenheit seiner vorgesetzten Schulleitung und das Vertrauen seiner Schüler erworben hat, und der nur ungern seine derzeitige Stelle als Religionslehrer am Wittelsbacher Gymnasium in München aufgeben würde, erklärt sich grundsätzlich bereit die Stelle in München auch ohne etatmäßige Anstellung beizubehalten, ersucht jedoch um außeretatmäßige Erhöhung seiner Dienstbezüge.

Für die Lösung der noch ungeklärten Frage der Alters- und Krankenversorgung der nicht etatmäßigen Religionslehrer an den Höheren Schulen ersucht der Unterzeichnete das Staatsministerium für Unterricht und Kultus, mit dem zuständigen Erzbischöflichen Ordinariat in München in Verhandlungen treten zu wollen.

Heil Hitler!

Valentin Aumüller"[211]

Das Kultusministerium ging auf den Vorschlag Aumüllers mit Unterstützung von A. Schneidawind ein und kam ihm in seinen materiellen Vorstellungen (finanzielle Gleichstellung mit einer hauptamtlichen Predigerstelle) voll entgegen:

Dokument 11:

„Staatministerium für Unterricht und Kultus München, den 14.3.39

Valentin Aumüller ... wird mit Wirkung vom 1.4.1939 als Angestellter übergeleitet.
Das Dienstverhältnis läuft auf unbestimmte Zeit. ... Der Angestellte wird in die Vergütungsgruppe III eingereiht.
Monatlich 400.- RM mit monatlichem Wohngeldzuschuß von 96.- RM
1.12.38 1.12.40
428.- RM 456.- RM
+96.-RM +96.- RM
Ein Anspruch auf Anstellung als Beamter oder auf Wartegeld oder Ruhegehalt wird durch die Eingehung des Dienstverhältnisses nicht begründet.

Altersversorgung 10% an kirchliche Versorgungskasse.

Anmerkung: Aumüller ... versieht die Stelle eines hauptamtlichen Religionslehrers, die nicht mehr ins Beamtenverhältnis berufen werden.
1.5.1939 I.A.
Dr. Friedrich“[212]

Mit diesem Schreiben gaben sich Aumüller und Hudezeck zufrieden; sicher auch das Erzb. Ordinariat, da man es jetzt in dieser Sache in Ruhe ließ. Alle weiteren Schreiben, die mit Versetzung usw. zusammenhingen, berührten dieses Thema bis zum Zusammenbruch 1945 nicht mehr!

Das bisher zusammengestellte dokumentarische Material ist ausreichend, um der Frage nachzugehen, ob die „Eintragung Nr. 21" stimmig ist und wenn nicht, ob sie überhaupt haltbar ist!

An dieser Stelle, läßt sich, was die Stimmigkeit angeht, ein erstes Ergebnis formulieren. Es lohnt sich deshalb Aumüllers „Fragebogeneintragung A" von 1946 nocheinmal in Erinnerung zu bringen:

„Nr. 21. Aumüller, Valentin, geb. 1.12.1906 München

Religionslehrer in München am Wittelsbacher Gymnasium ab 1937. (1)
Verwarnung im Jahr 1938 durch Gestapo München wegen Äußerungen im Religionsunterricht. (2)
Trotz der hauptamtlichen Verwendung im Staatsdienst fand keine Übernahme in das Beamtenverhältnis als Studienrat statt." (3)

I. Ergebnissicherung:

Zunächst kann „Satz (3)" der Eintragung als nicht zutreffend widerlegt werden:

1. Die Darstellung der sog. „hauptamtlichen Verwendung" entspricht nicht den Tatsachen.
   Bis 1.12.1938 ist die Religionslehrerstelle nebenamtlich ausgewiesen.
2. Am 1.4.1939 wird auf eigenen Alternativ-Vorschlag Aumüllers die Religionslehrerstelle dahingehend verändert, daß sie in ein hauptamtliches Angestelltenverhältnis übergeführt wird, mit einer angemessenen Gehaltsanpassung. Es wird ausdrücklich vermerkt, daß es sich um eine Religionslehrerstelle handelt, die nicht mehr ins Beamtenverhältnis führt.
3. „Satz (3) erweckt den Eindruck, da vorher von „Verwarnung durch die Gestapo" gesprochen wird, daß Aumüller wegen seiner möglichen „Anti-Haltung gegen das NS-Regime" nicht zum StR befördert worden sei.

Es ist genau umgekehrt! Die staatlichen Stellen waren wegen seiner positiven NS-Haltung über die Maßen intensiv bemüht, Aumüller möglichst schnell zu verbeamten im Rang eines StR. Das „Veto" und die Verzögerungen bewirkte das Erzb. Ordinariat!

II. Ergebnissicherung:

Dies betrifft „Satz (1)" der Eintragung: *„Religionslehrer ... am Wittelsbacher Gymnasium ab 1937."*
Hier wird der Eindruck erweckt, daß diese Tätigkeit möglicherweise bis 1945 andauerte. Dem ist nicht so!
Im Mai 1940 erhält Aumüller (er ist bereits mit 9 Stunden am Max-Josef-Stift eingesetzt) eine Vormerkung zum „Kriegsdienst". Die beiden Direktoren Hudezeck und Bogenstätter setzen sich für seine „Unabkömmlichkeit" ein.
Dr. Bauerschmidt teilt mit, daß das Wehrbereichskommando München I „die Unabkömmlichstellung des Kath. Religionslehrers V. Aumüller ab-

lehnt." Hier ergibt sich eine weitere makabre Parallele (vergleiche Bewerbung an die Rupprecht-Oberrealschule!): Da Dr. Bauerschmidt, nachdem er erfahren hatte, daß OStD W. Staab OStR i.R. A. Leonpacher (seit 7.8.1940 im erzwungenen Ruhestand) als Aushilfslehrer am Pasinger Gymnasium angestellt hatte, ohne sich vorher beim Kultusministerium rückzuversichern, erteilte er erbost Leonpacher dauerndes Unterrichtsverbot. Jetzt brauchte er einen Ersatz. Für Dr. Bauerschmidt selbst wurde Aumüller dadurch „unabkömmlich"!
Am 18.9.1941 erteilte Aumüller anstelle Leonpachers 18 Stunden an der Oberschule für Jungen in München-Pasing und 6 Stunden an der Oberschule für Jungen an der Klenzestraße. (Seit Schuljahr 1941/42 ist er nicht mehr am Wittelsbacher Gymnasium tätig!)

III. Ergebnissicherung:

Übrig bleibt noch das Mittelstück der Eintragung „Satz (2)": *„Verwarnung im Jahr 1938 durch Gestapo München wegen Äußerungen im Religionsunterricht."*

Hier bestehen einmal grundsätzliche Überlegungen, die gegen einen solchen Vorfall sprechen:

1. Alle „Schülerdenunziationen" am Wittelsbacher Gymnasium verliefen grundsätzlich so, daß das Kultusministerium entweder von Denunzianten selbst, vom Direktorat oder der Partei (siehe Artikel „Denunziationen") eine Mitteilung bekam. Dann meldete sich das Kultusministerium schriftlich bei der Schule. Der Denunzierte und das Direktorat mußten daraufhin getrennte Stellungnahmen abliefern.
   Obwohl der ganze Schriftwechsel zwischen Aumüller, Direktorat, Kultusministerium samt Parteischreiben bis Mai 1945 erhalten ist, gibt es über diesen Vorfall keine Notiz.

2. Zudem fiel der erstmals 1946 allein von Aumüller dargestellte Vorfall in eine Zeit, da Aumüller um seinen Verbleib im Schuldienst als Angestellter mit entscheidenden Gehaltsaufbesserungen

kämpfte. Am 2. August 1938 richtet Aumüller ein persönliches Schreiben an den eindeutig nationalsozialistisch eingestellten Ministerialbeamten A. Schneidawind, der im engen Austausch mit der Gauleitung stand.

Die Gehalts- und Anstellungsbedingungen wurden erst am 14.3.1939 entschieden.

Wäre dieser Vorfall passiert und durch die Gestapo aktenkundig geworden, so hätte Aumüller, um seine Anstellung nicht zu gefährden, sicher eine nachträgliche Selbstrechtfertigung verfaßt, oder er hätte, was den Briefwechsel mit dem Kultusministerium angeht, in irgend einer Form darauf Bezug genommen.

Da also der übliche Dienstweg keine Angaben macht, das Aktenmaterial aber vollständig ist, muß die Eintragung „Satz (2)" für nicht zutreffend angesehen werden.

3. Selbst eine spontane Festnahme Aumüllers vor der Schule oder privat zuhause hätte sich herumgesprochen und wäre zumindest für den der angeblichen Lüge überführten HJ-Schüler nicht ohne Konsequenzen geblieben (s. „Version B"). Doch auch darüber machte Aumüller oder das Wittelsbacher Gymnasium zwischen 23.3.1938 und 1.5.1945 keine Angaben. Da Aumüller angeblich als „Sieger" (nach einer seiner Darstellungen 1946 konnte er die unwahren Behauptungen während seines Verhörs widerlegen) gegen den HJ-Schüler des Wittelsbacher Gymnasiums hervorging, hätte er Hudezeck zumindest Mitteilung gemacht.

4. Bleibt also nur noch eine Festnahme und ein Verhör, das zufälligerweise in einer völlig unüblichen Form stattfand; auch dieser Vorfall würde dann nicht gegen die NS-Gesinnung Aumüllers zu verwenden sein:

a) Denn was hätte er bei seinen guten NS-Beziehungen zu befürchten gehabt? Einige „Pg.-Namensnennungen" hätten der Gestapo zur Nachprüfung schon genügt!

b) Zudem belegte Aumüller nach eigenen Angaben 1946, daß er tatsächlich keine staatsfeindlichen Äußerungen gemacht hatte, also seiner bisherigen Linie treu blieb.

Hier liegt also der Widerspruch in sich:

Staatsfeindliche Äußerungen werden einerseits geltend gemacht, doch andererseits wird beteuert, daß es gar keine waren. Widersprüchlich ist auch der Umstand, daß er der Gestapo glaubhaft versichern konnte, daß keine zu beanstandenden „Äußerungen im Religionsunterricht" stattfanden, diese aber trotzdem eine „Verwarnung" erteilten. Hier wäre allenfalls eine Ermahnung sinnvoll gewesen.

Man könnte es an dieser Stelle bewendet sein lassen, nach dem Motto: Was solls!

Aumüllers Einstellung zum NS-Staat ist eindeutig! Da von 1938 bis 1946 weder eine Person noch eine Institution über einen derartigen Vorfall berichtete, spricht alles dagegen.

Doch, da Aumüller selbst drei verschiedene Textversionen über den Vorfall 1946 entwirft, gibt es eine zweite Möglichkeit, die „Eintragung von Satz (2)" für nicht zutreffend zu erklären, da der „Sitz im Leben" dieser Eintragung in einem „Persilscheingeschenk" liegt und dieses sich später in der „Eintragung Nr. 21" in Form einer „Geschichtsfälschung" niederschlug! Es lohnt sich also, trotz der Kompliziertheit der Eintragung von „Satz (2)", den Kontext in einer Art „Synopse" herauszustellen, um sichtbar zu machen, wie leicht durch „Zeugenaussagen", „Persilscheine" usw. der Fragebogen der Militärregierung und das sog. Entnazifizierungsverfahren „auszutricksen" waren. Möglich machte dies das „amerikanische Rechtsverfahren", das von Aumüller selbst die Beweislast verlangte.

Die Rechnung Aumüllers, ungeschoren aus dem Entnazifizierungsverfahren herauszukommen, und zwar aufgrund seiner vorgelegten „Beweise", ging voll auf!

Aumüllers „Eintragung Nr. 21" hatte nämlich ursprünglich seinen Ausgangspunkt im Fragebogen der Militärregierung. Hier bringt er den erwähnten Vorfall das erste Mal zur Sprache. Ausgelöst hat dies die Frage „e": *„Würden Sie jemals aus rassischen oder religiösen Gründen, oder weil Sie aktiv oder passiv dem Nationalsozialismus Widerstand leisteten, in Haft genommen oder in Ihrer Freizügigkeit oder sonst wie in Ihrer gewerblichen - oder beruflichen Fähigkeit beschränkt?"* Seine Antwort schrieb Aumüller aus Platzgründen auf ein Beiblatt. Es ist „Version A".[213] Mit dem geschilderten Vorfall will er beweisen, daß er als „NS-Geschädigter" anzusehen ist.

Zum schnelleren Verständnis als Information: Anfang Juli 1945 machte sich Aumüller bei der Militärregierung als kath. Geistlicher vorstellig; auf Grund dieses Vertrauensvorschusses, den er als

Version A: 11.7.1945	Version B: 16.7.1945	Version C: „Nr. 21"
Milit. Government of Germany Fragebogen	Brief an (neubesetztes) Kultusministerium	Fragebogen: 1946 Erzb. Ordinariat
(Antworten ohne Frageteil) - Cath. Priest - Religionslehrer - Position applied for (Studienrat) - Instruktor of religion - I was deffered from military service on 11.3.1942 for cure of souls - Italy; 15.8.-9.9.1938; Pilgrimage; Journey was made on my own account; - Audience of Pope Pius XI;" Frage e): Wurden Sie jemals aus rassischen oder religiösen Gründen, oder weil Sie aktiv oder passiv dem Nationalsozialismus Widerstand leisteten, in Haft genommen oder in ihrer Freizügigkeit oder sonst wie in ihrer gewerblichen - oder beruflichen Freiheit beschränkt? "Ja! Vergleiche Beilage!" [Hier ohne zusätzlichen Absender, da später auf Beilage eingefügt] **Beilage:** "1. Der Unterzeichnete wurde am 23.3.1938 auf Grund einer unwahren Schüleranzeige wegen	"Der Unterzeichnete wurde als kath. Geistlicher trotz seiner Anstellung durch die Regierung von Oberbayern mit Wirkung vom 1.10.1934 ... als Hilfsgeistlicher bei der ob.erbay. Heilund Pflegeanstalt Eglfing-Haar, ferner trotz seiner Anstellung durch das Kultusministerium ... als Religionslehrer an der Wittelsbacher Oberschule für Jungen ... und mit Wirkung vom 15.9.1941 ... als Religionslehrer an der Oberschule für Jungen in Pasing - also, trotz seiner fast 11jährigen Verwendung im Staatsdienste - nicht in das Beamtenverhältnis übernommen. Der Unterzeichnete war niemals ein Mitglied der NSDAP und ihrer Gliederungen. [War aber Mitglied bei NSV und NSLB!] Der Unterzeichnete wurde am 23.3.1938 auf Grund einer Anzeige eines Schülers und HJ-Führers der Wittelsbacher Oberschule für Jungen in München wegen	"Religionslehrer in München am Wittelsbacher Gymnasium ab 1937." (1)

„Synopse" (Gegenüberstellung) der drei Textversionen von V. Aumüller, Blatt 1

kath. Geistlicher und Religionslehrer erhielt, wurde er nur mündlich dienstenthoben. Er ließ sich den „Military Government of Germany – Fragebogen" geben. Diesen Fragebogen füllte er aus und verfaßte dazu eine Beilage (siehe „Synopse" linke Spalte!).

Beides, also Fragebogen und Beiblatt legte er zur „Bezeugung" dem kommissarischen neuen Leiter der Pasinger Oberschule, OStR Leitschuh vor. Das Beiblatt war also integraler Bestandteil des Fragebogens.

Später wurde das Beiblatt losgelöst vom Fragebogen verwendet, verändert und für ganz andere Zwecke eingesetzt!

Hier zunächst der Textvergleich: Seite 164/165

Version A: 11.7.1945	Version B: 16.7.1945	Version C: „Nr. 21"
einer »staatsfeindlichen Äußerung im Religionsunterricht« von der Gestapo München kommissarisch vernommen	einer »staatsfeindlichen Äußerung im Religionsunterricht« von der Gestapo in München kommissarisch vernommen und für einige Stunden in Haft genommen. Da der Unterzeichnete bei seiner kommissarischen Vernehmung die Unwahrheit der belastenden Schüleraussage nachweisen und den Sachverhalt richtig stellen konnte, wurde das Verfahren gegen den Unterzeichneten nach Erteilung der Verwarnung eingestellt	
und verwarnt. 2. Der Unterzeichnete wurde als kath. Geistlicher trotz seiner fast 11jährigen Verwendung im Staatsdienst nicht in das Beamtenverhältnis übernommen."		"Verwarnung im Jahr 1938 durch Gestapo München wegen Äußerungen im Religionsunterricht." (2)"Trotz der hauptamtlichen Verwendung im Staatsdienst fand keine Übernahme in das Beamtenverhältnis statt." (3)
Unterschrift: V. Aumüller, d. 11.7.45 Zeuge: Direktorat der Oberschule für Jungen: Ich bestätige die obenstehenden Angaben. München-Pasing, den 11. Juli 1945 i.V. OStR Leitschuh	Der Unterzeichnete bittet das Bay. Staatsministerium für Unterricht und Kultus, unter Vorlage des ausgefüllten und vom Direktorat der Oberschule für Jungen in München-Pasing bestätigten Fragebogen, der Militärregierung, ergebenst um Zuweisung zur weiteren Dienstleistung als Religionslehrer an einer Höheren Lehranstalt in München und um Aufnahme in das Beamtenverhältnis als Studienrat." Valentin Aumüller, Religionslehrer an der Oberschule für Jungen in Mü-Pasing	

Blatt 2

165

Die entscheidenden Fragen wirft das sog. „Beiblatt in Version A" auf:

1. Warum läßt Aumüller die angebliche „Schüleranzeige" nicht vom Wittelsbacher Gymnasium bezeugen, wo der vermeintliche Vorfall seinen „Sitz" hat und deshalb allein dort glaubwürdig bezeugt werden könnte?

Es ist verständlich, daß Aumüller seinen ehemaligen Förderer Hudezeck, der noch nicht dienstenthoben ist, in Rücksicht auf seine eigene Person und auf die Militärregierung nicht unterschreiben lassen will; aber OStR Dr. Franz Tyroller wäre für die Militärregierung ein sehr glaubhafter Zeuge gewesen! Also: Warum meidet er die Bezeugung durch das Wittelsbacher Gymnasium?

Im eigentlichen Sinne konnte OStR Leitschuh vom Pasinger Gymnasium, den angegebenen Vorfall nicht bezeugen, da er gar keine Berührungspunkte hatte!

Seine Unterschrift hatte im Zusammenhang mit dem Fragebogen offensichtlich eine ganz andere Funktion.

2. Erhebliche Bedenken entstehen, wenn der Absender des Beiblattes bedacht wird „Direktorat des Wittelsbacher Gymnasiums und Oberschule für Jungen und Mädchen in Pasing"(In dieser Form ist ja das Beiblatt erhalten!)

a) Ist es denkbar, daß OStR Leitschuh für beide Direktorate unterschrieb?
Durfte er das überhaupt? Auf Fälschung und Unterschlagung standen schwere Strafen der Militärregierung!

b) Vielleicht wurde Leitschuh zugesichert, daß selbstverständlich auch eine Unterschrift durch das Wittelsbacher Gymnasium eingeholt wird? Hätte er aus sachlichen Gründen nicht die umgekehrte Reihenfolge einfordern müssen: Erst die Unterschrift des Gymnasiums, das allein davon wissen konnte, dann seine zusätzliche Beglaubigung!

c) Es spricht alles dafür, daß Aumüller den ausgefüllten Fragebogen der Militärregierung mit der Ergänzung im Beiblatt (das notwendig war, weil die dafür vorgesehene Spalte im Fragebogen zu wenig Platz bot) OStR Leitschuh zur Beglaubigung vorlegte. Diese Beglaubigung für die Militärregierung nahm Leitschuh mit Unterschrift und Dienststempel der Pasinger Oberschule auf dem Beiblatt vor. Leitschuh bezeugte also mit seiner Unterschrift nicht die „Verwarnung durch die Gestapo", sondern er bescheinigte mit seiner Unterschrift , daß er seinen Kollegen für eine glaubwürdige Persönlichkeit hält und deshalb all seinen Eintragungen im Fragebogen samt Beiblattergänzung vertraut und dies mit seiner Unterschrift bezeugt.

d) Das macht auch verständlich warum in Version A der konkrete Hinweis auf den Wittelsbacher Schüler und HJ-Führer fehlt, weil sie unpassend ist. Das hätte Leitschuh sicher gehindert zu unterschreiben; er hätte durch Unterschrift eine lokalisierbare Person belastet.

3. Als integraler Bestandteil des Fragebogens hatte das Beiblatt mit der Unterschrift Leitschuhs die Funktion einer Glaubwürdigkeitsbescheinigung.

Losgelöst vom Fragebogen, nachträglich versehen (in gleicher Schreibmaschinenschrift) mit dem Absender „Direktorat des Wittelsbacher Gymnasiums und Oberschule für Jungen und Mädchen in Pasing" bestätigte die Unterschrift die Einvernahme „durch die Gestapo wegen staatsfeindlicher Äußerungen im Unterricht".

Das „manipulierte" Beiblatt hatte nun durch die Isolierung, Kraft seiner Unterschrift, eine Eigenfunktion erhalten; es galt von nun an – da man den ursprünglichen Zusammenhang nicht mehr kannte – als Beweis dafür, daß Aumüller von der „Gestapo wegen staatsfeindlicher Äußerungen im Religionsunterricht vernommen und verwarnt" wurde.

Aufgrund des Beiblattes (beglaubigte Abschrift) zweifelte auch der unbekannte Verfasser der „Fragebogenauswertung A" 1946 im Erzbischöflichen Ordinariat die Eintragungen Aumüllers nicht an.

Mit Hilfe der Unterschrift von OStR Leitschuh und der Tatsache, daß er Kath. Geistlicher war, wurde er als nicht belastet befunden. Ministerialrat Karnbaum nahm ihn bereits am 18.12.1945 zur Ernennung zum StR in Aussicht. Aumüller erteilte am 16.1.1946 bereits 24 Wochenstunden Religionsunterricht am Maximiliansgymnasium und erhielt die Funktion der „Offiziatur" an der Schule. Mit Urkunde vom 21.1.1947 wurde er in das Beamtenverhältnis aufgenommen und zugleich zum StR ernannt mit Besoldungsgruppe A2 c2 durch Kultusminister Dr. Hundhammer. Aumüller war am Ziel seiner langjährigen Wünsche.

Religionslehrer Aumüller hatte sicher kein lokalisierbares „Damaskuserlebnis". Die Erfahrung des Zusammenbruchs und die „Gnade" eines „amnestiehaften" Neubeginns ohne persönliche Folgen (nur seine Wohnung war fliegergeschädigt), lösten in ihm einen Umkehrprozeß aus, der sich segensreich auf das Max-Gymnasium auswirkte. Anders dürfte sein beachtlicher Nachkriegseinsatz und die Art und Weise, wie er seinen langen und leidvollen Krankheits- und Todeskampf annahm und lebte, nicht verstanden werden.

Das Nachkriegsecho ist hierin einheitlich:

In der Beurteilung von 1948/49 schreibt OStD Andreas Schwerd:

„Aumüller tritt vor der Klasse selbstsicher auf und gibt einen auf gründlichem Sachwissen beruhenden verstandesklaren und in gewandter Darstellung gebotenen Unterricht. Nicht weniger als für Wissensbegründung und Wissensmehrung seiner Schüler ist er für deren charakterliche und seelische Weiterformung besorgt. Der gleichen Zielsetzung gilt auch seine vielgerühmte Predigt beim sonntäglichen Studiengottesdienst. [Aumüller war auch Mitarbeiter der Monatszeitschrift für Prediger „Ambrosius" im Verlag Cassianum, Donauwörth.] *Die Kollegen schätzten Aumüller wegen seiner konzilianten, stets freundlichen und hilfsbereiten Haltung."*[214]

Oder der nachfolgende OStD Dr. Lindemann in seiner Qualifikation vom 20.11.1954:

„StR Aumüller besitzt ausgeprägtes Pflichtbewußtsein, eine geradezu ängstliche Sorgfalt in Erfüllung seiner Aufgaben und große Verantwortungsfreude.
Auf seinem Fachgebiet besitzt er umfassendes Wissen, das er durch eifriges Studium auf der Höhe der Zeit zu halten sucht. Seine menschliche Fürsorge für das seelische und nicht selten auch soziale Wohl der Schüler macht ihn auch zum Vertrauensmann nicht weniger Eltern.
Wegen seiner toleranten Haltung und seiner aufgeschlossenen Art ist sein Verhältnis zum evangelischen Religionslehrer denkbar gut. Bei den Kollegen genießt er wegen seines Humors und seiner geselligen und kameradschaftlichen Art große Achtung. Vorbildlich ist seine Sauberkeit, mit der er alle schriftlichen Arbeiten erledigt."[215]

Und schließlich ehrt das Maxgymnasium den Toten mit folgendem Nachruf:

„Am 12. Juni 1957 traf unser Gymnasium ein schwerer Schlag: Herr Studienprofessor Valentin Aumüller erlag im Alter von 50 1/2 Jahren einem tückischen Leiden.
Obwohl seit Monaten von Schmerzen gequält und vom Tod schon gezeichnet, hat er trotzdem in wortloser Pflichterfüllung und bewundernswerter Aufopferung an seine hohe Aufgabe als Religionslehrer und Seelsorger seine Schüler betreut bis wenige Wochen vor seinem Tod .... .
Hunderten von ehemaligen Schülern wird sein sonorer Baß in Erinnerung sein, sie werden seinen Namenszug vor sich sehen in großer, klarer, aufrechter Schrift. [...] E.Z. "[216]

Abb. 41: V. Aumüller und das Lehrerkollegium des Max-Gymnasiums; wer findet OStR Dr. Färber?

Dr. Alfred Schneidawind degradiert OStD Dr. Franz Tyroller auf schmähliche Weise

Abb. 42

OStD Dr. Franz Tyroller, der am 22.3.1951 das 65. Lebensjahr vollendete, dachte nicht daran, in den Ruhestand zu gehen. Als „NS-Geschädigter" erwartete er eine Art „Wiedergutmachung", die er darin sah, bis einschließlich Schuljahrsende 1953/54 als OStD am Wittelsbacher Gymnasium weiter wirken zu dürfen. In seinem Schreiben vom 14.3.1952 an das Kultusministerium untermauerte er seine *„Bitte um weitere Belassung im Amte"* wiefolgt:

„... vor eineinhalb Jahren wurde ein Lehrer meiner Schule mit 68 Jahren in den Ruhestand versetzt, obwohl er der Partei an-

gehört hatte. Verfährt man in meinem Falle schematisch, so geschieht mir im Vergleich mit ihm krasses Unrecht. Ich bitte das Ministerium, dafür Sorge tragen zu wollen, daß solche Härte vermieden wird." [217]

Wer Dr. Tyroller kannte, wird dem Urteil von Regierungsdirektor Dr. Hergt voll zustimmen, welcher feststellte, daß er für die *„Stelle als Anstaltsleiter ... hervorragend befähigt war"*. [218]

Dr. Tyroller stammte ebenfalls aus einer Lehrersfamilie, wurde am 22.3.1886 in Oening geboren und absolvierte 1905 am Alten Gymnasium in Regensburg. Seine Studien und Examina (1910) machte er an der Universität München. Das pädagogische Seminar legte er erfolgreich an der Luitpold-Oberrealschule in München ab.

Besondere Erfahrungen sammelte er in der Zeit vom 1.9.1911 – 18.9.1914, als er an der Deutschen Realschule in Barcelona unterrichtete.
   Der erste Weltkrieg brachte seine weiteren Pläne durcheinander. Nach Zwischenstationen in Ingolstadt (15.9.1914 – 31.8.1915) und Passau (1.9.1915 – 30.4.1924) diente er als Soldat vom Februar 1917 bis Dezember 1918 meist an der Front.
   Von 1924-1932 wirkte er im Saatsministerium im Rang eines OStR.
   Am 1.9.1932 wurde er zum OStD des Neuen - Realgymnasiums in München ernannt.
   Seine „Degradierung" erfolgte am 1.9.1937. Er wurde von der NS-Regierung aus dem Amt als OStD am Neuen Realgymnasium entfernt und für ein Jahr ohne Rang und Titel *„zur Dienstleistung an das Wittelsbacher Gymnasium versetzt."* [219]

Da es zwei Darstellungen über die Vorgänge der „Amtsentfernung" gibt, eine von Herrn Regierungsdirektor Hergt (nach 1945) und eine von OStD Dr. Tyroller selbst, läßt sich der sog. Degradierungsprozeß gut rekonstruieren.

Hier die Vorgänge im einzelnen:

Die Schwierigkeiten für Dr. Tyroller am Neuen Realgymnasium entstanden erst, als zwischen 1933/34 und 1936/37 nationalsozialistisch gesinnte Lehrer an die Schule versetzt wurden, *„unter denen sich ein Blutordensträger des 'goldenen Ehrenzeichens' befand.“* [220]

Mit ihrer Hilfe entstand an der Schule eine Clique, die den „nicht nationalsozialistisch, kirchlich gesinnten Anstaltsvorstand“ loswerden wollte; „von dessen Verdrängung sie ... Erfüllung der eigenen Wünsche erhofften.“

Der Stein des Anstoßes war die *„offenkundige Kirchentreue“* [221], die OStD Tyroller praktizierte.

„Der willkommene Anlaß ergab sich erst im Jahr 1937, und zwar wurde Dr. Tyroller zu Fall gebracht durch eine Sache, mit der er - eigentlich nichts zu tun hatte.“ [222]

Der Hausverwalter war auf den Lehrer mit dem goldenen Parteiabzeichen schlecht zu sprechen.

Jedenfalls kam es zwischen beiden in Gegenwart von Dr. Tyroller zu einem verbalen Schlagabtausch, die der Hausverwalter *„mit einer ungeschickten Nachrede“* auf seine Weise beendete.

Der NS-Lehrer machte darauf OStD Tyroller Vorhaltungen, *„daß er ihn nicht genügend in Schutz“* [223] genommen habe.

Dieser Vorfall bildete nun den Ausgangspunkt einer Verschwörung.

An dieser Konspiration beteiligte sich einmal die Clique der NS-Lehrer, bei denen sowohl der Hausverwalter als auch der Schulleiter auf der „Abschußliste“ standen; zum anderen, der Heizer der Schule, auch ein Alt-Parteigenosse, der ebenfalls an der Ausschaltung des Hausverwalters interessiert war, um selbst in diese, für ihn finanziell attraktive Position zu kommen.

Der Heizer und die NS-Lehrer-Clique schmiedeten zusammen das Komplott gegen den Hausverwalter und den Schulleiter.

Dabei wurde zunächst getrennt belastendes Material gesammelt, der Heizer über den Hausverwalter, die NS-Lehrer über Dr. Tyroller.

Das belastende Material betraf dabei weniger den primären Dienstbereich, sondern allgemeine Schulvorkommnisse, die ursächlich mit beiden Personen in Zusammenhang gebracht wurden.

Der Heizer und die NS-Lehrer brachten das gesammelte Material zur Gestapo.

Dr. Tyroller formulierte das weitere Vorgehen so:

„Diese forderten vom Ministerium, daß gegen mich eingeschritten werde. Ein Referent ließ mir durch einen Mittelsmann die Forderung überbringen, mich auf eine Oberstudienrats-Stelle in München versetzen zu lassen, widrigenfalls man mich in die Provinz verpflanzen werde.
Unter diesem Druck richtete ich ein entsprechendes Gesuch an das Ministerium.“ [224] *(An dieser Stelle ähnelt der Fall sehr an die Vorgehensweise des Ministeriums gegen OStD Wahler, s. a.a.O.!)*

Es wurde formal festgestellt, daß das belastende Material ausreichend zum Ausdruck bringe, daß Dr. Tyroller politisch unzuverlässig sei.

Deshalb erging folgende Verfügung: Rückstufung zum OStR und Versetzung an das Wittelsbacher Gymnasium.

Doch Ministerialrat Dr. Alfred Schneidawind begnügte sich nicht mit der „Degradierung“ und Versetzung; dies reichte ihm als Demütigung nicht aus.

Nicht nur der Person Dr. Tyroller, sondern seiner „offenkundigen Kirchentreue“ mußte ebenfalls eine „Schmähung“ in Form einer **offenkundigen Bloßstellung** zugefügt werden.

Diesen Vorgang faßte Tyroller in folgende Worte:

„Ministerialrat Schneidawind hatte sich auch redlich bemüht, meinen Abgang möglichst schmählich zu gestalten.
Er verschaffte sich Kenntnis von dem Zeitpunkt meiner letzten Lehrerratssitzung und

schickte zu deren Beginn einen Boten mit einem Schreiben, das mir vorschrieb seinen Inhalt dem versammelten Lehrerrat bekanntzugeben."[225]

In diesem Schreiben mußte Dr. Tyroller von sich bekennen, daß er von den „sittlichen Verfehlungen des Hausverwalters gegenüber einer Putzfrau" gewußt und „derartiges geduldet"[226] habe.

Nutznießer dieser Denunziation war vor allem der Heizer. Er bekam tatsächlich die Planstelle des Hausverwalters.

Die NS-Lehrer-Clique konnte nur teilweise zufrieden sein: Dr. Tyroller wurde entsprechend ihrer Intrigen versetzt, doch „die Neubesetzung der Stelle des Anstaltsleiters erfolgte nicht in ihrem Sinne."[227]

Hier noch im Orginalton Dr. Tyrollers Kommentar:

„Ich verlas pflichtgemäß das ministerielle Schreiben. Ich konnte es mit gehobenem Bewußtsein tun, weil ich völlig unschuldig war, woran auch bestimmt keiner der Anwesenden zweifelte."[228]

So souverän sich Dr. Tyroller auch beim Verlesen des Ministerialschreibens augenblicklich gefühlt haben mag, es konnte das Ausmaß der zugefügten Verletzung nicht verdecken und wurde indirekt von Dr. Tyroller angedeutet, wenn er schrieb:

„Meine Maßregelung hatte auch für mich einen schweren persönlichen Verlust zur Folge. Meine bei mir lebende Mutter nahm sich mein Unglück so zu Herzen, daß sie am 24.9.37 plötzlich starb."[229]

Die ehrenden Worte des Kultusministeriums zu Dr. Tyrollers 70. Geburtstag sind Worte, die an Gültigkeit nichts verloren haben:

„Ich möchte Ihnen besonders dafür danken, daß Sie während des 3. Reiches aufrechte Haltung als Mensch und Christ bewahrt haben und daß Sie, trotz des erlittenen Unrechts durch Amtsenthebung und Zurücksetzung, nach dem Zusammenbruch Ihre ganze Kraft noch bis zum 68. Lebensjahr in den Dienst unseres Schulwesens gestellt haben."[230]

Eine späte Genugtuung!
OStD a.D. Andreas Wahler als Entnazifizierungsbeamter

Die Besetzung der Ämter und Kammern, die mit der Entnazifizierung befaßt waren, mit geeignetem Fachpersonal auszustatten, gestaltete sich so schwierig, daß es Ende 1946 zu einem Gesetz kam, das den Ministerien die Machtbefugnis erteilte, qualifizierte Personen – ob sie wollten oder nicht – zum Verwaltungsdienst zu verpflichten. (Der bayrische Ministerpräsident W. Hoegner nannte dies später „eine Art Kidnapping zur Befreiung des deutschen Volkes von Nationalsozialismus und Militarismus!")

OStD a.D. Andreas Wahler mußte man (trotz seines hohen Alters; er war bereits 74) nicht dazu zwingen. Er empfand es als eine stille Genugtuung Die Einflußnahme für und gegen ganz bestimmte Personen, wußte er auf seine Weise zu nützen.

Das Kultusministerium richtete am 2.1.1946 an das Finanzministerium folgendes Schreiben:

„Die Geschäftsverhältnisse des Unterrichtsministeriums gestatten es nicht, daß der Regierungsoberamtmann Korherr seine Tätigkeit in dem dortigen Ausschuß für die Prüfung der Fragebogen der Ruhegehaltsempfänger fortsetzt. An seiner Stelle benenne ich den OStD a.D. Andreas Wahler, Tattenbachstr.3/III. Der NSDAP oder einer ihrer Gliederungen hat er nicht angehört.
I.V. gez.
Dr. Hans Meinzolt" [231]

Wahler war schon seit 16.4.1946 als Entnazifizierungsbeamter tätig, da erhielt er zwei Monate später folgendes bestätigende Schreiben:

„Bayrisches Staatsministerium für Unterricht und Kultus 15.6.1946

Herrn OStD a.D. Andreas Wahler
München
Betreff: Geschäftsaushilfe im Bayerischen Staatsministerium für Unterricht und Kultus

Sie werden hiermit zur vorübergehenden Geschäftsaushilfe im St.M.f.U.u.K. als Referent bei der Abteilung VII (Entnazifizierung) aufgenommen. Ihre Dienstleistung hat am 16.4.1946 begonnen. Für ihre Tätigkeit erhalten Sie eine mtl. Vergütung von 200 RM, die der Kürzung nach Maßgabe der Gehaltskürzungsvorschriften unterliegt, und eine mtl. Zulage als Dienstaufwandsentschädigung von mtl. 60 RM.
Der Herr Regierungspräsident in München, der Oberfinanzpräsident in München, Zweigstelle für Bayer. Angelegenheiten in München, die Bayer. Landeshauptkasse u.D. Reg.hauptkasse in München erhalten Abdrucke dieser Entschließung.
gez. Dr. Franz Fendt" [232]

Da sich der Gesundheitszustand Wahlers rapide verschlechterte, bat dieser im August 1947 um Beendigung des Dienstverhältnisses, das mit folgendem Schreiben vom 1. September 1947 bestätigt wird:

„Auf Ihren Wunsch werden Sie mit Wirkung vom 1. Sept. 1947 von Ihrem Dienst im Staatsministerium entbunden. Aus diesem Anlaß spreche ich Ihnen meinen Dank für Ihre verdienstvolle Tätigkeit aus.
gez. Dr. Dr. Alois Hundhammer" [233]

Mit Milde konnten die Gymnasiallehrer Hermann Poschenrieder und Anton Straubinger bei Wahler nicht rechnen.

Beide erlaubten sich ihre Rechtfertigungen und Bewerbungen erst nach dem Tod Wahlers. (Poschenrieder stellte seinen Antrag „um Wiederverwendung im höheren Lehramt" am 27.11.1948; Wahler verstarb am 1.6.1948)

Nutznießer der Tätigkeit von Wahler nach 1945 durfte vor allem OStD Hudezeck sein! Im Vergleich mit anderen Oberstudiendirektoren fielen die Entnazifizierungsfolgen für ihn sehr milde aus, was seine frühe nebenamtliche Verwendung (bereits ab Schuljahr 1946/47) und seine Pensionierungsregelung anging (A 2b).

Wahler machte ursächlich Hudezeck nicht mitverantwortlich für seine Entlassung. Er hielt Hudezeck auch für seinen geeigneten Nachfolger. Er wußte sich ihm freundschaftlich verbunden und zeichnete seinen Widerspruchsantrag vom 25.8.1946 persönlich ab. Sicher genoß er seine Rolle, die er jetzt für Hudezeck als Gönner und Ratgeber spielen durfte. Je stärker sich der Nationalsozialismus der Schule bemächtigte, desto mehr wuchs in ihm die Einsicht, daß es gut war, außer Dienstes zu sein.

Beachtlich sind die Worte des Kultusministers Dr. Hundhammer für Wahler. Am 5.6.1948 schrieb er an die Witwe Wahler folgenden Brief:

„Der Staatsminister für Unterricht und Kultus 5.6.1948

Frau
OStD Rosamunde Wahler
München
Tattenbachstr. 3

Sehr verehrte gnädige Frau!

Mit tiefem Bedauern habe ich die Nachricht vom Hinscheiden Ihres Herrn Gemahls erhalten.
Ich gestatte mir, in meinem und meines Ministeriums Namen Ihnen das herzlichste Beileid zu diesem schweren Verlust auszusprechen. Mit vorbildlicher Treue und hervorragendem Erfolg hat der Verewigte als Lehrer und Erzieher an einer Reihe von bayerischen Gymnasien gewirkt und als Leiter bedeutender Anstalten, zum Schluß des Wittelsbacher Gymnasiums in München, sich große Verdienste erworben.

Besonderer Dank gebührt ihm dafür, daß er in der schweren Zeit und nach dem Zusammenbruch dem wohlverdienten Ruhestand entsagte und wiederum seine bewährte Arbeitskraft zum Neuaufbau des Staatsministeriums zur Verfügung stellte.
Sein Wirken wird in der Geschichte des bayerischen höheren Schulwesens unvergessen sein.
Mit dem Ausdrucke vorzüglicher Hochachtung verbleibe ich in tiefer Teilnahme.
Ihr sehr ergebener
Dr. Hundhammer
Staatsminister" [234]

__Abschrift__

Bayer. Staatsministerium   15.Juni 1946
für Unterricht und Kultus   München
                                           Salvatorplatz 2

Herrn
Oberstudiendirektor a. D.
Andreas W a h l e r
__M ü n c h e n__

Betreff: Geschäftsaushilfe im Bayer. Staats-
             ministerium für Unterricht und Kultus

    Sie werden hiermit zur vorübergehenden Geschäftsaus-
hilfe im Staatsministerium für Unterricht und Kultus als Referent bei der Abteilung VII (Entnazifizierung) aufgenommen.
Ihre Dienstleistung hat am 16. April 1946 begonnen. Für Ihre
Tätigkeit erhalten Sie eine monatliche Vergütung von 200 RM
(zweihundert Reichsmark), die der Kürzung nach Maßgabe der
Gehaltskürzungsvorschriften unterliegt, und eine monatliche
Zulage als Dienstaufwandsentschädigung von monatlich 60 RM
(sechzig Reichsmark).
    Der Herr Regierungspräsident in München, der Ober-
finanzpräsident in München, Zweigstelle für Bayer. Angelegenheiten in München, die Bayer. Landeshauptkasse und die Regierungskasse in München erhalten Abdrucke dieser Entschließung.

                           gez. Dr. Franz Fendt

T 62: OStD a. D. Wahler als Entnazifizierungsreferent für die humanistischen Gymnasien.

Mängel des Entnazifizierungsverfahrens, dargestellt an Spruchkammerakten einzelner Lehrer des Wittelsbacher Gymnasiums

Im Februar 1945 erklärten die Siegermächte auf Jalta in einem Kommuniqué: *„Es ist unser unbeugsamer Wille, den deutschen Militarismus und Nazismus zu vernichten und die Garantie zu schaffen, daß Deutschland nie wieder in der Lage sein wird, den Weltfrieden zu brechen; ... alle Kriegsverbrecher einer gerechten und schnellen Bestrafung zuzuführen; ... die Nazi-Partei, die nazistischen Gesetze, Organisationen und Einrichtungen vom Erdboden zu tilgen; alle nazistischen und militaristischen Einflüsse aus öffentlichen Einrichtungen, dem Kultur- und Wirtschaftsleben des deutschen Volkes zu entfernen!“* [235]

In intellektuellen Kreisen wurde dieses Vorhaben mit den „vier D" gekennzeichnet: Demilitarisierung, Denazifizierung, Dekartellisierung, Demokratisierung!

Mit der Auflösung und Aufhebung der NS-Gesetze und NS-Organisationen hatte die amerikanische Militärregierung keine Schwierigkeiten.

Wesentlich schwieriger gestaltete sich das NS-Personenproblem:

Die Militärregierung dachte zunächst bei der politischen Personalsäuberung an die NS-Funktionäre in Schlüsselstellungen, darin eingeschlossen politische Beamte im Bereich des öffentlichen Dienstes, der staatlichen und kommunalen Selbstverwaltung.

Die deutsche Bevölkerung ihrerseits erwartete die ersehnte Abrechnung mit den „echten Nazis", hoffte aber zugleich, daß die Masse der Mitläufer geschont werde.

So bestand also zunächst eine allgemeine Übereinstimmung darin, die Schuldigen und Verantwortlichen für die beispiellosen Kriegs- und NS-Verbrechen zu bestrafen.

Keine Übereinstimmung bestand darin, was die Begrenzung des NS-Täterkreises anging. Die Deutschen wünschten die Eingrenzung auf Kriegs- und NS-Verbrecher. Diese Eingrenzung fand die Militärregierung zu eng; von Anfang an steckte sie den Täterkreis umfangreicher ab.

Für beide Seiten sollte zunächst der Nürnberger Hauptkriegsverbrecher-Prozeß beispielgebend sein mit den vier Anklagepunkten:

- Teilnahme am Plan einer Verschwörung zu einem Verbrechen gegen den Frieden.
- Kriegsverbrechen
- Verbrechen gegen die Menschlichkeit
- Völkermord.

Neben diesem Prozeß vor dem Internationalen Militärgerichtshof (12 Todesstrafen), gab es in allen vier Zonen weitere Kriegsverbrecherprozesse vor den Militär-Tribunalen. Von 5133 angeklagten Personen wurden in den drei Westzonen 668 zum Tode verurteilt.

So kritisch man auch gegen den Nürnberger Kriegsverbrecherprozeß sein mag, so läßt sich doch positiv festhalten:

- Die politische NS-Elite wurde ausgeschaltet!
- Durch den Prozeß und die dabei vorgelegten Materialien wurden erstmals die beispiellosen NS-Verbrechen in einem bisher nicht gekannten Ausmaß sichtbar!

Weit nachhaltiger als die Kriegsverbrecherprozesse wirkte sich in der deutschen Bevölkerung die sog. „Entnazifizierung" aus, denn: Hier mußte jeder einzelne fürchten, daß es ihn selbst treffen könnte!

Abb. 43: Mai 1997

„Alle Mitglieder der Nazipartei, die nicht nur nominell in der Partei tätig waren, alle, die den Nazismus oder Militarismus aktiv unterstützt haben, und alle anderen Personen, die den alliierten Zielen feindlich gegenüber stehen, sollen entfernt und ausgeschlossen werden aus öffentlichen Ämtern und aus wichtigen Stellungen in halböffentlichen und privaten Unternehmungen." [236]

Konkret wurde hier also die Entlassung aller aktiven Nationalsozialisten gefordert. Die Beschränkung auf Personen in Schlüsselstellungen galt nicht mehr.

Eine zweite Verschärfung brachte drei Monate später die USFET-Direktive vom 7. Juli 1945.[237]

Sie bestimmte die Überprüfung aller Personen, die Schlüsselpositionen inne hatten anhand eines großen „Fragebogens", dessen 131 Einzelfragen einen genauen Einblick geben sollten, was Lebenslauf, Karriere und politische Aktivitäten betraf.

Jetzt legten 125 Einzelmerkmale fest, wer zur Gruppe der Entlassungspflichtigen („mandatory removal") gehörte.

Hier eine Auflistung, die zeigen soll, wie durch ständige formale Aufschlüsselungen die Militärregierung dafür sorgte, daß der zu überprüfende Personenkreis immer größer und unübersichtlicher wurde:

- wer vor dem 1.5.1937 (hier trat das Reichsbeamtengesetz in Kraft) NSDAP-Mitglied war;
- alle Amtsträger der NSDAP;
- Amtsträger von angeschlossenen NS-Organisationen;
- alle Offiziere und Unteroffizier der Waffen-SS, Waffen-SA, NS-Kraftfahrtkorps, NS-Fliegerkorps;
- alle Mitglieder der SS und Gestapo;
- alle SA-Mitglieder vor dem 1.4.1933;
- unabhängig von Mitgliedschaft der NSDAP oder NS-Organisationen war entlassungspflichtig die führende Verwaltungsschicht vom Spitzenbeamten bis zum Bürgermeister;
- Spitzen der Militär- und Rüstungsverwaltung;
- hohe und mittlere Amtsträger in den Wirt-

Die amerikanische Militärregierung setzte sich zwei Ziele:
- einmal die strafrechtliche Verfolgung schuldig gewordener Einzelpersonen!
- zum anderen die politische Säuberung, d.h.: Das Ausschalten der alten Repräsentanten (Entlassung von Behördenleitern, Landräten, Bürgermeistern usw.); und die Etablierung einer neuen Führungsschicht, natürlich auch im **Erziehungswesen**, der Polizei, der Justiz und den öffentlichen Medien usw.

Die amerikanische Militärregierung übernahm in der Anfangsphase diese Aufgabe nach eigenem Gutdünken mit Verhaftung und Internierung. Eine erste verschärfende Maßnahme bewirkte die Besatzungsdirektive JCS 1067 vom 26.4.1945, welche forderte:

schaftsverbänden;
- Kriegsverbrecher, Denunzianten, Mittäter gegen rassisch, politisch oder religiös Verfolgte;
- Unterführer der HJ, des BDM usw.

Mit diesen zwei genannten Direktiven führte die Militärregierung ihre ersten Massenentlassungen durch.

Diese JCS 1067-Aktion kommentierte der Volksmund mit: „Die Internierungslager sind voll und die Ämter sind leer!" (Der „automatische Arrest" betraf 150.000 Personen, davon 80.000 verhaftet; 70.000 entlassen).

Diese Fragebogenaktion wurde mit durch den Umstand beeinflußt, daß die verschwundenen Mitgliedskarteien der NSDAP in einer Münchner Papierfabrik aufgefunden wurden.

Ganz im Sinne dieser Bestimmungen wurde OStD Albert Dittmar am 19.6.1945 amtsenthoben. In seiner Dienstentlassung vom 10.4.1946 schreibt Dr. Fendt:

„Betreff: Entlassung
Sie wurden auf Weisung der Militärregie-
rung (ME vom 19.6.1945) Ihres Dienstes als
OStD an der Giselaoberschule für Jungen in
München mit sofortiger Wirkung enthoben.
In dieser Verfügung war bemerkt, daß die
endgültige Regelung ihres Dienstverhältnis-
ses vorbehalten bleibt.
Um Irrtümer auszuschließen, wird Ihnen
mitgeteilt, daß die Entfernung aus dem Amt
endgültig und eine Entscheidung der Mi-
litärregierung ist." [238]

Zum Vergleich das Amts- und Dienstenthebungs-schreiben vom 9.2.1946 an OStD Hudezeck:

„Auf Weisung der Militärregierung vom
4.1.1946 werden Sie mit sofortiger Wirkung
Ihres Dienstes als OStD bei der Wittelsbacher-
Oberschule für Jungen und Mädchen ent-
hoben.
Sie haben sich jeder weiteren dienstlichen
Tätigkeit an dieser Anstalt zu enthalten.
Die Regierungskasse in München erhält Ab-

schrift dieses Schreibens mit dem Auftrag,
die Auszahlung Ihrer Bezüge einzustellen.
Endgültige Regelung Ihres Dienstverhältnis-
ses bleibt vorbehalten.
gez. Dr. Franz Fendt" [239]

Der erste Fehler des Entnazifizierungsverfahrens lag in dem Umstand, daß die Amerikaner die Entlassungsmaßnahmen anfangs ohne deutsche Mithilfe, ganz auf eigene Faust, ganz nach eigenem Gutdünken taten. Das mußte zu Fehlentscheidungen führen. Zu diesen zählte zum Beispiel das Vorgehen gegen StR Karl Schneider (s. zur Person a.a.O.) So wurde z.B. mancher Schulleiter oder Bürgermeister zunächst völlig zu unrecht aus dem Amt entfernt.

Zudem bestimmte die Direktive die Entlassung ohne Rücksicht auf personellen Einsatz und ohne Berücksichtigung etwaiger Rechtsansprüche wie Kündigungsfrist, Ablösungs- oder Ruhegehalt.

Eine dritte Verschärfung brachte das „Militärgesetz Nr. 8" [240] vom 26.9.1945, das die Entnazifizierung auf alle Bereiche der Wirtschaft ausdehnte mit der Forderung:

Die Beschäftigung eines Mitgliedes der
NSDAP oder einer ihr angeschlossenen Orga-
nisation in geschäftlichen Unternehmungen
aller Art in einer beaufsichtigenden oder lei-
tenden Stellung oder in irgendeiner anderen
Stellung als der eines gewöhnlichen Arbei-
ters ist gesetzwidrig." [241]

Diese Vorschrift empfanden vor allem dienstenthobene Schulleiter und Gymnasiallehrer, die für den Unterhalt ihrer Familien dringend sorgen mußten, als Zumutung. So beklagt sich der Schulleiter des Ludwigsgymnasiums OStR Hermann Poschenrieder noch im Schreiben vom 7.7.1949:

„Seit 3 Jahren bin ich als Hilfsarbeiter beim
Landbauamt tätig, zuerst in körperlicher
Arbeit, jetzt im Baubüro der Theatiner-
kirche. [242]

Neben dem zweiten gravierenden Fehler, daß sich

der Umfang des Täterkreises immer mehr ausweitete, sorgte die Direktive vom 26.9.1945 auch für Vorteile:

- Die Zeit der Entlassung nach Gutdünken war vorbei. Man ließ sich jetzt von folgenden Überlegungen lenken: *„Die Beurteilung des einzelnen erfolgte in gerechter Abwägung der individuellen Verantwortlichkeit und der tatsächlichen Gesamthaltung ... . Äußere Merkmale wie die Zugehörigkeit zur NSDAP, einer ihrer Gliederungen oder einer sonstigen NS-Organisation sind nach diesem Gesetzt für sich allein nicht entscheidend für den Grad der Verantwortlichkeit. Sie können zwar wichtige Beweise für die Gesamthaltung sein, können aber durch Gegenbeweise ganz oder teilweise entkräftet werden."* [243]

- Dem betroffenen Personenkreis wurde erstmals ein Widerspruchsrecht eingeräumt! Voraussetzung war der Nachweis, daß man der NSDAP oder einer anderen NS-Organisation nur als nominelles Mitglied angehört hatte.
Für diesen Widerspruch benötigte man ein eigenes Gremium.
So entwickelten sich die deutschen Vorprüfungsausschüsse, die nach einer Beweisaufnahme den Einspruch begutachteten.

Gegen seine Dienstentlassung erhob z.B. OStD Hudezeck am 23.5.1946 Einspruch. Doch das Recht eines Einspruches bzw. Widerspruches hatte natürlich auch die Gegenseite. (Die Letztentscheidung blieb immer noch bei der Militärregierung!) Diesen Einspruch gegen Hudezeck unternahm der „Kassationshof" am 16.10.1946:

„Der Kassationshof im bayrischen Staatsministerium für Sonderaufgaben beschließt ... im Verfahren gegen Karl Hudezeck, OStD a.D. München, Aldringenstr. 7/II
1. Der Sühnebescheid des Vorsitzenden der Spruchkammer wird aufgehoben.
2. Die erneute Durchführung des Verfahrens wird angeordnet.
Wg. Verfahrensformfehler gez. Fuchs" [244]

Der Unmut, der sich in der deutschen Bevölkerung gegen das geltende Entnazifizierungsverfahren zusehends breit machte, lag nicht so sehr in den bisher getroffenen Maßnahmen, als in den zwei angesprochenen Fehlern der amerikanischen Säuberungspolitik.

Die entscheidende Frage war nach wie vor:

- Wer war tatsächlich nur „Mitläufer" (z.B. als Lehrer am Wittelsbacher Gymnasium)?
- Wer war NS-Aktivist auch ohne Parteibuch?

Diese zwei Fragen konnte nur von Deutschen differenziert beurteilt werden.

Die unterschiedlose Überprüfung und der Ärger über die Vielzahl der Bestimmungen wirkte sich so negativ aus, daß selbst linke und rechte NS-Gegner mit den Spruchkammern nicht mehr kooperieren wollten.

In der Bevölkerung hielt sich die Befürchtung, daß die bisherigen Entlassungen nur der Anfang waren, und daß noch weitere Maßnahmen der Militärregierung zu erwarten seien.

Dieser Unmut in der Bevölkerung führte schließlich dazu, daß es zu einer Solidarisierung zwischen den Mitläufern und den tatsächlichen NS-Tätern und NS-Aktivisten kam; von dieser Solidarisierung schlossen sich auch die Spruchkammer-Mitglieder nicht aus.

So hatte Schuldirektor Stephan Mencke, Donnersbergerstr. 3, einen schweren Stand, als er vor der Spruchkammer gegen StP Josef Löffler aussagte. In der Spruchkammerakte ist zu lesen:

„Der Schuldirektor Stephan Mencke, ..., kann bezeugen, (der seinen Sohn bei ihm in der Klasse hatte), daß Löffler in seiner Klasse ständig Propaganda für die Partei getrieben hat, statt zu unterrichten.
Ferner war er ständig aktiver Mitarbeiter in der Ortsgruppe Stiglmayerplatz, Lothstr. 18, und hat den Oberregierungsrat Dr. Trötsch im Hause zusammen mit seiner Frau wegen deren Parteigegnerschaft abscheulich verfolgt." [245]

OStD Hudezeck und OStR Dr. Tyroller solidarisierten sich mit Löffler. Als Zeuge widerlegte Hudezeck diese Anschuldigungen wiefolgt:

> *„Die Behauptung, daß es wegen Löffler im Lehrerzimmer wüste Szenen gegeben hat, ist durchaus unwahrscheinlich.*
> *Die Behauptung, daß Löffler im Unterricht fanatische Propaganda betrieb, ist undenkbar."* [246]

Desgleichen als Zeuge Dr. Fanz Tyroller:

> Er *„äußerte sich in dem gleichen Sinn. Bezüglich seiner Lehrtätigkeit wird noch die Äußerung des Zeugen Tyroller erwähnt, wonach sich der Betroffene der Kriegsbeschädigten angenommen hat, die über das Maß jeder Pflicht hinausging."* [247]

Daß es sich tatsächlich um eine Solidarisierung von NS-Aktivisten (hier Löffler, Hudezeck mit dem NS-Gegner Tyroller gegen den Zeugen Stephan Mencke) ging, zeigt folgender Umstand:

Als Tyroller nämlich fürchten mußte, Löffler könnte durch seine „Rehabilitierung" mit Hilfe der Spruchkammer (unter anderem auch durch sein Zutun) eventuell wieder an das Wittelsbacher Gymnasium kommen, schrieb er am 24.6.1948:

> „Da er seit 1933 Pg. war, ist seine Wiederverwendung nicht möglich." [248] (Um sich und Löffler einen Dienst zu tun, setzte er sich dann für dessen beschleunigte Ruhestandsversetzung ein!)

Nicht besser ging es StP Hans Keller, als er vor der Spruchkammer gegen OStR Anton Straubinger aussagte. Die Kammermitglieder solidarisierten sich hier ebenfalls mit Straubinger gegen Keller, dessen dokumentarisches Beweismaterial sie einfach dadurch entkräfteten, daß sie ihn mit der Bezeichnung „spiritus rector" abqualifizierten. So stellte die Kammer am 5.5.1948 fest:

> *„Belastend hauptsächlich war das Gutachten des Vorprüfungsausschusses der Stadt München für den Bereich des Staatsministeriums für Unterricht und Kultus. Von den 5 Personen, die das Gutachten unterzeichneten, hat nur eine den Betroffenen persönlich gekannt, und zwar OStR Keller.*
> *Derselbe war als Zeuge geladen und vom unterzeichneten Vorsitzenden ausdrücklich befragt, auf Grund von welchen Unterlagen und persönlichen Wahrnehmungen er zu dem den Betroffenen immerhin stark belastenden Urteil kam. Der Zeuge erwähnte, daß ihm hierzu hauptsächlich das Aktenmaterial Unterlage geboten habe! Im übrigen wird auf seine Aussage im Protokoll verwiesen.*
> *Der Kammer war damit klar, daß er 'spiritus rector' in dieser Sache war."* [249]

Die Tatsache, daß vier zusätzliche Personen amtliches Beweismaterial, das sie – wie Keller auch – eingesehen und mit ihrer Unterschrift bezeugt hatten, wurde auf diese Weise ignoriert.

Die Argumente drehte man teilweise, wie man sie gerade brauchte. Gegen Keller wurde argumentiert, daß sein „Gutachten" unwirksam sei, da es von vier Personen mitunterzeichnet wurde, die Keller persönlich nicht kannten.

Im gleichen Atemzug, im gleichen Verfahren wurde folgende Zeugenaussage für Löffler positiv gewertet:

> *„München, den 28.6.1945*
> *2. Kath. Pfarramt*
> *St. Max München 5*
> *Wittelsbacherstr. 2*
>
> *Erklärung*
> *Herr OStR Straubinger ist mir zwar persönlich nicht bekannt, aber von verschiedensten Kreisen, auf deren Urteil ich Wert lege, wurde mir zuverlässig erklärt, daß Herr OStR Straubinger im Gegensatz zu anderen Parteigenossen stets das größte Entgegenkommen gegen die Hilfesuchenden gezeigt hat ohne Rücksicht auf Parteizugehörigkeit ....*
>
> *gez. Landgraf (Pfarrer bei St. Max)"* [250]

179

Beide, Schuldirektor Stephan Mencke und OStR Hans Keller mußten sich mit folgender Erfahrung vertraut machen:

Wer es wagte, trotz der allgemeinen Solidarisierungsrealität gegen das Entnazifizierungsverfahren, um der Gerechtigkeit willen, dennoch belastende Aussagen machen zu müssen und diese gar im Berufungsverfahren aufrechterhielt, galt schnell als „Denunziant" und wurde als sozialer Störenfried aus dem „Kreis der ehrbaren Bürger" ausgegrenzt.

Das Geflecht kollegialer, sozialer, familiärer Rücksichtnahmen und Verpflichtungen blockte wirksam den Säuberungswillen der Spruchkammern ab.

Zu den frühesten und – was die Wirkung anging – erfolgreichsten Kritikern der Entnazifizierungspraxis, gehörten die beiden Großkirchen.

Schon bevor das „Gesetz zur Befreiung von Nationalsozialismus und Militarismus" für die amerikanische Zone am 5.3.1946 in Kraft trat, erhoben sie ihre großen Bedenken.

Die evangelische Kirche dachte hier nicht ganz uneigennützig, denn etwa 30% ihrer Pfarrer waren Mitglied bei der NSDAP und das brachte eigene, zusätzliche Probleme. Unabhängig davon wollte sie sich auch schützend vor ihre kirchentreuen NSDAP-Mitglieder stellen und zugleich durch ihren Einsatz das verunsicherte konservative Lager neu für sich zurückzugewinnen.

Dabei ist die Wirkung, die das beachtliche (vor allem was den Zeitpunkt angeht) „Stuttgarter Bekenntnis" auf die Militärregierung machte, nicht hoch genug anzusetzen, worin es heißt:

„Durch uns ist unendliches Leid über viele Völker und Länder gebracht worden. ... wir klagen uns an, daß wir nicht mutiger bekannt, nicht treuer gebetet, nicht fröhlicher geglaubt und nicht brennender geliebt haben."[251]

Die Forderung der evangelischen Kirche, „daß nur nachweisbare und nachgewiesene Vergehen und Verbrechen bestraft werden sollten", wurde von kath. Seite schon im Hirtenbrief der deutschen Bischöfe zu Fulda vom 23.8.1945 erhoben:

„Es ist die Forderung der Gerechtigkeit, daß immer und überall die Schuld von Fall zu Fall geprüft wird, damit nicht Unschuldige mit den Schuldigen leiden müssen."[252]

In diesem Hirtenbrief setzten sich die Bischöfe auch namentlich für die Berufsgruppe der Lehrerschaft ein, wenn sie u.a. feststellten:

„Wir wissen aber auch, daß bei solchen, die in abhängiger Stellung waren, insbesondere bei Beamten und Lehrern, die Parteizugehörigkeit oftmals nicht eine innere Zustimmung zu den furchtbaren Taten des Regimes bedeutete."[253]

Die beiden Großkirchen verstanden es, die Stimmung im Volk gegenüber der Militärregierung zu artikulieren. Am besten kam dies in der „Kanzelabkündigung" von 1947 zum Ausdruck, die feststellte:

„... daß unser Volk nicht den Weg zur Versöhnung geht, daß vielmehr Lieblosigkeit und Haß um sich greifen. Dabei kommt immer wieder an den Tag, daß ein großer Teil der herrschenden und wachsenden Verbitterung auf die Handhabung der sog. 'Denazifizierung' zurückzuführen ist."[254]

Mit dem „Gesetz zur Befreiung von Nationalsozialismus und Militarismus" – man könnte es wegen seiner Zielsetzung die vierte Verschärfung nennen – trat dennoch eine entscheidende Wende ein: Die Durchführung der Entnazifizierung war jetzt auf deutsche Stellen übergegangen.

Dieses Gesetz machte sich zur Aufgabe:

Alle, „die die NS-Gewaltherrschaft aktiv unterstützt oder sich durch Verstöße gegen die Grundsätze der Gerechtigkeit und der Menschlichkeit oder durch eigensüchtige Ausnutzung der dadurch geschaffenen Zustände verantwortlich gemacht haben", sollten „von der Einflußnahme auf das öffent-

liche, wirtschaftliche und kulturelle Leben ausgeschlossen und zur Wiedergutmachung verpflichtet werden." [255]

Nach der Mehrheit der deutschen Bevölkerung ging diese Maßnahme an der Wirklichkeit des 3. Reiches vorbei und richtete mit seinem bürokratischen Formalismus mehr Schaden als Nutzen an.

Dieses Gesetz forderte:

- Alle Deutschen über 18 Jahre müssen den „Fragebogen der Militärregierung" ausfüllen.
- Die Sortierung erfolgt durch die Spruchkammern.
- Formal werden folgende Einstufungen vorgenommen:

I Hauptschuldige: 10 Jahre Arbeitslager, Verlust von Pension, Rente, Ehrenrechte; vollständiger Vermögenseinzug.

II Belastete, d.h. NS-Aktivisten, Militaristen, Nutznießer: 5 Jahre Arbeitslager, Verlust von Pension und Rente; teilweiser Vermögenseinzug.

III Minderbelastete: 3 Jahre keine leitende Tätigkeit, Kürzung von Gehalt und Ruhestandsgehalt; einmalige Einzahlung in Wiedergutmachungsfond.

IV Mitläufer: Kürzung des Gehaltes; Wiedergutmachung durch eine einmalige Geldzahlung.

V Entlastete: u.a. auch diejenigen, die trotz Mitgliedschaft in einer NS-Organisation ihren aktiven Widerstand und ihre Benachteiligungen nachweisen konnten.

Diese Bestimmungen in Gruppe V ließen z.B. OStR Ritter von Drechsler (geb. 30.12.1893) ungeschoren davonkommen. Ihn hätte man auch in dem Artikel „Doppelprofiteure" unterbringen können!

Der NSDAP gehörte er mit der Mitgliedsnummer 2942400 von 1933-1945 an. 1937, als Poschenrieder an das Ludwigsgymnasium wechselte, übernahm er dessen Amt und wurde „Vertrauensmann der HJ". Aufgrund dieser Funktion wurde er 1938 zum StP befördert (22.11.1938) und schon zwei Jahre später am 14.10.1940 zum

OStR. 1943 wurde er als Major d.R. zur Aufklärungs-Ers.Abt. 7 zur Wehrmacht einberufen und fungierte teilweise als „Kommandeur der Panzertruppe VII".

Seine „Rettung" war, daß er 1944 Mitglied der Freiheitsaktion Bayern wurde.

Aufgrund dieses persönlichen Einsatzes stufte ihn die Spruchkammer 8 am 6. Okt. 1947 als „entlastet" ein. (Die Militärregierung bestätigte dies am 15.12.1947.)

Abb. 44: OStR Ritter von Drechsler

In diesem Urteil heißt es:

„Er hat nach dem Maß seiner Kräfte aktiven Widerstand gegen die NS-Gewaltherrschaft geleistet und hätte bei Bekanntwerden seines Widerstandes mit seiner Hinrichtung rechnen müssen. Somit hat von Drechsler schwere seelische Belastung auf sich genommen. ... Hans von Drechsler ist entlastet. VIII 162/46/He/L; 6.10.47." [256]

Es ist bezeugt, daß von Drechsler die Freiheitsaktion Bayern mit Wehrmachtsbenzin versorgte.

Daß von Drechsler aufgrund dieses Einsatzes ungeschoren davonkam, konnte StP a.D. Franz Bauer nicht akzeptieren und so schrieb er erbost an das Kultusministerium am 1.4.1948:

„ ... die Tatsache, daß er durch zweimalige Beförderung im 3. Reich und dazu noch in einer Position, die ein Turnlehrer sonst nie erreicht hätte, beachtlichen Nutzen aus dem Naziregime gezogen hat, [ist] nicht aus der Welt geschafft. Herr von Drechsler ist Opportunist, der überall hin seine Verbindungen anknüpft und pflegt. Hatte er vor 1933 - Beziehungen zum Nationalsozialismus unterhalten, so stand er 1944 wieder mit der Widerstandsbewegung in Verbindung. Wenn Wiederbesoldung, so nur als StR. Erding, den 1.4.1948, Franz Bauer, Stud.Prof. a.D.“ [257]

Bauers Forderung ging nicht in Erfüllung. Dr. Ringelmann teilte am 4.6.1948 Hans Ritter v. Drechsler mit, daß er als OStR in Ruhestand treten kann.

Jeder NS-Betroffene sah jetzt seine Aufgabe darin vor der Spruchkammer mit seiner Verteidigung die Schuldvermutung der Kammer zu widerlegen, um möglichst gering eingestuft zu werden. Da die Beweislast bei einem selbst lag, galt es wirkungsvolle Zeugen und eidesstattliche Erklärungen aufzubieten.

Die negativen Auswirkungen dieser Entnazifizierungspraxis wurden ebenfalls in besagter „Kanzelabkündigung“ deutlich zum Ausdruck gebracht:

Unsere „Befürchtungen sind weit übertroffen worden; denn der Versuch, den Nationalsozialismus mit den Mitteln des Gesetzes auszurotten, ist auf der ganzen Linie gescheitert. Dagegen hat diese Art der Denazifizierung zu Zuständen geführt, die auf Schritt und Tritt an die hinter uns liegenden Schreckensjahre erinnern. Hunderttausende von Men-

schen stehen unter beständigem Druck und erliegen der Versuchung, zu aller erdenklichen Unwahrhaftigkeit und Lüge zu greifen ...“ [258]

Abb. 45: Schullandheim Endlhausen, ehemaliges Gebhard Himmler-Heim (6.6.37 - Mai 45); Aufnahme 1997

Hier nur drei Beispiele, die zeigen, welche Formen das annehmen konnte:

• OStD Hudezeck für OStD Albert Dittmar:

„München, den 23.2.1947

Als er im Jahr 1943 auf Grund seines Dienstalters und seiner Qualifikation vor der Beförderung zum OStD stand, wurde ich wie üblich vom Staatsministerium für Unterricht und Kultus aufgefordert, über ihn zu berichten, und zwar wurden in der betreffenden Ministerialentschließung bestimmte Fragen über fachliche Eignung, über seinen Charakter und über seine Stellung zum Nationalsozialismus vorgelegt. Wenn ich bei der Beantwortung dieser Frage in bezug auf seine politische Gesinnung erklärte, Herr Dittmar stehe auf dem Boden der nationalsozialistischen Weltanschauung und sei jederzeit bereit, für den nationalsozialistischen Staat einzutreten, so war das nicht mein persönlicher Standpunkt, sondern eine Angabe, die damals leider notwen-

dig war und die ich in allen gleichgearteten Fällen ohne Rücksicht auf Parteizugehörigkeit eines zur Beförderung oder Anstellung heranstehenden Beamten mit gutem Gewissen zu machen können glaubte, um nicht einen verdienstvollen Beamten den Weg in die Zukunft zu verbauen. gez. Hudezeck" [259] (Man lese als Kontrast dazu den Artikel „Denunziationen- Leonpacher"!)

- oder OStD Dr. Tyroller zur gleichen Person!

„Nach dem einhelligen Urteil der Kollegen wäre es unter der Herrschaft des Nationalsozialismus leidlich auszuhalten gewesen, wenn alle Nationalsozialisten so gedacht und gehandelt hätten wie Herr Dittmar. München, den 20.3.1946" [260]

Schließlich ein Persilschein für OStR Poschenrieder, vom 23.6.1949:

Was *„vor allem seinen Geschichtsunterricht betrifft, kann ich mit gutem Gewissen behaupten, daß er nicht im Geiste des Nationalsozialismus gehalten war. Ja ich habe mich oft gewundert, daß Poschenrieder, obwohl Träger des Parteizeichens, dennoch einen Unterricht abhielt, der an der nationalsozialistischen Politik Kritik ausübte, mehr oft als andere, die nicht der nationalsozialistischen Partei angehörten."* [261]

Weil die Betroffenen das Bestreben hatten, sich „reinzuwaschen", entstand dann auch das sog. Wasch-Vokabular", das zutreffend auf die Unzulänglichkeiten und Oberflächlichkeiten des ganzen Spruchkammerverfahrens hinwies: Die Militärregierung sprach von „white wash" und die deutsche Bevölkerung nannte die eidesstattlichen Erklärungen über die „politische Harmlosigkeit" der Betroffenen „Persilscheine".
Um in der Bildsprache zu bleiben: Mit den vielfältigen eidesstattlichen Erklärungen - bei OStD Albert Dittmar beliefen sie sich auf die Zahl 22 - wurden u.a. die nationalsozialistisch belasteten Lehrer von ihrer „braunen Tünche" gereinigt und mit „frischer weißer Weste" in die Gesellschaft zurückgeschickt.

Nur wenige, wie Prof. Franz Dölger, der wegen der sog. „Umhabilitierung" Dr. Edmund Weigand in Rücksicht auf die Dozentenschaftsleitung auf seine Veranlassung hin als NSDAP-Mitglied in die Universitätsliste eintragen ließ, stand zu seinem Tun und bestätigte dies am 6.6.1948:

„Hinsichtlich seines politischen Status ist Prof. Weigand nach seinen beiliegenden eidesstattlichen Erklärungen im Jahr 1937 ohne seine Einwilligung in die Liste der NSDAP eingetragen worden und hat dagegen vergeblich Protest erhoben." [262]

Die Argumentation der Bischöfe, „gar mancher trat ein in Unkenntnis des Treibens und der Ziele der Partei, gar mancher gezwungen, gar mancher auch in guter Absicht, Böses zu verhüten." [263], machten sich viele Betroffene in ihren Selbstrechtfertigungen vor den Spruchkammern gerne zu nutze. Hier zwei Beispiele:

- OStR Hermann Poschenrieder schrieb in seinem „Gesuch um Wiederverwendung im höheren Lehramt" am 27.11.1948:

*„Ich habe mich der Partei seinerzeit trotz mancher Bedenken gegen einzelne Punkte ihres Programms und gegen Charakter und Methoden ihrer Führer angeschlossen, weil ich in ihr einen Weg zur Einigung des ganzen Volkes über alle bisherigen Schranken von Herkunft, Besitz, Bildung und Konfession hinweg in einem Sozialismus ohne Klassenkampf zu finden hoffte. Das Parteiprogramm betonte ausdrücklich, daß die Partei auf dem Boden des positiven Christentums stehe.
Außerdem hatte mich die Persönlichkeit Hitlers frappiert, der seine Bewegung aus kleinen Anfängen in die Höhe gebracht hatte. Ich hielt ihn damals für einen politischen Führer von lauteren Absichten, wenn*

ich auch seine geringe Sachkenntnis auf einzelnen Gebieten nicht verkannte.

Im übrigen glaubte ich nicht, daß die Partei jemals zur Alleinherrschaft kommen, sondern zur Koalition mit anderen Parteien und zur Aufgabe extremer Forderungen gezwungen sein werde.

Wie alle sog. alten Pg. muß ich Einspruch erheben dagegen, daß die zu einem früheren Zeitpunkt in die NSDAP Eingetretenen eo ipso stärker belastet seien als diejenigen, die in einer Zeit der Partei sich angeschlossen haben, da ihre verhängnisvolle Entwicklung bereits deutlich zu erkennen war. Gerade die alten Pg. sind durch die spätere Entwicklung am meisten betrogen gewesen. Daß Hitler über alle feierlichen Versprechungen in so skrupelloser Weise sich hinwegsetzen und so bedauernswerte Maßnahmen ergreifen würde, war in der Zeit vor 1933 noch nicht vorauszusehen.“ [264]

• OStD Albert Dittmar richtete sich am 11.6.1946 mit folgenden Worten an den „Vorprüfungsausschuß beim Stadtschulamt in München (Rathaus)“:

„Meine Anmeldung zur Aufnahme in die NSDAP machte ich am 22.10.1925, um eine polizeilich genehmigte Mitgliederversammlung in Würzburg, in welcher Hitler sprach, besuchen zu können. Für den Besuch der Versammlung wurde zur Bedingung gemacht, daß man sich formell zu dem Eintritt in die Partei melden müsse.

Ich war mir bewußt, daß ich unter der damaligen Volksregierung mit meinem Beitritt zur Partei keine gesetzwidrige Handlung beging, da ja freie Willensäußerung gewährleistet war.

Die Beweggründe für mich waren rein idealer Natur. Wenn ich damals zur nationalsozialistischen Bewegung hinneigte, so schwebte mir nur das eine Ziel vor Augen: Die Wohlfahrt des gesamten deutschen Volkes und die Bannung der ungeheueren Notlage, in der sich weiteste Schichten unseres Volkes befanden. Ich dachte dabei in 1. Linie an die erschreckend hohe Zahl der Arbeitslosen und Stellungslosen. Jede selbstsüchtige Regung lag mir mein ganzes Leben hindurch vollkommen fern. Diesem Grundsatz bin ich allzeit treu geblieben.“ [265]

Da also die beiden Großkirchen mit ihrer Kritik und mit ihren Interventionen so großen moralischen Einfluß bei der Militärregierung hatten, lag es nahe, daß die NS-Betroffenen sich zur Spruchkammerentlastung „Persilscheine“ über die Kirche und über einzelne Geistliche einholten.

Das nahm solche Formen an, daß in einem Bericht der amerik. Militärregierung festgestellt wurde:

Abb. 46: Schullandheim mit Spielwiese, 1997

„In einer Gemeinde kam fast jede zur Ermittlung ihrer Nazitätigkeit vorgeladene Person mit einem Zeugnis eines Pfarrers oder Priesters an, das ihren untadeligen christlichen Charakter bestätigte." [266]

Natürlich standen für die Wittelsbacher Gymnasiallehrer die ehemaligen Religionslehrer hoch im Kurs: D.Dr. Theobald, OStR a.D. Leonpacher, StP Hermann Schneller und nicht zuletzt der als „NS-Geschädigter" anerkannte StR Valentin Aumüller!

Hier wiederum zwei Beispiele:

• „Persilschein" von Dr. L. Theobald für OStD Albert Dittmar:

„München, den 19. März 1946

Erklärung
Herr Albert Dittmar ist in der Schule niemals als aktiver Nationalsozialist hervorgetreten. Im Gegenteil: Er hat im vertrauten Kreise an den Maßnahmen der Partei, besonders an den kirchlichen und schulischen, strenge Kritik geübt.
Er befand sich immer in scharfem Gegensatz zur Hitlerjugend. Sein Grundsatz war: Die Eltern und die Schule haben die Kinder zu erziehen; diese sind dafür verantwortlich.
Gegen die Versuche der HJ, in dem Betrieb der Schule sich einzudrängen, ist er unmißverständlich aufgetreten.
Die Lehrer der Schule hat er nicht nach ihrer politischen Richtung gefragt. Noch viel weniger hat er ihnen die nationalsozialistische aufdrängen wollen.
Er hat die Schüler, die der Partei oder der HJ angehörten oder in letzterer eine Rolle spielten, nicht bevorzugt.
Bei der Feststellung der Schulgeldermäßigungen hat er nicht nach der Zugehörigkeit der Eltern zur Partei gefragt, sondern sich nur von sachlichen Erwägungen leiten lassen.
Er ist ein entschieden kirchlich eingestellter

Mann. Er hat die kirchlichen Erinnerungen seines Elternhauses in jeder Weise gepflegt und hochgehalten. Er hat viel evangelische Literatur gesammelt.
Von den Lehrern, die vom Nationalsozialismus nichts wissen wollten, wurde er hochgeschätzt.
Diese Erklärung gebe ich eidesstattlich ab. Ich habe nie der Partei noch einer ihrer Gliederungen angehört, bin von der Militärregierung bestätigt und vollziehe meinen Dienst in alter Weise an der Wittelsbacher-Oberschule.
Leonhard Theobald
D.Dr. Leonhard Theobald, OStR
hauptamtlich evangelischer Religionslehrer an der Wittelsbacher Oberschule" [267]

• „Persilschein" von OStR a.D. A. Leonpacher für OStR Anton Straubinger:

„Traunstein, Marienstr. 12, 10.7.46
... StR Straubinger kam 1934 an das Wittelsbacher Gymnasium in München; er gehörte als Vertrauensmann der Anstalt ebenso wie ich der Vorstandschaft des Landheimvereins der Elternschaft des Wittelsbacher Gymnasiums an und arbeitete 10 Jahre lang mit mir freundschaftlich an der Verwaltung dieses gemeinnützigen Jugendfürsorgewerkes. Er hätte mich mit Leichtigkeit durch einen politisch gleichgesinnten Landheimverwalter ersetzen können, hat das aber niemals gewollt ....
gez. Alfred Leonpacher
OStR i.R.
Geistlicher Rat" [268]

Einen Höhepunkt in der öffentlichen Auseinandersetzung um die Entnazifizierungspraxis stellte die Aufforderung Pfarrer Martin Niemöllers dar, der zum passiven Widerstand dagegen aufrief.

Dennoch sollte sich das Gesetz vom 5. März 1946 bald zum „Vorteil" auswirken, denn den 20.000 Spruchkammermitgliedern (eine Laienbürokratie mit schöffengerichtlicher Verfassung; der Parteienproporz spielte dabei eine große Rolle) lagen 1,39 Millionen Fragebogen zur Auswertung vor, die monatelang den Spruchkammerapparat blockierten.

Es mußte eine Entlastung gefunden werden. Diese kam Ende August durch die erlassene Jugendamnestie, für die nach 1919 Geborenen, und Mitte 1947 durch die in Kraft tretende Weihnachtsamnestie; es betraf die Personen mit einem Jahreseinkommen von 4500 RM vor 1945. Das allein brachte eine Entlastung der Spruchkammern bis 1949 von 2,8 Millionen Verfahren.

1947 distanzierten sich auch die politischen Parteien von dem immer noch wirkenden Entnazifizierungsverfahren aus wahltaktischen Gründen. Auch die Länderregierungen gingen auf Abstand.

Die Amerikaner ihrerseits setzten durch das Hervortreten des „Kalten Krieges" jetzt andere Akzente, so daß ab 1948 Amerika auf einen schnelleren Abschluß der Entnazifizierung drängte.

Das 2. Änderungsgesetz vom 25.3.1948 erlaubte mit geringen Ausnahmen die Einstufung aller Belasteten (= Gruppe II) im Schnellverfahren zu Mitläufern umzustufen und beschränkte das Beschäftigungsverbot auf verurteilte Hauptschuldige.

Das war die Gunst der Stunde z.B. für OStR H. Poschenrieder, StP Josef Löffler und OStD Albert Dittmar!

Zur Veranschaulichung hier ebenfalls zwei Beispiele:

• So stufte die Lagerspruchkammer Garmisch-Partenkirchen am 5.5.1948 OStR Anton Straubinger als „Mitläufer" in die Gruppe IV ein.

In der Begründung heißt es:

„Nach der Klage war der Betroffene Mitglied der NSDAP von 1923 bis zur Auflösung; dann wiederum von 1929-45; ab 1941 war er stellvertretender Ortsgruppenleiter. Von 1933-34 auf Anweisung des damaligen Gauleiters Streicher Kreisamtsleiter. Er war ferner Mitglied des SD von 1934-45, NS-Lehrer-

bund von 1935-45, bei diesem Vertrauensmann des SD ....

Auf Grund der vorgenannten Feststellung fällt der Betroffene nach Anlage zum Gesetz Teil A-D/I 1 in die Gruppe I als Hauptschuldiger gem. Art. 5. Ziff. 4,6 und 7."

Im Spruchkammerverfahren wurde er dann in Gruppe III eingestuft.

Jetzt durch das 2. Änderungsgesetz, „wegen Internierung und seiner wirtschaftlichen Verhältnisse ... ergeht in der mündlichen Verhandlung folgender Spruch

Mitläufer Gruppe IV" [269]

• Hier der Spruchkammerbescheid für OStD Albert Dittmar!

„München, den 1.12.1949

Auf Grund des Gesetzes ... erläßt die Spruchkammer X bestehend ... gegen Albert Dittmar ... im schriftlichen Verfahren

Spruch:

Der Betroffene ist im Nachverfahren Mitläufer (Gruppe 4)

Nach Art. 42.

Es werden ihm folgende Sühnemaßnahmen auferlegt:

Der Minister für Sonderaufgaben hat mit 9.11.48 in Anwendung des Art. 53 von einer Bewährungsfrist Abstand genommen und das Nachverfahren angeordnet.

Die Geldsühne hat der Herr Minister auf DM 100.- herabgesetzt. Dieses erfolgte alles auf dem Gnadenwege, wobei der Betroffene darauf hingewiesen hat, daß er am 16.7.44 bombengeschädigt wurde und 70% erwerbsbehindert ist infolge Kriegsverletzung aus dem 1. Weltkrieg. Das Gnadengesuch des Betroffenen stammt vom 24.8.48. Der Betroffene hat ferner eine Verwaltungsgebühr von DM 20.- zu entrichten.

Der Vorsitzende

gez. H.F. Graf v. Pocci" [270]

Die zwei Beispiele zeigen überzeugend, daß durch das 2. Änderungsgesetz zwar das „Gesetz zur Befreiung von Nationalsozialismus und Militarismus" formal in Kraft blieb, sich aber wie eine Amnestie für Schwerbelastete auswirkte.

1949 gibt es über die Spruchkammerbescheide folgende Statistik in der amerikanischen Zone:

- Gruppe I: 1654 Hauptschuldige
- Gruppe II: 22122 Belastete
- Gruppe III: 106422 Minderbelastete
- Gruppe IV: 485057 Mitläufer
- Gruppe V: 18454 Entlastete

So sehr sich die deutsche Bevölkerung über das amerikanische Modell der Umkehr der Beweislast aufregte, am Ende wurde dieses Verfahren zum Vorteil für NS-Betroffene, denn die Spruchkammer entwickelte sich zur „Mitläuferfabrik". Von 13,41 Millionen überprüften Personen waren 3,66 Millionen (= 27%) vom Befreiungsgesetz (BefrG) betroffen.

Das positive Gegenstück zur „politischen Säuberung" sollte die Umerziehung, die Erziehung zur Demokratie sein.

Hitler hatte bewiesen, daß der Erfolg einer Ideologie in einem sehr hohen Maße von ihrer Akzeptierung durch die Jugend abhing.

Eben deshalb richtete die Militärregierung ihr besonderes Interesse auf die Lehrerschaft an Schulen und Hochschulen mit dem Ziel einer demokratischen Beeinflussung der Jugend.

Dies erklärt auch, warum in allen Zonen überdurchschnittliche Entnazifizierungsquoten unter der Lehrerschaft bestanden. Die anfänglich rigorose Ausschaltung belasteter NS-Lehrer sollte eine wichtige Voraussetzung schaffen für einen demokratischen Neubeginn (in manchen Gegenden wurden bis zu 90% der Lehrer entlassen!)

Die Folge waren Lehrermangel und große Klassen. Die entstandenen Lücken sollten mit Pensionären und Lehrern, die 1933/34 entlassen worden sind, geschlossen werden.

Durch die Förderung von Probeunterricht von Lehrern erhoffte man sich Auswirkungen auf die Erziehungsreform. Vor allem die deutschen Schüler wollte man davon überzeugen, daß die

Demokratie die bessere Lebensweise sei!

Doch auch hier verrechnete sich die Militärregierung an der deutschen Mentalität. Nach der Erfahrung mit dem Nationalsozialismus wollte die Mehrheit der Deutschen keine Reformen, sondern sie versprachen sich mehr von der Rückkehr zu bewährten Wertvorstellungen und Organisationsstrukturen. Besonders deutlich ist diese Tendenz schon 1945 im Engagement der Großkirchen in der Rückkehr zur Bekenntnisschule.

Mit Bestimmtheit läßt sich sagen: Der amerikanische Versuch, das deutsche Schulsystem zu verändern, hatte keine Chance! So sah sich z.B. die Militärregierung wegen der bayerischen „Obstruktion" 1948 sogar gezwungen, für die Einführung der Schulgeldfreiheit, für die Ernennung eines Landeselternbeirates und für die Schaffung von Planungskommissionen Termine festzulegen, damit sich überhaupt etwas bewegte. Die Militärregierung stellte dazu fest:

„*Der Widerwille der bayerischen Regierung, von sich aus die Durchführung dieser Reform in die Hand zu nehmen, hat es notwendig gemacht, daß diese Termine von der Militärregierung gesetzt wurden. Die Hauptgründe für die Opposition der bayerischen Behörden lagen in ihrer Gegnerschaft gegen kostenlose Schulbildung, gegen die geplante Änderung der Vorschriften für den Religionsunterricht und gegen das System der neuen sechsjährigen Grundschule*". [271]

In ähnlicher Weise äußerte sich Walter Dorn, der Berater Clays, welcher in einer Denkschrift vom Mai 1946 für Bayern feststellte:

„ *... daß sich die bayerische Reaktion überall wieder bilde, unter entnazifizierten Lehrern, im Beamtentum, in den Universitäten und Großkirchen*". Weiter stellte er „*eine ostentative Sympathie für hinausgeworfene Nazis, versteckte Sabotage des Beamtentums und deutlichen Fremdenhaß*" fest. [272]

Trotz der gescheiterten Umerziehung waren die neueingesetzten Schulleiter schnell bereit, den entnazifizierten Lehrern als Einstellungshilfe ein neugewachsenes Demokratieverständnis zu bescheinigen. So gab OStD Dr. Heck für OStR Hermann Poschenrieder, der sich für das Ludwigsgymnasium neu bewarb, folgende Erklärung ab:

„5.10.49
1. Poschenrieder bietet Gewähr dafür, daß er am Ausbau und der Sicherung dauernder Grundlagen eines demokratischen Staatslebens positiv mitwirken wird. Er verfügt auch über die politischen, liberalen und moralischen Eigenschaften, die erwarten lassen, daß er zur Entwicklung und Förderung der Demokratie beitragen wird.
2. Aus der Wiederverwendung Poschenrieders sind weder für die Behörde noch für den Beamten selbst Unzuträglichkeiten zu erwarten.
3. ...." [273]

Die Behauptung in Nr. 2 war dem Referenten im Kultusministerium dann doch zu stark, so daß er am Ludwigsgymnasium abermals nachfragen ließ, ob tatsächlich keine „Unzuträglichkeiten" zu erwarten seien. (Das Kultusministerium hatte von Anfang an den Plan, Poschenrieder nicht in München, sondern in Burghausen wieder beginnen zu lassen).

Auf die erneute Anfrage mußte nun OStD Heck klein beigeben. Er gab zu, daß er seine Stellungnahme ohne irgendwelche Erkundigungen zunächst abgegeben hatte. Ergänzend teilte er am 7.12.1949 folgendes mit:

„Auf Anweisung des Staatsministeriums sollte festgestellt werden, ob im Falle einer Wiederverwendung Poschenrieders am Ludwigs-Gymnasium Unzuträglichkeiten für die Behörde oder den Beamten selbst zu erwarten gewesen wären.
Da Poschenrieder mir persönlich dienstlich unbekannt ist, habe ich diesbezüglich 4 Lehrkräfte der Anstalt gefragt, die seinerzeit gemeinsam mit Poschenrieder am Ludwigs-Gymnasium tätig waren.
Ihre Ansichten waren geteilt. 2 von ihnen

meinten, eine Wiederverwendung Poschenrieders an der hiesigen Anstalt wäre tragbar gewesen, die beiden anderen dagegen sprachen sich entschieden dahin aus, daß eine Rückkehr Poschenrieders an das Ludwigs-Gymnasium jedenfalls solange nicht in Frage kommen können, als noch Schüler hier seien, die sich an Poschenrieder als Lehrer und stellvertretenden Anstaltsleiter erinnern können." [274]

Es läßt sich abschließend über die deutsche Entnazifizierung in der amerikanischen Zone folgende Bilanz ziehen.

Sie mußte scheitern:

1. Weil man die politische Säuberung anfangs auf Gutdünken und ohne deutsche Mithilfe betrieb, so daß es zu vielen ungerechtfertigten Maßnahmen kam.

2. Weil die Entnazifizierungsdirektiven in die Sackgasse des Bürokratismus und Formalismus gerieten.

3. Weil der NS-Täterkreis nicht vernünftig eingegrenzt wurde, sondern eine ständige Erweiterung erfuhr, so daß die Spruchkammern heillos überfordert waren.

4. Weil die politische Säuberung auf die entpolitisierende Ebene der gerichtsähnlichen Spruchkammern verlagert wurde.

5. Weil die belasteten NS-Täter wegen der vielen Anträge zunächst auf die lange Bank geschoben wurden und so von den Gesetzgebungen 1948/49 profitierten. (Die bittere Klage, daß die kleinen Nazis härter bestraft worden seien als die großen, erwies sich nur zu oft als berechtigt.)

6. Weil das Entnazifizierungsverfahren insgesamt zu einem Rehabilitierungsverfahren wurde.

7. Weil die Kurve derer, die den Nationalsozialis-

mus für eine gute Idee hielten, die nur schlecht ausgeführt worden sei, von 1945-1948 mit Schwankungen eine steigende Tendenz bis auf 55% erfuhr, während die Zahl derer, die den Nationalsozialismus für eine schlechte Idee hielten von 41% auf 30% sank.[275]

Die positive Seite – sofern sich das bei einem grundsätzlichen Scheitern dieses Entnazifizierungsverfahrens überhaupt so nennen läßt – könnte vielleicht so beschrieben werden:

1. Es schaffte Gerechtigkeit für die zu Unrecht Entlassenen.

2. Die NS-Aktivisten erfuhren zumindest eine zeitlich begrenzte soziale Deklassierung und eine gesellschaftliche Demütigung. Dies stellte die eigentliche Quittung für ihren Opportunismus und ihren politischen und humanen Irrtum dar.

Der Denkzettel, den z.B. Hermann Poschenrieder erfuhr, drückte sich in seinem Verhalten gegenüber den Schülern und Lehrern aus, so daß OStD Rauh am Burghauser Gymnasium in den 50er Jahren über ihn mitteilte:

„ ...für den Verkehr mit den kleinen Schülern mangelt ihm bei seiner trockenen, nüchternen und humorlosen Art die Heiterkeit des Gemütes.
Im Verkehr mit den Amtsgenossen zurückhaltend und nicht gerade gesprächig!" [276]

Dieser Denkzettel, den die NS-Gesinnten einstecken mußten, verwandelte sie nicht automatisch in Demokraten; aber er zwang sie zumindest, eine Zeitlang in die politische Mäßigung und Zurückhaltung zu treten, da ihre soziale und berufliche Reintegration noch nicht abgeschlossen war.

3. Die großzügige Rehabilitierung gab einmal den Deutschen einen Freiraum für eine Sammlungs- und Einigungsmöglichkeit, so daß aus der einenden Vorstellung, „irgendwie waren wir doch alle verwickelt", sich ein konsensfähiges Gemeinwesen herausbilden konnte. Anders formuliert: Die großzügige Rehabilitierung verhinderte, daß sich ein deutsches Potential von Unzufriedenen, Diskriminierten und Ausgegrenzten bilden konnte. Hätte sich dieses mögliche Potential z.B. mit dem Potential der Vertriebenen und Flüchtlinge verbündet, so wäre daraus ein gewaltiger Sprengstoff in der deutschen Bevölkerung entstanden.

4. Die großzügige Rehabilitierung gab zum anderen den Deutschen die Möglichkeit, ihre Energien nicht für die Schuldverarbeitung, sondern für einen schnellen Wiederaufbau zu gebrauchen.

In der Empfehlung des Deutschen Bundestages vom 15.10.1950, der einen einheitlichen Abschluß der Entnazifizierung beschloß, fand dieses Kapitel der deutschen Geschichte mit einigen Einschränkungen sein Ende.

Abb. 47: „Fesseln der Vergangenheit"- als Ringe zur Mahnung? (Wittelsbacher Gymnasium, 1997)

MILITARY GOVERNMENT OF GERMANY

Fragebogen

WARNING: Read the entire Fragebogen carefully before you start to fill it out. The English language will prevail if discrepancies exist between it and the German translation. Answers must be typewritten o rprinted clearly in block letters. Every question must be answered precisely and conscientiously and no space is to be left blank. If a question as to be answered by either "yes" or "no", print the word "yes" or "no" in the appropriate space. If the question is inapplicable, so indicate by some appropriate word or phrase such as "none" or "not applicable". Add supplementary sheets if there is not enough space in the questionnaire. Omissions or false or incomplete statements are offenses against Military Government and will result in prosecution and punishment.

WARNUNG: Vor Beantwortung ist der gesamte Fragebogen sorgfältig durchzulesen. In Zweifelsfällen ist die englische Fassung maßgebend. Die Antworten müssen mit der Schreibmaschine oder in klaren Blockbuchstaben geschrieben werden. Jede Frage ist genau und gewissenhaft zu beantworten und keine Frage darf unbeantwortet gelassen werden. Das Wort „ja" oder „nein" ist an der jeweilig vorgesehenen Stelle unbedingt einzusetzen. Falls die Frage durch „Ja" oder „Nein" nicht zu beantworten ist, so ist eine entsprechende Antwort, wie z. B. „keine" oder „nicht betreffend" zu geben. In Ermangelung von ausreichendem Platz in dem Fragebogen können Bogen angeheftet werden. Auslassungen sowie falsche oder unvollständige Angaben stellen Vergehen gegen die Verordnungen der Militär-Regierung dar und werden dementsprechend geahndet.

A. PERSONAL / A. Persönliche Angaben

1. List position for which you are under consideration (include agency or firm). — 2. Name (Surname). (Fore Names). — 3. Other names which you have used or by which you have been known. — 4. Date of birth. — 5. Place of birth. — 6. Height. — 7. Weight. — 8. Color of hair. — 9. Color of eyes. — 10. Scars, marks or deformities. — 11. Present address (City, street and house number). — 12. Permanent residence (City, street and house number). — 13. Identity card type and Number — 14. Wehrpass No. — 15. Passort No. — 16. Citizenship. — 17. If a naturalized citizen, give date and place of naturalization. — 18. List any titles of nobility ever held by you or your wife or by the parents or grandparents of either of you. — 19. Religion. — 20. With what church are you affilia ted? — 21. Have you ever severed your connection whit any church, officially or unofficially? — 22. If so, give particulars and reason. — 23. What religious preference did you give in the census of 1939? — 24. List any crimes of which you have been convicted, giving dates, locations and nature of the crimes. —

1. Für Sie in Frage kommende Stellung **Universitätsprofessor, Studienprofessor**
2. Name **W e i g a n d , Dr.Edmund** 3. Andere von Ihnen benutzte
   Zu-(Familien-)name _____ Vor-(Tauf-)name
   Namen oder solche unter denen Sie bekannt sind **keine**
4. Geburtsdatum **1.2.87** 5. Geburtsort **Wermerichshausen, BA Bad Kissingen**
6. Größe **1,70 m** 7. Gewicht **85 kg** 8. Haarfarbe **dunkelbraun** 9. Farbe der Augen **braun**
10. Narben, Geburtsmale oder Entstellungen **keine**
11. Gegenwärtige Anschrift **Wermerichshausen, Hsnr. 51, über Münnerstadt, Unterfrkn**
    (Stadt, Straße und Hausnummer)
12. Ständiger Wohnsitz **1941/45:Prag II, C.M.v.Weberstr.17; 1939: München, Schelling-**
    (Stadt, Straße und Hausnummer) **str.22**
13. Art der Ausweiskarte **dt.Kennkte** Nr. **B 01755** 14. Wehrpaß-Nr. **unbek.** 15. Reisepaß-Nr. **5604**
16. Staatsangehörigkeit **deutsch** 17. Falls naturalisierter Bürger, geben Sie Datum und Einbürgerungsort an **n.b.**
18. Aufzählung aller Ihrerseits oder seitens Ihrer Ehefrau oder Ihrer beiden Großeltern innegehabten Adelstitel
    keine
19. Religion **r.-k.** 20. Welcher Kirche gehören Sie an? **r.-k.** 21. Haben Sie offiziell oder inoffiziell
    Ihre Verbindung mit einer Kirche aufgelöst? **nein** 22. Falls ja, geben Sie die Einzelheiten und die Gründe an **n.b.**
    23. Welche Religionsangehörigkeit
    haben Sie bei der Volkszählung 1939 angegeben? **r.-k.** 24. Führen Sie alle Vergehen, Übertretungen oder Verbrechen an,
    für welche Sie je verurteilt worden sind, mit Angabe des Datums, des Orts und der Art **keine**

B. SECONDARY AND HIGHER EDUCATION / B. Grundschul- und höhere Bildung

Name or Type of School (If a special Nazi school or military academie, so specify) / Name und Art der Schule (Im Falle einer besonderen NS oder Militärakademie geben Sie dies an)	Location / Ort	Dates of Attendance / Wann besucht?	Certificate Diploma or Degree / Zeugnis, Diplom oder akademischer Grad	Did Abitur permit University matriculation? / Berechtigt Abitur oder Reifezeugnis zur Universitäsimmatrikulation?	Date / Datum
Human.Neues Gymnas.	Würzburg	1899/1906	Abitur	ja	14.7.1906
Universität,philos.	Würzburg u.	1906/1910	Staatsexamina		1909 und
Fakultät	München		Dr.phil.		1910

25. List any German University Student Corps to which you have ever be longed. — 26. List (giving location and dates) any Napola, Adolph Hitler School, Nazi Leaders College or military academy in which you have ever been a teacher? — 27. Have your children ever attended any of such schools? Which ones, where and when? — 28. List (giving location and dates) any school in which you have been a Vertrauenslehrer (formerly Jugendwalter).

25. Welchen deutschen Universitäts-Studentenburschenschaften haben Sie angehört? **kath.-dt.Gothia-Würzburg**
    Aenania-München
26. In welchen Napola, Adolf-Hitler-, NS-Führerschulen oder Militärakademien waren Sie Lehrer? Angaben mit genauer Orts- und
    Zeitbestimmung: **keine**
27. Haben Ihre Kinder eine der obengenannten Schulen besucht? **nein** Welche, wo und wann **n.b.**

28. Führen Sie (mit Orts- und Zeitbestimmung) alle Schulen an, in welchen Sie je Vertrauenslehrer (vormalig Jugendwalter) waren
    nein

C. PROFESSIONAL OR TRADE EXAMINATION / C. Berufs- oder Handwerksprüfungen

Name of Examination / Name der Prüfung	Place Taken / Ort	Result / Resultat	Date / Datum
bayer.Staatsex.I.u.II.	München	sehr gut	1909/10
philolog.-histor.Fächer	"	"	
pädagog.Seminar	" Maxgymnasium	"	1960/11

T 63

D. CHRONOLOGICALRECORD OF FULL TIME EMPLOYMENT AND MILITARY SERVICE

29. Give a chronological history of your employment and military service beginning with 1st of January 1931, accounting for all promotions or demotions, transfers, periods of unemployment, attendance at educational institutions (other than those covered in Section B) or training schools and full-time service with para military organizations. (Part time employment is to be recorded in Section F.) Use a separate line for each change in your position or rank or to indicate periods of unemployment or attendance at training schools or transfers from one military or para military organization to another.

D. Chronologische Aufzählung jeglicher Hauptanstellungen und des Militärdi

29. Geben Sie in zeitlicher Folge eine Aufzählung Ihrer Beschäftigung und Ihr dienstes seit dem 1. Januar 1931 an, mit Begründungen für alle Beförderu Degradierungen, Versetzungen, Arbeitslosigkeit, Besuch von Bildungsanstalt solchen, die bereits in B angeführt sind) oder Ausbildungsschulen, und Vo militärähnlichen Organisationen (Nebenbeschäftigungen sind in Abschnitt F a Benutzen Sie eine gesonderte Zeile für jeden Wechsel in Stellung oder Rang, Angabe von Arbeitslosigkeits-Zeitabschnitten, oder für den Besuch von Ausbildu oder für Versetzungen von einer militärischen oder militärähnlichen Organisatio anderen.

From / Von	To / Bis	Employer and Address or Military Unit / Arbeitgeber und Anschrift oder Militäranschrift	Name and Title of Immediate Superior or C.O. / Name und Titel des Dienstvorgesetzten oder vorgesetzter Offs.	Position or Rank / Stellung oder Dienstgrad	Duties and Responsibilities / Art der Tätigkeit und Verantwortungsbereich	Reasons for change of Status or Cessation of Service / Grund für Änderung oder Bee des Dienstverhältnisses
1.9.19/31.5.31		bay.Minist.f.	Neues Gymn.Würz-burg	Studienrat	Ordinarius f.klass.	Beförderung
1.6.31/31.8.39		Unterr.u.Kult.	"	Studienprofessor	Sprachen, Deutsch,Ge schichte	"
1.9.38/31.3.41		"	Wittelsb-gymn.Mü	"	"	Versetzung
9.12.23/31.8.38		"	Universit.Würzburg	nb.ao.Profess.	Lehrtätigkeit in Ar- chäologie u.Byzantini-	Beförderung
1.9.38/31.3.41		"	" München	" "	SMK	Umhabiliti
1.4.41/31.7.41		Reichsminif.Wiss.Deutsche Univers. Erz.Vb.Berlin Prag		Vertretung	Lehrtätigk.Byzanti- stik	Versetzung
1.8.41/April45		"	"	Ordinarius	"	Berufung
9.3.40/15.3.40		Nachr-Ers.Abt.7 München	unbekannt	Ltn.d.L.z.V.	Einkleidung	Einberuf
15.3.40/10.8.40		O.K.H.Chef HNW	Gen.Fellgiebel	XXXXXXXXXX	untergeordn.Chiffrier- arbeit	"
10.8.40/10.10.40		Nachr-Ers.Abt.7 München	unbekannt	Obltn.d.l.a.d.	unbeschäft.w.Krankh.	Entlassung
1.7.42/30.4.45		Deutsch.Archäol. stitut,Athen	Präsid.Schede Berlin	Kommissar.I.Sekretar	XXXXXXX///// E inrichtung byzantin. Abteilung	Arbeit been

30. Were you deferred from Military Service? — 31. If so, explain circumstances completely. — 32. Have you ever been a member of the General Staff Corps? — 33. When? — 34. Have you ever been a Nazi Military Leadership Officer? — 35. When and in what unit? — 36. Did you serve as part of the Military Government or Wehrkreis administration in any country occupied by Germany including Austria and Sudetenland? — 37. If so, give particulars of offices held, duties performed, location and period of service. — 38. Do you have any military orders or other military honors? — 39. If so, stars what was awarded you the date, reasons and occasion for its bestowal.

30. Waren Sie vom Militärdienst zurückgestellt? zeitweise 31. Falls ja, geben Sie die genauen Umstände an uk-gest.f.Unterricht an Univ.München u.Prag 32. Waren Sie General-stäbler? nein 33. Wann? n.b. 34. Waren NS-Führungs-offizier? nein 35. Wann und in welchem Truppenverband? n.b.

36. Haben Sie in der Militär-Regierung oder Wehrkreisverwaltung irgendeines der —

von Deutschland besetzten Länder, einschließlich Österreich und Sudeten dient? nein 37. Falls ja, geben Sie Einzelheiten über Ihre Ämter und Pflic Ort und Zeitdauer des Dienstes n.b.

38. Sind Sie berechtigt, militärische Orden oder andere militärische Ehrenausz zu tragen? nein 39. Falls ja, geben Sie an, was Ihnen verliehen wurde, den Grund und Anlaß für die Verleibung n.b.

T 63

40. Indicate on the following chart whether or not you were a member of and any offices you have held in the organizations listed below. Use lines 96 to 98 to specify any other associations, society, fraternity, union, syndicate, chamber, institute, group, corporation, club or other organization of any kind, whether social, political, professional, educational, cultural, industrial, commercial or honorary, with which you have ever been connected or associated. — Column 1: Insert either "yes" or "no" on each line to indicate whether or not you have ever been member of the organization listed. If you were a candidate, disregard the columns and write in the word "candidate" followed by the date of your application for membership. — Column 2: Insert date on which you joined. — Column 3: Insert date your membership ceased if you are no longer a member. Insert the word "Date" if you are still a member. — Column 4: Insert your membership number in the organization. — Column 5: Insert the highest office, rank or other post of authority which you have held at any time. If you have never held an office, rank or post of authority, insert the word "none" in Columns 5 and 6. — Column 6: Insert date of your appointment to the office, rank or post authority listed in Column 5.

40. In der folgenden Liste ist anzuführen, ob Sie Mitglied einer der angeführten Organisationen waren und welche Ämter Sie darin bekleideten. Andere Gesellschaften, Handelsgesellschaften, Burschenschaften, Verbindungen, Gewerkschaften, Genossenschaften, Kammern, Instituten, Gruppen, Körperschaften, Vereine, Verbände, Klubs, Logen oder andere Organisationen beliebiger Art, seien sie gesellschaftlicher, politischer, beruflicher, sportlicher, bildender, kultureller, industrieller, kommerzieller oder ehrenamtlicher Art mit welchen Sie je in Verbindung standen oder welchen Sie angeschlossen waren, sind auf Zeile 96—98 anzugeben.

1. Spalte: „Ja" oder „nein" sind hier einzusetzen zwecks Angabe Ihrer jemaligen Mitgliedschaft in der angeführten Organisation. Falls Sie Anwärter auf Mitgliedschaft oder unterstützendes Mitglied oder im „Opferring" waren, ist, unter Nichtberücksichtigung der Spalten, das Wort „Anwärter" oder unterstützendes „Mitglied" oder „Opferring" sowie das Datum Ihrer Anmeldung oder die Dauer Ihrer Mitgliedschaft als unterstützendes Mitglied oder im Opferring einzusetzen.

2. Spalte: Eintrittsdatum.

3. Spalte: Austrittsdatum, falls nicht mehr Mitglied, andernfalls ist das Wort „gegenwärtig" einzusetzen.

4. Spalte: Mitgliedsnummer.

5. Spalte: Höchstes Amt, höchster Rang oder eine anderweitig einflußreiche, von Ihnen bekleidete Stellung. Nichtzutreffenenfalls ist das Wort „keine" in Spalte 5 und 6 einzusetzen.

6. Spalte: Antrittsdatum für Amt, Rang oder einflußreiche Stellung laut Spalte 5.

	1 Yes or No ja oder nein	2 From von	3 To bis	4 Number Nummer	5 Highest Office or rank held Höchstes Amt oder höchster Rang	6 Date Appointed Antrittsdatum
41. NSDAP	ja	1.5.37	gegw.	5635898	keine	keine
42. Allgemeine ſſ	nein					
43. Waffen·ſſ	nein					
44. Sicherheitsdienst der ſſ	nein					
45. SA	nein					
46. HJ einschl. BdM	nein					
47. NSDStB	nein					
48. NSDoB	nein					
49. NS-Frauenschaft	nein					
50. NSKK	nein					
51. NSFK	nein					
52. Reichsb. der deutschen Beamten	nein					
53. DAF	nein					
54. KdF	nein					
55. NSV	ja	1937	gegw.	unbek.	keine	keine
56. NS-Reichb. deutsch. Schwestern	nein					
57. NSKOV	nein					
58. NS-Bund Deutscher Technik	nein					
59. NS-Aerztebund	nein					
60. NS-Lehrerbund	ja	1937	1943	unbek.	keine	keine
61. NS-Rechtswahrerbund	nein					
62. Deutsches Frauenwerk	nein					
63. Reichsbund deutscher Familie	nein					
64. NS-Reichsb. für Leibesübungen	nein					
65. NS-Altherrenbund	nein					
66. Deutsche Studentenschaft	nein					
67. Deutscher Gemeindetag	nein					
68. NS-Reichskriegerbund	nein					

T 63

69. Reichsdozentenschaft	nein					
70. Reichskulturkammer	nein					
71. Reichsschrifttumskammer	nein					
72. Reichspressekammer	nein					
73. Reichsrundfunkkammer	nein					
74. Reichstheaterkammer	nein					
75. Reichsmusikkammer	nein					
76. Reichskammer d. bild. Künste	nein					
77. Reichsfilmkammer	nein					
78. Amerika-Institut	nein					
79. Deutsche Akademie München	nein					
80. Deutsches Auslandinstitut	nein					
81. Deutsche Christenbewegung	nein					
82. Deutsche Glaubensbewegung	nein					
83. Deutscher Fichte-Bund	nein					
84. Deutsche Jägerschaft	nein					
85. Deutsches Rotes Kreuz	nein					
86. Ibero-Amerikanisches Institut	nein					
87. Institut zur Erforschung der Judenfrage	nein					
88. Kameradschaft USA	nein					
89. Osteuropäisches Institut	nein					
90. Reichsarbeitsdienst (RAD)	nein					
91. Reichskolonialbund	nein					
92. Reichsluftschutzbund	ja	1936	1941	unbek.	keines	keine
93. Staatsakademie für Rassen- und Gesundheitspflege	nein					
94. Volksbund für das Deutschtum im Ausland (VDA)	nein					
95. Werberat d. Deutschen Wirtsch.	nein					
Others (Specify) andere:	nein					
96.						
97.						
98.						

99. Have you ever sworn an oath of secrecy to any organization? — 100. If so, list the organizations and give particulars. — 101. Have you any relatives who have held office, rank or post of authority in any of the organizations listed from 41 to 95 above? — 102. If so, give their names and addresses, their relationship to you and a description of the position and organization. — 103. With the exception of minor contributions to the Winterhilfe and regular membership dues, list and give details of any contributions of money or property which you have made, directly or indirectly, to the NSDAP or any of the other organizations listed above, including any contributions made by any natural or juridical person or legal entity through your solicitation or influence. — 104. Have you ever been the recipient of any titles, ranks, medals, testimonials or other honors from any of the above organizations? — 105. If so, state the nature of the honor, the date conferred, and the reason and occasion for its bestowal. — 106. Were you a member of a political party before 1933. — 107. If so, which one? — 108. For what political party did you vote in the election of November 1932? — 109. In March 1933? — 110. Have you ever been a member of any anti-Nazi underground party or group since 1933? — 111. Which one? — 112. Since when? — 113. Have you ever been a member of any trade union or business or professional organization which was dissolved or forbidden since 1933? — 114. Have you been dismissed from the civil service, the teaching profession or ecclesiastical positions or any other employment for active or passive resistance to the Nazis or their ideology. — 115. Have you ever been imprisoned or have restrictions of movement, residence or freedom to practice your trade or profession been imposed on you for racial or religious reasons or because of active or passive resistance to the Nazis? — 116. If you have answered yes to any of the questions from 110 to 115, give particulars and the names and addresses of two persons who can confirm the truth of your statements.

99. Sind Sie jemals zu einem Schweigegebot für eine Organisation verpflichtet worden? nein 100. Falls ja, geben Sie die Organisation und Einzelheiten an: n.b.

101. Haben Sie irgendwelche Verwandte, die jemals Amt, Rang oder einflußreiche Stellungen in irgendeiner der von Nr. 41 bis 95 angeführten Organisationen haben? nein 102. Falls ja, geben Sie deren Namen und Anschriften an, den Grad ihrer Verwandtschaft sowie eine Beschreibung der Stellung und Organisation. n.b.

103. Mit Ausnahme von kleineren Beiträgen zur Winterhilfe und ordnungsmäßigen Mitgliedsbeiträgen, geben Sie nachfolgend im Einzelnen alle von Ihnen direkt oder indirekt an die NSDAP oder irgendeine andere der oben angeführten Organisationen geleisteten Beiträge in Form von Geld oder Besitz an, einschließlich aller auf Ihr Ersuchen oder auf Grund Ihres Einflusses seitens einer natürlichen oder juristischen Person oder einer anderen rechtlichen Einheit geleisteten Beiträge. keine

104. Sind Ihnen von einer der oben angeführten Organisationen irgendwelche Titel, Orden, Zeugnisse, Dienstgrade verliehen oder andere Ehren erwiesen worden? ja 105. Falls ja, geben Sie an, was Ihnen verliehen wurde, das Datum, den Grund und Anlaß für die Verleihung: 1942 z.Mitglied d.Ausschusses d.wissenschaftl.Abteilung d.Deutsche Akademie für deutsch-balkan. Beziehungen ernannt, nie tätig geworden. Grund: mein Lehrfach Byzantinistik Anlaß unbekannt

106. Waren Sie Mitglied einer politischen Partei vor 1933? nein 107. Falls ja, welcher? keiner 108. Welche politische Partei haben Sie in der Novemberwahl 1932 gewählt? BVP 109. Und im März 1933? BVP

110. Waren Sie seit 1933 Mitglied einer verbotenen Oppositionspartei oder -gruppe? nein 111. Welcher? keiner

112. Seit wann? n.b. 113. Waren Sie jemals Mitglied einer nach 1933 aufgelösten oder verbotenen Gewerkschaft oder eines Berufs- oder Wirtschaftsverbandes? nein 114. Sind Sie jemals aus dem Beamtenstand, dem Lehrerberuf oder aus einer kirchlichen oder irgendeiner Stellung auf Grund aktiven oder passiven Widerstandes gegen die Nazis oder Ihre Weltanschauung entlassen worden? nein

115. Wurden Sie jemals aus rassischen oder religiösen Gründen oder weil Sie aktiv oder passiv den Nationalisten Widerstand leisteten, in Haft genommen oder in Ihrer Bewegungs- oder Niederlassungsfreiheit oder sonstwie in Ihrer gewerblichen oder beruflichen Freiheit beschränkt? nein 116. Ist die Antwort auf eine der Fragen von 110 bis 115 bejahend, so sind Einzelheiten, sowie Namen und Anschriften von zwei Personen, welche dies wahrheitsgemäß bezeugen können, anzuführen. n.b.

F. PART TIME SERVICE WITH ORGANIZATIONS / Mitgliedschaft oder Nebendienst in anderen Organisationen

117. With the exception of those you have specifically mentioned in Sections D and E above, list: a. Any part time, unpaid or honorary position of authority or trust you have held as a representative of any Reich Ministry or the Office of the Four Year Plan or similar central control agency; b. Any office, rank or post of authority you have held with any economic self-administration organization such as the Reich Food Estate, the Bauernschaften, the Central Marketing Associations, the Reichswirtschaftskammer, the Gauwirtschaftskammern, the Reichsgruppen, the Wirtschaftsgruppen, the Verkehrsgruppen, the Reichsvereinigungen, the Hauptausschüsse, the Industrieringe and similar organisations, as well as their subordinate or affiliated organisations and field offices; c. Any service of any kind you have rendered in any military, paramilitary, police, law enforcement, protection, intelligence or civil defense organization such as Organisation Todt, Technische Nothilfe, Stoßtruppen, Werkscharen, Bahnschutz, Postschutz, Funkschutz, Werkschutz, Land- und Stadtwacht, Abwehr, SD, Gestapo and similar organisations.

117. Unter Auslassung der bereits in Abschnitten D und E beantworteten Punkte führen Sie an:

a) Jedwedes Nebenamt, einflußreiches unbezahltes oder Ehrenamt, oder Vertrauensstellung, welche Sie als Vertreter eines Reichsministeriums, oder der Leitstelle für den Vierjahresplan, oder ähnlichen Wirtschaftsüberwachungsstellen innehatten.

b) Amt, Rang oder einflußreiche Stellung jedweder Art, welche Sie bei öffentlich-rechtlichen Selbstverwaltungskörperschaften innehatten, wie z. B. dem Reichsnährstand, den Bauernschaften, den Hauptvereinigungen, den Reichswirtschaftskammern, den Gauwirtschaftskammern, Reichsgruppen, Wirtschaftsgruppen, Industrieringen oder ähnlichen Körperschaften, sowie bei deren untergeordneten und angeschlossenen Körperschaften und Gebietsstellen.

c) Jeglicher Dienst in militärischen, militärähnlichen, polizeilichen, Gesetzvollzugs-, Schutz-, Aufklärungs- oder Luftschutzdiensten wie z. B. der Organisation Todt, der Technischen Nothilfe, den Stoßtrupps, Werkscharen, dem Bahnschutz, Postschutz, Funkschutz, Werkschutz, der Land- und Stadtwacht, Abwehr, des SD, der Gestapo und ähnlichen Organisationen.

From Von	To Bis	Name and type of Organisation / Name und Art der Organisation	Highest office or rank you held / Höchstes Amt oder Rang erreicht	Date of your Appointment / Antrittsdatum	Duties / Pflichtenkreis
	a.)	keines			
	b.)	keines			
	c.)	keines			

G. WRITINGS AND SPEECHES / G. Veröffentlichungen und Reden

118. List on a separate sheet the titles and publishers of all publications from 1923 to the present which were written in whole or in part, or compiled or edited by you, and all public addresses made by you, giving subject, date, and circulation or audience. If they were sponsored by any organization, give its name. If no speeches or publications write "none" in this space.

118. Geben Sie auf einem Extrabogen die Titel und Verleger aller von Ihnen seit 1923 bis zur Gegenwart ganz oder teilweise geschriebenen, zusammengestellten oder herausgegebenen Veröffentlichungen, und alle von Ihnen gehaltenen öffentlichen Ansprachen und Vorlesungen mit Angabe des Themas, Datums, der Auflage oder Zuhörerschaft. Falls Sie unter Obhut einer Organisation standen, geben Sie deren Namen an. Falls keine Reden, Ansprachen oder Veröffentlichungen, setzen Sie das Wort „keine" ein.

H. INCOME AND ASSETS / H. Einkommen und Vermögen

119. Show the sources and amount of your annual income from January 1, 1931 to date. If records are not available, give approximate amounts.

119. Herkunft und Beträge des jährlichen Einkommens vom 1. Januar 1931 bis zur Gegenwart. In Ermangelung von Belegen sind ungefähre Beträge anzugeben.

Year Jahr	Sources of Income — Einkommensquelle		Amount Betrag
1931	Beamtengehalt und Honorar für wissenschaftliche Arbeit		7800,— RM
1932	"	"	8600,—"
1933	"	"	8650,—"
1934	"	"	8800,—"
1935	"	"	8900,—"
1936	"	"	9100,—"
1937		"	9000,—"
1938	"	"	9200,—"
1939	"	"	9500,—"
1940	"	"	9800,—"
1941	"	"	10500,—"
1942	"	"	11000,——"
1943	"	"	11200,——"
1944	"	"	11000,——"
1945	"	"	4960,——"

120. List any land or buildings owned by you or any immediate members of your family, giving locations, dates of acquisition, from whom acquired, nature and description of buildings, the number of hectares and the use to which the property is commonly put. — 121. Have you or any immediate members of your family ever acquired property which had been seized from others for political, religious or racial reasons or expropriated from others in the course of occupation of foreign countries or in furtherance of the settling of Germans or Volksdeutsche in countries occupied by Germany? — 122. If so, give particulars, including dates and locations, and the names and whereabouts of the original title holders. — 123. Have you ever acted as an administrator or trustee of Jewish property in furtherance of Aryanisation decrees or ordinances? — 124. If so, give particulars.

120. Ihnen, oder unmittelbaren Angehörigen Ihrer Familie gehöriger Grundstücks- oder Hausbesitz. Erwerbsdatum, von wem erworben, Art der Häuser, Grundstücksgrößen in Hektaren und die übliche Verwendung des Besitzes sind anzugeben.

keiner

121. Haben Sie oder ein unmittelbarer Angehöriger Ihrer Familie jemals Besitz erworben, welcher anderen Personen aus politischen, rassischen oder religiösen Gründen entzogen oder anderen Personen enteignet wurde, im Verlauf der Besetzung fremder Länder, oder zwecks Förderung der Ansiedlung von Deutschen oder Volksdeutschen in von Deutschland besetzten Gebieten? nein

2. Falls ja, geben Sie Einzelheiten an, einschließlich Zeit- und Ortsangaben, sowie Namen und gegenwärtigen Aufenthalt der ursprünglichen Besitzer: n.b.

3. Waren Sie jemals als Verwalter oder Treuhänder für jüdischen Besitz zwecks Förderung von Arisierungserlassen oder -verordnungen tätig? nein 124. Falls ja, geben Sie Einzelheiten an: n.b.

T 63

t of buildings, the number of hectares and the use to which the property is commonly put. — 121. Have you or any immediate members of your family red property which had been seized from others for political, religious or racial reasons or expropriated from others in the course of occupation of foreign ... in furtherance of the settling of Germans or Volksdeutsche in countries occupied by Germany? — 122. If so, give particulars, including dates and nd the names and whereabouts of the original title holders. — 123. Have you ever acted as an administrator or trustee of Jewish property in furtherance of Aryanization decrees or ordinances? — 124. If so, give particulars.

120. Ihnen, oder unmittelbaren Angehörigen Ihrer Familie gehöriger Grundstücks- oder Hausbesitz. Erwerbsdatum, von wem erworben, Art der Häuser, Grundstücksgrößen in Hektaren und die übliche Verwendung des Besitzes sind anzugeben.

keiner

121. Haben Sie oder ein unmittelbarer Angehöriger Ihrer Familie jemals Besitz erworben, welcher anderen Personen aus politischen, ...ischen oder religiösen Gründen entzogen oder anderen Personen enteignet worde. im Verlauf der Besetzung fremder Länder, oder wecks Förderung der Ansiedlung von Deutschen oder Volksdeutschen in von Deutschland besetzten Gebieten? nein

2. Falls ja, geben Sie Einzelheiten an, einschließlich Zeit- und Ortsangaben, sowie Namen und gegenwärtigen Aufenthalt der ursprüng-
:hen Besitzer: n.b.

3. Waren Sie jemals als Verwalter oder Treuhänder für jüdischen Besitz zwecks Förderung von Arisierungserlassen oder -verordnungen
tig? nein 124. Falls ja, geben Sie Einzelheiten an: n.b.

I. TRAVEL OR RESIDENCE ABROAD   I. Reisen oder Wohnsitz im Ausland

125. List all journeys or residence outside of Germany including military campaigns.

5. Zählen Sie alle Reisen oder Wohnsitze außerhalb Deutschlands auf (Feldzüge einbegriffen).

Countries Visited Land	Dates Datum	Purpose of Journey Zweck der Reise
Schweden	Herbst 1933	Becuch d. Internation.Kunsthist.-kongr
Bulgarien	ʔ 1934	" " " Byzantinist.- "
Italien	" 1936	" " " " "
Belgien	Mai/Juli 1940	als Ltn.d.L.in der Nachrichtentruppe
Griechenland	14.7.42/8.4.43	byzantinische Abteilung d. Deutsch.Ar-chäolog.Instituts in Athen

126. Was the journey made at your own expense? — 127. If not at whose expense was the journey made? — 128. What persons or organisations have you ever serve in any capacity as part of the civil administration of any territory annexed to or occupied by the Reich? — 130. If so, give particulars of office held, duties per-formed, location and period of service. — 131. List foreign languages you speak, indicating degree of fluency.

:6. Haben Sie die Reise auf eigene Kosten unternommen? zum Teil 127. Falls nein, auf wessen Kosten Deutsch.Archäol. Institut in Berlin 128. Welche Personen oder Organisationen haben Sie sucht? Kongreßteilnehmer, Fachgenossen, das dtsche u.österreich.Archäol. Institut

9. Haben Sie jemals, und falls ja in welcher Rolle in der Zivilverwaltung in einem der von Deutschland eingegliederten oder besetzten ebiete gedient? nein

0. Falls ja, geben Sie Einzelheiten an über Ihr Amt, Ihren Pflichtenkreis, sowie Ort und Zeitdauer des Dienstes: n.b.

1. Kenntnis fremder Sprachen und Grad der Vollkommenheit: französich, italienisch, neugriechisch schriftlich und mündlich gut, englisch ausreichend, spanisch, turkisch u.mehrere slavische Sprachen notdürftig.

REMARKS / Bemerkungen

The statements on this form are true and I understand that any omissions or false or incomplete statements are offenses against Military Government and will subject me to prosecution and punishment.

e auf diesem Formular gemachten Angaben sind wahr und ich bin mir bewußt, daß jegliche Auslassung oder falsche und unvollständige ngabe ein Vergehen gegen die Verordnungen der Militär-Regierung darstellt und mich der Anklage und Bestrafung aussetzt.

Dr. Edmund Weigand
Signed / Eigenhändige Unterschrift   Wermerichshausen, 9.9.1946
                                            Date / Datum

CERTIFICATION OF IMMEDIATE SUPERIOR

certify that the above is the true name and signature of the individual concerned and that, with the exceptions noted below, the answers made on the questionnaire are true to the best of my knowledge and belief and the information available to me. Exceptions (if no exceptions, write "none").

Bescheinigung des unmittelbaren Dienstvorgesetzten

h bescheinige hiermit die Richtigkeit obigen Namens und obiger Unterschrift. Mit Ausnahme der nachfolgenden Punkte sind die in sem Fragebogen gegebenen Antworten meines besten Wissens und Gewissens und im Rahmen der mir zur Verfügung stehenden askunftsmöglichkeiten richtig. Ausnahmen: (Das Wort „keine" ist einzufüllen, falls solche nicht vorhanden sind).

Keine

          Julius Kehl Bürgermeister   Date Datum 12.9.46
.ped
genhändige Unterschrift

G / PS / G / 9a
ev. 15 May 45)

Gedenkblatt
für die jüdischen Schüler
am Wittelsbacher Gymnasium

1. Statistische Übersicht:

1931/32:   „Anfangsgottesdienst für Israeliten am 18.4.1931; 16 Uhr"
             Zu Beginn des Jahres 8 Schüler; am Ende d.J. 7 Schüler;

1932/33:   „Anfangsgottesdienst für Israeliten am 9.4.1932; 16 Uhr"
             Zu Beginn des Jahres 11 Schüler; am Ende d.J. 21 Schüler!

1933/34:   Eine gute und lange Tradition wurde gebrochen:
             Kein Anfangsgottesdienst für jüdische Schüler;
             auch der jüdische Religionsunterricht entfällt!
             Zu Beginn des Jahres 10 Schüler; am Ende d.J. 9 Schüler;

1934/35:   Zu Beginn des Jahres 9 Schüler; am Ende d.J. 6 Schüler;
1935/36:   Zu Beginn des Jahres 6 Schüler; ebenso am Ende d.J.;
1936/37:   Zu Beginn des Jahres 7 Schüler; am Ende d.J. 3 Schüler;
1937/38:   Zu Beginn des Jahres 2 Schüler; ebenso am Ende;
1938/39:   Zu Beginn des Jahres 2 Schüler; am Ende d.J. keiner mehr!

2. Namentliches Erinnern:

1934/35

3.Kl.:   Fleischhacker Werner, 16.3.1922, Vater – Prokurist
             Hirschberger Erich, 24.10.1921, Vater – Rechtsanwalt
             Lindauer Gerhard, 4.7.1921, Vater – Kaufmann
5.Kl.:   Fleischhacker Waldemar, 28.10.1920, Vater – Bankprokurist
6.Kl.:   Szkolwy Georg, 10.4.1919, Vater – Numismatiker
8. Kl.:   Haas Gerhard, 1.4.1917, Vater – Chirurg
IV.Kl.:   Blum Hans, 17.1.1921, Vater – Kaufmann
             Lindner Heinz, 24.11.1920, Vater – Diplomingenieur
             Spiegel Robert, 31.1.1921, Vater – Kaufmann
             Klopfer Peter, 30.4.1921, Vater – Bankier

1935/36

1.Kl.:   Rosenthal Felix, 6.2.1925, Vater – Hausverwalter
6.Kl.:   Fleischhacker Waldemar, 28.10.1920, Vater – Bankprokurist
9.Kl.:   Haas Gerhard, s.o.

V.Kl.:	Blum Hans, s.o.
	Klopfer Peter, s.o.
	Lindner Heinz, s.o.

1936/37

1.Kl.:	Lewin Richard, 16.6.1926, Vater – Kaufmann
	Grünsfelder Kurt, 28.1.1926, Vater – Oberlokomotivheizer
2.Kl.:	Rosenthal Felix, s.o.
7.Kl.:	Fleischhacker Waldemar, s.o.
VI.Kl.:	Blum Hans, s.o., Bemerkung im Jahresbericht: „unterm Jahr ausgetreten"
	Klopfer Peter, s.o., Bemerkung: „unterm Jahr ausgetreten"
	Lindner Heinz, s.o., Bemerkung: „unterm Jahr ausgetreten"

1937/38:

| 2.Kl.: | Grünsfelder Kurt, s.o., Vater – jetzt Großhändler |
| | Lewin Richard, s.o. |

1938/39:

| 3.Kl.: | Grünsfelder Kurt, s.o., Bemerkung: „im Laufe des Jahres ausgetreten" (1.4.1939) |
| | Lewin Richard, s.o., Bemerkung: „im Laufe des Jahres ausgetreten" (1.4.1939) |

Ab 1.4.1939 ist kein jüdischer Schüler mehr am Wittelsbacher Gymnasium.[277]

Über das Erinnern zu „Yad Vashem" („Ein Denkmal und ein Name")

Für die Fachschaften Geschichte, Ethik, Evangelische und Katholische Religionslehre am Wittelsbacher Gymnasium wäre es u.a. eine hohe Aufgabe, nach den Schicksalen dieser 13 genannten jüdischen Schüler zu forschen und so die Voraussetzungen für ein späteres „Yad Vashem" am Wittelsbacher Gymnasium zu schaffen.

Über das Schicksal dieser jüdischen Schüler und ihrer Eltern ist kaum etwas bekannt. Selbst bei Familie Klopfer steht nur die eindeutige Tatsache fest, daß sie München verließen, um über Triest nach Palästina auszuwandern. Ob sie ihr Ziel lebend erreicht haben, konnte bisher niemand bestätigen.

Jedenfalls besteht Grund zu der Annahme, daß der größere Teil der jüdischen Gymnasiasten den Holocaust nicht überlebt hat. So konnte beispielsweise die Geschichtswerkstatt Neuhausen - hier sei vor allem auf ihr Buch „Spuren jüdischen Lebens in Neuhausen", 1995 verwiesen - feststellen, daß die Eltern von Waldemar und Werner Fleischhacker, Oskar und Meta Fleischhacker (wohnhaft bis 1936 in der Leonrodstr. 33; ab Oktober 1937 in der Donnersbergerstr. 1) in Piaski ums Leben kamen; der Vater von Kurt Grünsfelder, Dr. Martin Grünsfelder (wohnhaft in der Maillingerstr. 23) wurde in Kaunas, dem litauischen Kovno erschossen.

Was mußten ihre Kinder und die anderen jüdischen Gymnasiasten erleben? Dahinter verbirgt sich mehr als eine Frage!

Abb. 48:   Elisabeth Klopfer, geb. 18.9.1924 in München

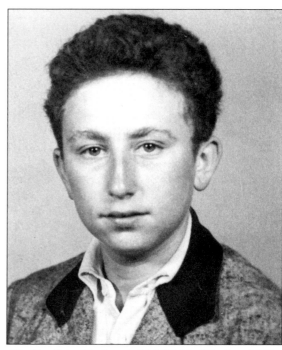

Abb. 49:   Peter Klopfer, geb. 30.4.1921 in München; Schüler des Wittelsbacher Gymnasiums.

Abb. 50:   Vater: Max Klopfer, geb. 9.10.1882; wanderte am 24.12.1935 nach Palästina aus.

Abb. 51:   Mutter: Berta Klopfer, geb. 26.8.1896 wanderte mit ihren drei Kindern (Elisabeth, Peter und Maria) 1936 über Triest nach Palästina aus.

Anmerkungen:

1 Die „Geschichtswerkstatt Neuhausen e.V." veröffentlicht die Ergebnisse dieser Ausstellung spätestens 1998 in einer Buchdokumentation unter gleichem Titel. Da das Faktenmaterial über das Wittelsbacher Gymnasium zu umfangreich wurde, entschloß sich die Geschichtswerkstatt diesen Teilbereich dem vorgesehenen Buch „Erziehung im Nationalsozialismus" (Zum Beispiel Neuhausen) auszugliedern und in der hier präsentierten Form zu veröffentlichen.
Die Ausstellung wurde ein zweites Mal in den Räumen des „Pädagogischen Instituts" (PI) in der Herrenstr.19 vom 13.11.1996 – 31.1.1997 gezeigt.

2 Die Referenten waren Günther Baumann und Walther Habersetzer. Beider Väter besuchten das Wittelsbacher Gymnasium und waren im Schuljahr 1925/26 Klassenkameraden der Kl. 3A unter Klaßleiter Dr. Schmid.

3 „Wittelsbacher Kurier" (WiKu), Schülerzeitung des Wittelsbacher Gymnasiums.

4 Einladungsbrief zum Wiedersehenstreffen am 19.4.1996 im Augustiner-Keller, Arnulfstr.52

5 Alfred Andersch, Vater eines Mörders, Diogenes Taschenbuch Nr. 20498

6 Otto Gritschneder, Memoiren, C.H. Beck-Verlag, S.28

7 So in der Veranstaltung vom 17.2.1994 im Gasteig-Vortragssaal

8 Otto Gritschneder, Memoiren, C.H. Beck-Verlag, S.28

9 J. Kaiser: „Ein meisterhafter Text, ein konzentriertes, dramatisches, spannendes Prosa-Stück"; s. Buchrückseite Diogenes Taschenbuch Nr. 20498

10 Leserbrief von Hans Wunder, SZ, 9./10. Aug. 1980

11 Leserbrief von Dr. Heinz Gutsch, SZ, 1980

12 BayHStA, MK 41672

13 BayHStA, MK 41672

14 Otto Gritschneder, Memoiren, C.H. Beck-Verlag, S.28

15 So auch praktiziert in BayHStA, MK 41672

16 War kath. Religionslehrer, welcher sich am sog. „Schülerprotest" vom 23.3.1933 unterstützend beteiligte.

17 BayHStA, MK 41672

18 BayHStA, MK 41672

19 In Relation sind die heutigen Lehrergehälter wesentlich höher.

20 BayHStA, MK 32507

21 BayHStA, MK 32507

22 BayHStA, MK 32507

23 Leserbrief von Margarete Traeger, „Gong", Nr. 05/1989, erschienen am 27.1.1989

24 Kath. Jugendorganisationen „Bund Neudeutschland", „Marianische Congregation"

25 Otto Gritschneder, Memoiren, C.H. Beck-Verlag, S.28

26 „Familienchronik Marianne Mayer", München

27 Völkischer Beobachter vom 24.11.1926

28 Dazu ausführlich die Veröffentlichung der Geschichtswerkstatt, Zum Beispiel Neuhausen 1918 – 1933, Buchendorfer Verlag, 1993

29 siehe entsprechende Jahresberichte (des Wittelsbacher Gymnasiums)

30 BayHStA, MK 41672

31 BayHStA, Pol.Dir., München 6837

32 BayHStA, MK 41672

33 Leserbrief von Dr. Otto Kuen, SZ, 1980

34 Leserbrief von Marianne Mayer, 1980

35 Leserbrief von Franz Schrott, 1980

36 BayHStA, MK 32507

37 Leserbrief von Dr. Heinz Gutsch, SZ, 1980

38 Völkischer Beobachter vom 2.11.1936

39 Günther Baumann in: Zum Beispiel Neuhausen 1918 – 1933, S.186-193, Buchendorfer Verlag, 1993

40 Alfred Andersch, Vater eines Mörders, Dioge-

nes TB Nr. 20498, S. 135

41 OStD Hermann Reuter vom Wittelsbacher Gymnasium konnte bei dem „Podiumsgespräch" in der „Schauburg" am 7.5.1997 zusammen mit anwesenden Kollegen überzeugend darstellen, wie unverkrampft die Schule mit dieser Frage und diesem Stück umgeht, das inzwischen zu einer Art „Pflichtlektüre" geworden ist.

42 Gegen das Absingen des Horst-Wessel-Liedes; siehe Dokumente aus BayHStA, MK 41672 im Anhang dieses Artikels

43 s. Dokumente im Anhang dieses Artikels

44 Völkischer Beobachter vom 25./26. März 1933

45 Das Erzbistum München und Freising in der Zeit der nationalsozialistischen Herrschaft, Bd. I u. II, Hersg.: Dr. Georg Schwaiger, Schnell und Steiner, Bd. I, S. 808

46 BayHStA, MK 35041

47 BayHStA, MK 35041

48 BayHStA, MK 35041

49 BayHStA, MK 33182

50 BayHStA, MK 33182

51 „Abiturzeitung der Absolvia Wittelsbachiana 1934"

52 BayHStA, MK 41672

53 BayHStA, MK 41672

54 Der Name ist dem Autor bekannt.

55 BayHStA, MK 41672

56 Kath. Jugendorganisation „Bund Neudeutschland", „Marianische Congregation"

57 BayHStA, MK 41672

58 BayHStA, MK 41672; Brief vom 26.3.1933

59 BayHStA, MK 47099

60 BayHStA, MK 47099

61 Zeitzeugengespräche 1996: „Er gab dem Musiklehrer Simon das Zeichen für den Einsatz zum Horst-Wessel-Lied."

62 Folgeartikel des Völkischen Beobachters: „Um die Vorgänge am Wittelsbacher Gymnasium", März 1933

63 BayHStA, MK 41672

64 BayHStA, MK 41672

65 BayHStA, MK 41672

66 BayHStA, MK 47099

67 BayHStA, MK 41672

68 BayHStA, MK 41672

69 Jahresbericht 1933/34

70 BayHStA, MK 41672

71 BayHStA, MK 41672; und Völkischer Beobachter vom 25.3.1933

72 BayHStA, MK 41672

73 BayHStA, MK 41672

74 BayHStA, MK 41672

75 Jahresbericht 1933/34

76 Jahresbericht 1933/34

77 Jahresbericht 1933/34

78 Jahresbericht 1933/34

79 Jahresbericht 1933/34

80 BayHStA, MK 41672

81 Völkischer Beobachter vom 30.11.1933

82 Würmtalbote vom 1.12.1933

83 Auszüge aus der „Operetten"-Kopie

84 BayHStA, MK 46533

85 siehe Dokumente am Ende des Artikels

86 BayHStA, MK 33182

87 BayHStA, MK 33182

88 BayHStA, MK 47099

89 BayHStA, MK 47099

90 Alle folgenden Zitate stammen aus den angegebenen Jahresberichten.

91 BayHStA, MK 47099

92 BayHStA, MK 47099

93 BayHStA, MK 47099

94 Jahresbericht 1932/33

95 Jahresbericht 1932/33

96 BayHStA, MK 35041

97 ebenso Völkischer Beobachter vom 25.3.1933

98 BayHStA, MK 41672

99 Jahresbericht 1934/35

100 BayHStA, MK 33182

101 BayHStA, MK 35041

102 Jahresbericht 1933/34

103 siehe beigefügte Dokumente

104 SZ-Artikel vom 18.4.1995

105 siehe beigefügte Dokumente

106 St. Benno-Festschrift München 1995

107 BayHStA, MK 33661

108 BayHStA, MK 33661

109 BayHStA, MK 41672

110 BayHStA, MK 33661

111 BayHStA, MK 33661

112 BayHStA, MK 33661

113 BayHStA, MK 33661

114 BayHStA, MK 33661

115 BayHStA, MK 33661

116 BayHStA, MK 33661

117 BayHStA, MK 33661

118 Münchner Kirchenzeitung von 1956

119 BayHStA, MK 33597

120 BayHStA, MK 33597

121 BayHStA, MK 33597

122 BayHStA, MK 33597

123 BayHStA, MK 33597

124 BayHStA, MK 33597

125 BayHStA, MK 33597

126 BayHStA, MK 33597

127 BayHStA, MK 33131

128 BayHStA, MK 33131

129 BayHStA, MK 33131

130 BayHStA, MK 33131

131 aus den Jahresberichten entnommen.

132 BayHStA, MK 32389

133 Zeitzeugengespräche 1996

134 BayHStA, MK 32389

135 BayHStA, MK 34588

136 BayHStA, MK 34588

137 BayHStA, MK 34588

138 Zeitzeugengespräche 1996

139 BayHStA, MK 33697

140 BayHStA, MK 33697

141 Jahresbericht 1932/33

142 Bjorn Mensing in: „Irrlicht im leuchtenden München", Pustet, 1991, S.118

143 Er war zeitweise als Stadtpfarrer im Nebenamt evangelischer Religionslehrer am Wittelsbacher Gymnasium (z.B. 1924/25). Den evangelischen Religionsunterricht am Wittelsbacher Gymnasium visitierte er als Dekan am 28.11.1935.

144 Zitat nach Wahlaufruf: „Bekannte deutsche Männer geben Antwort auf die Frage: Warum nicht Hindenburg sondern Hitler?"

145 Bjorn Mensing in: „Irrlicht im leuchtenden München", Pustet, 1991, S.118

146 SZ-Artikel vom 18.4.1995

147 Jahresbericht 1934/35

148 Landeskirchliches Archiv, Nürnberg, Bestand Personalakt Nr. 680

149 Das Erzbistum München und Freising in der Zeit der nationalsozialistischen Herrschaft, Bd. I u. II, Hersg.: Dr. Georg Schwaiger, Schnell und Steiner, Bd. I, S.230

150 Hirtenbrief der Deutschen Bischöfe vom 29.3.1933

150 Das Erzbistum München und Freising in der Zeit der nationalsozialistischen Herrschaft, Bd. I u. II, Hersg.: Dr. Georg Schwaiger, Schnell und Steiner, Bd. I, S. 812-815

152 Briefkopie von Dr. Otto Gritschneder

153 Briefkopie von Dr. Otto Gritschneder

154 BayHStA, MK 47438

155 BayHStA, MK 47847 und MK 44496

156 BayHStA, MK 47847 und MK 44496

157 BayHStA, MK 47847 und MK 44496

158 BayHStA, MK 47847 und MK 44496

159 BayHStA, MK 47847 und MK 44496

160 BayHStA, MK 47847 und MK 44496

161 BayHStA, MK 46533

162 BayHStA, MK 46533

163 Zeitzeugengespräche 1996

164 Jahresbericht 1939/40

165 Zeitzeugengespräche 1996

166 Spruchkammerurteile von Erding und München

167 Jahresbericht 1933/34

168 Max Domarus, Hitler, Reden und Proklamationen, 2 Bd., München, 1956, Bd. I, S. 145

169 A. Hitler, Mein Kampf, S. 197-201

170 Gerd Rühle, Das Dritte Reich, Darstellung des Aufbaus der Nation, Berlin, 1934, S. 82

171 Dr. Gerd Albrecht, NS-Filmpolitik, München, 1965, S. 468

172 Staatspolitische Filme, Heft 4, Wolkenstürmer und Tag der Freiheit, 24.4.1937

173 Staatspolitische Filme, Heft 4, Wolkenstürmer und Tag der Freiheit, 24.4.1937

174 Jahresbericht 1933/34

175 Jahresbericht 1933/34

176 alle Zitate original Filmton

177 alle Zitate original Filmton

178 alle Zitate original Filmton

179 Staatspolitische Filme, Heft 4, Wolkenstürmer und Tag der Freiheit, 24.4.1937; S. 28/29

180 A. Hitler, Mein Kampf

181 Joseph Wulf, Theater und Film im Dritten

Reich, rororo, 1966, S. 44

182 A. Hitler, Mein Kampf, S.772

183 Filmwelt, Nr.43 vom 25.10.1940

184 Willi A. Boeleke, Kriegspropaganda 1939-1941, Stuttgart, 1966, S. 332

185 Filmwelt, Nr.15 vom 12.4.1940

186 FZ, Nr.491 vom 26.9.1940

187 Joseph Wulf, Theater und Film im Dritten Reich, rororo, 1966, S. 44, S. 405

188 Joseph Wulf, Theater und Film im Dritten Reich, rororo, 1966, S. 44, S. 409

189 Original Filmton

190 Bernhard Goldstein, Die Sterne sind Zeugen, München, 1965, S. 39/58 ff

191 A. Hitler, Mein Kampf, S. 31

192 Original Filmton

193 Fritz Hippler, Die Verstrickung, Verlag mehr Wissen, Düsseldorf, 1981

194 Dr. Gerd Albrecht, Der Film im 3. Reich, Doku-Verlag, Karlsruhe, 1979, S. 19

195 Erwin Leiser, Deutschland erwache, rororo aktuell, S. 156

196 Jahresbericht 1936/37

197 Dr. Gerd Albrecht, Der Film im 3. Reich, Doku-Verlag, Karlsruhe, 1979, S. 14

198 Das Erzbistum München und Freising in der Zeit der nationalsozialistischen Herrschaft, Bd. I u. II, Hersg.: Dr. Georg Schwaiger, Schnell und Steiner, Bd. I, S. 402

199 Das Erzbistum München und Freising in der Zeit der nationalsozialistischen Herrschaft, Bd. I u. II, Hersg.: Dr. Georg Schwaiger, Schnell und Steiner, S. 403

200 BayHStA, MK 45567

201 BayHStA, MK 45567

202 BayHStA, MK 45567

203 BayHStA, MK 45567

204 BayHStA, MK 45567

205 BayHStA, MK 45567

206 Zeitzeugengespräche 1996

207 Dokumente 7 und 8: BayHStA, MK 45567

208 BayHStA, MK 45567

209 BayHStA, MK 45567

210 BayHStA, MK 45567

211 BayHStA, MK 45567

212 BayHStA, MK 45567

213 BayHStA, MK 45567

214 BayHStA, MK 45567

215 BayHStA, MK 45567

216 Kopie von OStD H. Schwerd

217 BayHStA, MK 47745

218 BayHStA, MK 47745

219 BayHStA, MK 47745

220 BayHStA, MK 47745

221 BayHStA, MK 47745

222 BayHStA, MK 47745

223 BayHStA, MK 47745

224 BayHStA, MK 47745

225 BayHStA, MK 47745

226 BayHStA, MK 47745

227 BayHStA, MK 47745

228 BayHStA, MK 47745

229 BayHStA, MK 47745

230 BayHStA, MK 47745

231 BayHStA, MK 35041

232 BayHStA, MK 35041

233 BayHStA, MK 35041

234 BayHStA, MK 35041

235 A. Fischer, Teheran, Jalta, Potsdam; Köln, 1968, S. 184

236 Ruhm von Oppen (Hrsg.), Documents on Germany under occupation 1945-1954, London 1955, S. 13 ff.

237 USFET-Direktive, Deutsche Übersetzung: BayHStA MSO 90

238 BayHStA, MK 32389

239 BayHStA, MK 33182

240 Lutz Niethammer, Entnazifizierung in Bayern, Säuberung und Rehabilitierung unter amerikanischer Besatzung, Frankfurt a.M., 1972, S. 32-68

241 Lutz Niethammer, Entnazifizierung in Bayern, Säuberung und Rehabilitierung unter amerikanischerBesatzung, Frankfurt a.M., 1972, S. 240

242 BayHStA, MK 47099

243 Erich Schultze, Gesetz zur Befreiung von Nationalsozialismus und Militarismus mit den Ausführungsbestimmungen und Formularen, 2.Auflage, München 1947, S. 3 ff.

244 BayHStA, MK 33182

245 BayHStA, MK 33697

246 BayHStA, MK 33697

247 BayHStA, MK 33697

248 BayHStA, MK 33697

249 BayHStA, MK 34588

250 BayHStA, MK 34588

251 Erklärung des Rates der Evangelischen Kirche in Deutschland gegenüber Vertretern des Ökumenischen Rates der Kirchen, Stuttgart, den 19.10.1945

252 Hirtenbrief der Deutschen Bischöfe, Fulda vom 23.8.1945

253 Hirtenbrief der Deutschen Bischöfe, Fulda vom 23.8.1945

254 Kanzelabkündigungen der hessischen Kirchenleitung zur Jahreswende 1947/48 betreffend die Entnazifizierung

255 Erich Schultze, Gesetz zur Befreiung von Nationalsozialismus und Militarismus mit den Ausführungsbestimmungen und Formularen, 2. Auflage, München 1947, S. 3 ff.

256 BayHStA, MK 45925

257 BayHStA, MK 45925

258 Kanzelabkündigungen der hessischen Kirchenleitung zur Jahreswende 1947/48 betreffend die Entnazifizierung

259 BayHStA, MK 32389

260 BayHStA, MK 32389

261 BayHStA, MK 32389

262 BayHStA, MK 47847; MK 44496

263 Hirtenbrief der Deutschen Bischöfe, Fulda vom 23.8.45

264 BayHStA, MK 47099

265 BayHStA, MK 32389

266 Christoph Kleßmann, Die doppelte Staatsgründung, Deutsche Geschichte 1945-1955, Bundeszentrale für politische Bildung, Schriftenreihe Bd. 298, S. 66-117

267 BayHStA, MK 32389

268 BayHStA, MK 34588

269 BayHStA, MK 34588

270 BayHStA, MK 32389

271 Christoph Kleßmann, Die doppelte Staatsgründung, Deutsche Geschichte 1945-1955, Bundeszentrale für politische Bildung, Schriftenreihe Bd. 298; S. 94/95

272 Christoph Kleßmann, Die doppelte Staatsgründung, Deutsche Geschichte 1945-1955, Bundeszentrale für politische Bildung, Schriftenreihe Bd. 298; S. 97

273 BayHStA, MK 47099

274 BayHStA, MK 47099

275 Christoph Kleßmann, Die doppelte Staatsgründung, Deutsche Geschichte 1945-1955, Bundeszentrale für politische Bildung, Schriftenreihe Bd. 298; S. 91

276 BayHStA, MK 47099

277 OStD K. Hudezeck teilte 1943 Walter Joelsen (Schüler am Wittelsbacher Gymnasium von 1937 – 1943) mit, daß er als sog. „Halbjude" die Schule nicht weiter besuchen dürfe.

Zeittafel:

(Die wichtigsten Ereignisse am Wittelsbacher Gymnasium zwischen 1907 und 1945.)

- Ende April 1906 Genehmigung eines 6. humanistischen Gymnasiums; Konzeption: Königl. Bauamtsass. K. Voit

- 26. Juni 1907: Prinzregent Luitpold nennt es „Wittelsbacher Gymnasium"

- 1. Sept. 1907 fristgerechte Fertigstellung; Bausumme: 591.000 Mark

- Am 18.9.1907 begann der Unterricht mit 13 Klassen (490 Schüler).

- 15. Juli 1914: Die Militärbehörde beschlagnahmt (wg. Kasernen- und Bahnhofsnähe) bis 1919 das Schulgebäude; Schüler und Lehrer werden im Theresiengymnasium untergebracht.

- Schuljahr 1919/20: 354 Schüler kehren ins Wittelsbacher Gymnasium zurück.

- 25.1.1920: Das bisherige Kadettenkorps als selbständige Unterrichtsanstalt wird aufgelöst; der realgymnasiale Zweig, darunter 8 Schülerinnen, wurde geschaffen.

- Schuljahr 1926/27: Gründung des Landheimvereins

- 1.12.1927: Eröffnung der Zweigstelle Blutenburgstr. 3

- 11.7.1928: Einweihung des Landheimes Endlhausen

- 25.9.1934: Auflösung der Zweigstelle Blutenburgstr. 3

- 1938: Umbildung zur Oberschule

- 1942: Zweckentfremdung der Turnhallen für Wehrmacht und Feldpost

- 20.9.1942: Erste Schäden durch Brand- und Splitterbomben

- 20.3.1943: Vorgezogenes Abitur für die 8. Klassen

- 25.4.1944: Beide Turnhallen verbrennen

- 7.1.1945: Der Bombenluftdruck zerstörte das gesamte Schuldach.

- Am 26.4.1945 wird der Unterricht eingestellt.

- Die Namen der Schulleiter:

Johann Gerstenecker (1907-1912)	Andreas Wahler (1930-1934), ,
Dr. Philipp Stumpf (1912-1915),	Karl Hudezeck (1934-1945),
Dr. Leonhard Lutz (1915-1922),	Dr. Franz Tyroller (1946-1954)
Gebhard Himmler (1922-1930),	

Abkürzungsverzeichnis:

BDM   Bund Deutscher Mädchen
BefrG   Gesetz zur Befreiung von National-sozialismus und Militarismus
DAF   Deutsche Arbeitsfront
DAI   Deutsches Auslandsinstitut
Gestapo   Geheime Staatspolizei
HJ   Hitler-Jugend
JCS   Joint Chiefs of Staff
KdF   Kraft durch Freude
KZ   Konzentrationslager
NSDAP   Nationalsozialistische Deutsche Arbeiterpartei
NSDDoB   Nationalsozialistischer Deutscher Dozentenbund
NSDStB   Nationalsozialistischer Studenten-bund
NSF   Nationalsozialistische Frauenschaft
NSFK   Nationalsozialistisches Fliegerkorps
NSKK   Nationalsozialistisches Kraftfahrer-korps
NSKDV   Nationalsozialistische Kriegsopfer-versorgung
NSLB   Nationalsozialistischer Lehrerbund
NSV   Nationalsozialistische Volkswohl-fahrt
OKW   Oberkommando der Wehrmacht
OMGUS   Office of Military Goverment for Germany, United States
OStR   Oberstudienrat
OStD   Oberstudiendirektor
Pg.   Parteigenosse
RAD   Reichsarbeitsdienst
RDB   Reichsbund der Deutschen Beamten
RJ   Reichsjunglandbund
RLB   Reichsluftschutzbund
RKLB   Reichskolonialbund (RKolB)
RLB   Reichsluftschutzbund
SA   Sturmabteilung
SD   Sicherheitsdienst der SS
SHAEF   Supreme Headquarters of the Allied Expeditionary Force
SS   Schutzstaffel
StA   Studienassessor
StR   Studienrat
StP   Studienprofessor

VDA   Volksbund für das Deutschtum im Ausland
VDAC   Volksbund für das Deutschtum im Ausland/Kolonien

Personenverzeichnis:

Bildnachweis:

Abb. 1:   Privatbesitz München
Abb. 2 - 8:   Privatbesitz Dr. Gabriel Mayer
Abb. 9:   Privatbesitz München
Abb. 10:   Sonderheft, Das Wittelsbacher Gymnasium und sein Landheim, München, 1930; Archiv W. Habersetzer
Abb. 11:   Archiv W. Habersetzer
Abb. 12:   Archiv Dr. Otto Gritschneder
Abb. 13/14:   Archiv W. Habersetzer
Abb. 15/16:   Privatbesitz Dr. H. Mencke
Abb. 17:   Sonderheft, Das Wittelsbacher Gymnasium und sein Landheim, München, 1930; Archiv W. Habersetzer
Abb. 18/19:   Privatbesitz Inge von Lama
Abb. 20:   Archiv Karl Königsbauer
Abb. 21:   Archiv Franz Schröther
Abb. 22:   BayHStA, MK 32389
Abb. 23:   BayHStA, MK 34588
Abb. 24:   BayHStA, MK 33697
Abb. 25:   Privatbesitz Lia Kusch
Abb. 26:   Landeskirchliches Archiv, Nürnberg, PA Nr. 680
Abb. 27/28:   Archiv W. Habersetzer
Abb. 29:   BayHStA, MK 47438
Abb. 30:   Privatbesitz Karl Weigand
Abb. 31:   BayHStA, MK 46533
Abb. 32:   Archiv Benedikt Weyerer
Abb. 33 - 38:   Archiv W. Habersetzer
Abb. 39:   Privatbesitz H. Schwerd
Abb. 40:   Archiv W. Habersetzer
Abb. 41:   Privatbesitz H. Schwerd
Abb. 42:   BayHStA, MK 47745
Abb. 43:   Archiv W. Habersetzer
Abb. 44:   BayHStA, MK 45925
Abb. 45 - 47:   Archiv W. Habersetzer
Abb. 48/49:   Bayr. StA. Pol. Dir. 14556
Abb. 50:   Bayr. StA. Pol. Dir. 14557
Abb. 51:   Bayr. StA. Pol. Dir. 14209

Textnachweise:

T 1:   Privatbesitz K. Keller, Abiturzeitung 1934
T 2:   Neuhauser Nachrichten vom 17.7.1930
T 3:   Völkischer Beobachter vom 30.10.1936
T 4:   Völkischer Beobachter vom 2.11.1936
T 5:   BayHStA, MK 41672
T 6:   Archiv W. Habersetzer
T 7:   BayHStA, MK 32507
T 8/9:   Archiv W. Habersetzer
T 10 - 14: BayHStA, MK 41672
T 15/16:   Archiv W. Habersetzer
T 17 - 24: Privatbesitz K. Keller
T 25/26:   Privatbesitz Dr. H. Mencke
T 27:   Jahresbericht 1936/37
T 28:   Privatbesitz Dr. H. Mencke
T 29/30:   Archiv Geschichtswerkstatt Neuhausen
T 31/32:   BayHStA, MK 33182
T 33 - 35: BayHStA, MK 35041
T 36:   Privatbesitz Dr. H. Mencke
T 37:   Todesanzeigen Völkischer Beobachter, Neuhauser Nachrichten
T 38 - 43: Privatbesitz Dr. H. Mencke
T 44/45:   Archiv W. Habersetzer
T 46 - 48: BayHStA, MK 33661
T 49/50:   BayHStA, MK 33597
T 51:   Privatbesitz K. Keller
T 52:   Privatbesitz K. Keller
T 53:   BayHStA; MK 33182
T 54:   Archiv W. Habersetzer
T 55/56:   Landeskirchliches Archiv, Nürnberg, PA Nr 680
T 57:   Privatbesitz K. Weigand
T 58/59:   Archiv W. Habersetzer
T 60:   Völkischer Beobachter vom 29.10.1942
T 61:   BayHStA, MK 33661
T 62:   BayHStA, MK 35041
T 63:   Privatbesitz K. Weigand